ELENA GASCON VERA

DON PEDRO, CONDESTABLE DE PORTUGAL

FUNDACION UNIVERSITARIA ESPAÑOLA
Alcalá, 93
MADRID, 1979

Publicaciones
de la
FUNDACION
UNIVERSITARIA
ESPAÑOLA

Tesis - 4

Depósito legal: M. 16.190 - 1979
I. S. B. N.: 84-7392-1380

Imp. UNIVERSITARIA - Alcalá, 93

PROLOGO

Bajo el título de *Vida y obra literaria de don Pedro, Condestable de Portugal* estudio la carrera literaria del Condestable don Pedro, (1429-1446), visto como una figura representativa del encuentro inicial entre los valores medievales y renacentistas en la Península Ibérica. Como miembro joven de la casa reinante de Avís, ejemplifica la cultura cortesana de principios del siglo XV en Portugal. Su contacto personal con los escritores más importantes de Castilla le sirvió para extender sus horizontes intelectuales y a la vez le llevó a preferir el castellano sobre el portugués cuando escribió sus propias obras. En estas últimas da un enfoque original a las convenciones literarias ya establecidas, en respuesta a la nueva mentalidad renacentista que se empezaba a extender en la Península Ibérica. Así pues, al mismo tiempo que utilizaba generos clásicos y medievales, trató de darles una nueva dimensión inyectando en ellos elementos subjetivos particulares que había elaborado a través de una extensa cultura.

Los capítulos primero y segundo presentan a don Pedro en el contexto histórico de la época y sobre todo en el ambiente cultural de la corte portuguesa, dando énfasis a las influencias de las convenciones caballerescas y resaltando también su excepcional cultura y erudición. El capítulo tercero discute el aspecto histórico y literario de la *Sátira de infelice e felice vida*, una novela sentimental que contiene elementos paganos y cristianos y que toma posturas, en relación con los códigos sociales entre los sexos, que anticipan desarrollos literarios que aparecerán más tarde en *La Celestina*. El capítulo cuarto trata de las *Coplas del menesprecio e contempto de las cosas fermosas del mundo*, en donde los temas convencionales del humanismo medieval se unen a la creencia en la dignidad humana de forma paralela a las ideas del platonismo y aristotelismo italiano del siglo XV. El capítulo quinto, la *Tragedia de la Insigne Reina Doña Isabel*, explora el tema de la confrontación personal con la muerte de los seres queridos y el alcance final de una resignación y aceptación expresadas en la lengua del estoicismo cristiano. El capítulo sexto concluye el estudio con una discusión sobre la poética de don Pedro, su estilo literario y, en particular, con un análisis de la tradición retórica en la cual escribe.

En resumen este estudio trata de probar que don Pedro ocupa un lugar importante dentro de la tradición literaria medieval castellana y que sus obras, junto con las de Sántillana y Mena, ponen en perspectiva algunos de los aspectos más importantes de la vida literaria e intelectual de su época y de su clase.

Debo precisar aquí, que este trabajo es la tesis doctoral presentada a la Escuela Graduada de la Universidad de Yale (New Haven, CONN., U.S.A.), en 1974 para el título de Doctor en Filosofía y Humanidades. Así mismo quiero indicar que algunos puntos de este estudio han sido elaborados mas extensamente en otros artículos mios ya publicados.

Quiero agradecer al Profesor don Gustavo Correa por su estímulo, consejos y desinteresada ayuda. También quiero dar mi agradecimiento al Sr. D. José Luis Diez Pastor que me indicó la posibilidad de esta publicación y al Excmo. Sr. D. Pedro Saínz Rodríguez y a la Fundación Universitaria Española que con su generosidad la hizo posible. Finalmente quiero agradecer a mi marido, Gavin G. R. Hambly, por su apoyo, su paciencia y su devoción constante, durante los años que tomó escribir este estudio. A todos ellos mis más profundas y sentidas gracias.

Elena Gascón-Vera.

Wellesley College
Wellesley Mass. 02181

CAPITULO I

LA VIDA DE DON PEDRO SEGUN LA HISTORIA

Don Pedro, Condestable de Portugal, ha gozado siempre de una segura mención, al menos en una nota, en la historia literaria de la Península Ibérica en el siglo XV, como el destinatario de la *Carta e Prohemio* que el Marqués de Santillana le escribió. Sin embargo, por su propio mérito, no sólo es él un personaje político, sino una figura de cierta importancia en las letras. Sus obras ejemplifican una serie de temas significativos para la historia cultural del período. Don Pedro se halla en el centro de los grupos literarios y cultos de España y Portugal, a la vez que desempeña un papel central en el cuadro de las complejidades dinásticas de la política peninsular. Por ser hijo del Infante Don Pedro, omnipotente regente de Portugal durante la minoría de Alfonso V, era descendiente directo de las casas reales de Portugal e Inglaterra. Así mismo, por ser nieto del último conde de Urgel, por parte de madre, le correspondía un tenue derecho a la corona de Aragón.

Era sobrino, primo y tío de los reyes de Portugal, sobrino del rey de Castilla y primo del rey de Inglaterra. También se hallaba relacionado con Felipe el Bueno de Borgoña por el matrimonio de éste con la hermana de su padre Isabel de Portugal. Entre sus hermanos, uno moriría siendo Cardenal de San Eustacio y Arzobispo de Lisboa, otra sería rey de Chipre, una hermana casaría con el rey Alfonso V de Portugal, otra entraría a formar parte de la poderosa casa de Cleves. Así, pues, don Pedro era, por su nacimiento y por los casamientos familiares, una importante figura en la red de las alianzas dinásticas que mantenían unido el sistema de gobiernos de la Europa occidental del siglo XV.

Su personalidad se irá reflejando en los acontecimientos de su vida: una infancia y adolescencia privilegiadas por ser el hijo mayor del regente de Portugal; el exilio en Castilla después de la muerte trágica del padre en Alfarrobeira; el regreso a Portugal consiguiendo de nuevo honores e influencias en la corte de Alfonso V; los últimos años como rey "intruso" de Cataluña en lucha con el heredero legítimo, Juan II de Navarra. También ocupa Don Pedro un lugar similar en la historia intelectual de la época. Su padre y los hermanos de su padre patrocinaron el arte y las letras y a lo largo de su vida añadió y reforzó la cultura literaria adquirida en Portugal y durante su viaje y exilio en Castilla. (1)

Las circunstancias en que nació don Pedro, aunque oscuras, no pueden por menos el haber sido excelentes. Como ya se dijo, era hijo primogénito del Infante Don Pedro, duque de Coimbra, (1392-1449), (2) y de Isabel, hija de Jaime, último conde de Urgel. (3) La fecha de su nacimiento no se conserva, pero el hecho de que el contrato de matrimonio de su padre fuera firmado y sellado el 13 de septiembre de 1428, cuando Isabel aún se encontraba en Aragón, hace suponer que nacería en los últimos meses de 1429. (4)

Poco se sabe de los primeros años y de la educación de don Pedro. Es de suponer que combinaría los ejercicios propios de un caballero y cortesano con una profunda enseñanza en materias literarias y escolásticas. Sus escritos ponen en evidencia que poseía un conocimiento extenso de los temas y convenciones de su tiempo. (5) Durante los años de su infancia, grandes cambios ocurrían a su alrededor: su abuelo João I, muere en 1433 y su sucesor don Duarte, tío de don Pedro, unos años más tarde de 1438. A éste sucede su hijo Alfonso V (1438-81), primo hermano de don Pedro y apenas un niño de seis años. El deseo de don Duarte había sido que su esposa la reina doña Leonor, hija de Fernando I de Aragón, actuase como regente. Sin embargo, después de la muerte del rey, la gran mayoría de los nobles, temiendo la ascendencia castellana de la reina, se volvieron contra ella y apoyaron la regencia del Infante Don Pedro, quien poseía un gran prestigio a causa de sus viajes por Europa y de sus conocimientos literarios y políticos. (6) El Infante actuaría como regente durante once años, ayudado por sus hermanos, el Infante don Enrique, "el Navegante" y el Infante don Joao, Condestable del reino desde 1422.

La primera referencia de carácter público que tenemos de don Pedro, se encuentra en una carta escrita en nombre del rey y fechada el 7 de enero de 1443. (7) En ella se habla del tamaño que debía de tener la guardia personal del Condestable y presupone, por lo tanto, que ya en esa fecha don Pedro recibía ese título. Su tío don João había muerto en octubre del año anterior y el cargo de Condestable, que él había poseído durante veinte años, fue transferido a su hijo don Diego quien, a su vez, debió de morir en los primeros días del mes de enero de 1443. (8) Inmediatamente depués, don Pedro fue investido de esta dignidad. Unido al título de Condestable iba el de Maestre de la Orden Portuguesa de Santiago, y aunque esta Orden llevaba consigo una gran cantidad de propiedades y riquezas, don Pedro las vio aumentadas, poco después, cuando recibió también la jefatura del Maestrazgo de Avís.

El Maestrazgo de la Orden de Avís había pertenecido al más joven de los tíos de don Pedro, el Infante don Fernando. Este, cuando encabezaba un ataque a la ciudad de Tánger en 1436, fue hecho prisionero y permaneció en poder del sultán marinida hasta que murió en Fez en 1443 (9). Tan pronto como se supo en Portugal que el malogrado Infante había muerto, el Regente persuadió al rey niño que confiriese el ansiado Maestrazgo a don Pedro. Así pues, el papa Eugenio IV, a requerimiento de Alfonso V, expidió una bula fechada el 29 de marzo de 1444 donde se designaba, al Condestable don Pedro, Maestre de Avís. (10)

El Regente pretendía, con estas donaciones, colocar a su hijo en una situación tal que resultara el más rico y poderoso súbdito del rey. El Maestrazgo de Avís, en particular, llevaba adjuntos grandes beneficios. Incluía los castillos de Mourão, Guarda, Serpa, Marvão, Elvas, Veiros, Montemoro-Velho, Alandroal y Alcanade. (11) Sin embargo, la ambición de estos actos produciría un gran resentimiento en toda la corte. Rui de Pina en la *Crónica del rey Alfonso V* afirma que sería, sobre todo, el nombramiento de don Pedro como Condestable la causa que produjo, en última instancia, la caída y muerte del Infante Don Pedro. (12)

Don Pedro tenía otro tío, Alfonso, hijo bastardo de Joao I, el cual en 1401 se había casado con Beatriz, hija del famoso Condestable Nun'Alvares Pereira. Por este motivo Alfonso obtuvo el título de conde de Barcellos y cuando Nun'Alvares, retirándose a una vida de penitencia, abandonó todos sus títulos, Alfonso y sus hijos recibieron sus honores y beneficios. El cargo de Condestable le fue otorgado al Infante don Joao casado con Isabel, hija de Alfonso. Este conde de Barcellos era el enemigo mortal del Infante Don Pedro. En 1438 se puso al lado de la reina Leonor en contra de la regencia de su hermanastro. En 1441 se opuso al casamiento de la hija del Regente, Isabel, con el joven rey Alfonso, esperando que dicho honor recayese sobre una nieta suya. En 1442, tal vez para compensarle, el Regente le otorgó el título de duque de Braganza. Sin embargo, lo que más deseaba Alfonso era el título de Condestable para uno de sus hijos y aducía como derecho el parentesco directo con el antiguo y famoso Condestable Nun'Alvares Pereira. En su ambición, el infante Don Pedro mostró una gran inhabilidad política. El duque de Braganza era de antemano su enemigo y al destruir sus esperanzas de conseguir los más valiosos cargos del reino, el Condestablado y el Maestrazgo de Avís, se creó en él un antagonista a muerte que no tenía nada que proteger porque nada podía perder.

Al año siguiente de su elevación a tan altos cargos, don Pedro se encontró expuesto por primera vez a las presiones conflictivas de la política de la Península Ibérica. Los Infantes de Aragón, hijos del rey de Aragón, Fernando de Antequera, amenazaban con su turbulencia la unidad castellana y la preponderancia de don Alvaro de Luna, Condestable de Castilla y virtual gobernante del reino en representación del rey don Juan II (1406-1454). (13) En varias de estas luchas, don Alvaro pidió ayuda de tropas al Regente de Portugal. La primera vez, en abril de 1444, don Gutierre de Sotomayor, Maestre de Alcántara, rogó al Regente que fueran soldados portugueses en auxilio de la ciudad de Sevilla, sitiada por el Infante don Enrique de Aragón, Maestre de Santiago. (14) En esta ocasión don Pedro no asistió a la batalla, tal vez debido a su corta edad. Pero sí fue en 1445, cuando tomó parte activa en la expedición de ayuda a don Alvaro de Luna en su lucha contra los Infantes de Aragón, que en esos momentos sitiaban la ciudad de Olmedo. (15) Antes de partir fue nombrado caballero en la iglesia de San Jorge de Coimbra. Su tío el Infante don Enrique vino desde Lagos para asistir a la ceremonia. (16) La partida debió de ser inmediata. Con Pedro, quien mandaba dos mil caballeros y cuatro mil peones, cruzó la frontera y llegó hasta Ciudad Rodrigo, donde se detuvo para esperar que se le unieran más refuerzos. Aún estaba en Ciudad Rodrigo, cuando le llegaron noticias de la gran victoria castellana en Olmedo, el 29 de mayo de 1445. Tuvo conocimiento de que se habían dispersado todas las huestes enemigas y que don Enrique de Aragón había sido herido mortalmente. También recibió la invitación de Juan II para que él y sus tropas se le unieran en la corte, la cual, por aquel entonces, estaba en Mayorga de Campos. Don Pedro fue festejado durante varios días y allí conoció al futuro Enrique IV (1454-1474), y al amigo de su padre don Alvaro. Debió de entrar en contacto con un gran número de los nobles de Castilla los cuales, más tarde, serían una importante ayuda en sus años de exilio. Entre ellos se encontraba don Iñigo López de Mendoza, recién nombrado Marqués de Santillana (1398-1458). Posiblemente conocería también a otros escritores, como Juan de Mena, (1411-1456), antiguo amigo del Regente y secretario de cartas latinas de Juan II, y al gallego Juan Rodríguez del Padrón, que tanto influiría en su obra. Al cabo de unos pocos días de agasajos, don Pedro regresó a Portugal entrando por las tierras de Braganza donde lo esperaba su padre.

Este viaje, que duró alrededor de tres meses, tiene una gran importancia para la historia de la Península Ibérica (17). Don Alvaro de Luna, como pago a los gastos de expedición, había planeado, sin tener en cuenta la opinión del recientemente viudo Juan II, casar a este último con la princesa portuguesa Isabel, nieta del duque de Braganza. Esta unión sería motivo de dos acontecimientos capitales: la muerte de don Alvaro y el nacimiento de Isabel la Católica (18). También fue importante para don Pedro este breve viaje, pues le dio entrada a los círculos literarios de la corte castellana, cuya influencia le llevaría a escribir sus obras en ese idioma. Fue él, así, el primer portugués que inicia la moda de escribir sus obras en castellano.

Después de esta pequeña aparición en el escenario político,

no volvemos a saber mucho de don Pedro. Su nombre surge algunas veces en las cartas de la Cancillería de Alfonso V. El 24 de febrero de 1446 el rey le nombra *alcaide-mor* del castillo de Guarda. (19) Un año más tarde, en julio de 1447, una rica viuda sin hijos, Leonor Rodrigues de Pedro Alçada, cuyo marido había sido, años antes, canciller del rey Fernando I (1367-83), le nombra heredero de sus bienes, como muestra del "grande amor" que le tenía. (20) Debió de ser en esta época cuando don Pedro, cerca de los veinte, escribe la primera versión portuguesa de la *Sátira de Felice e Infelice Vida*, hoy día perdida. Probablemente envió ésta a Santillana por medio del criado de su padre Alvar González de Alcántara y así dio origen a la famosa respuesta del *Prohemio e Carta*.

Pero la "rodante fortuna con su tenebrosa rueda" iba a ponerse en contra del Regente de Portugal y de su familia. El último gran triunfo del Infante Don Pedro fue la definitiva consolidación del matrimonio de su hija Isabel con Alfonso V en 1447. Sin embargo, su enemigo, el duque de Braganza, a pesar de haber cumplido alguna de sus ambiciones al casar a su nieta Isabel con el rey de Castilla, no se consideraba satisfecho y por eso influyó en el ánimo del joven Alfonso V en contra de su tío y suegro. A causa de esto, en julio de 1448, el rey, que entonces tenía apenas 16 años, proclama el fin de su minoría y el cese del Infante Don Pedro como regente del reino. Poco después, a causa de las tensiones creadas por su presencia en la corte, el Infante se ve obligado a salir de Santarem e irse exiliado a sus tierras de Coimbra. (22)

Hay noticias de que don Pedro acompañó a su padre en este viaje, pero no permaneció con él, partiendo hacia una de las fortalezas que la Orden de Avís tenía en el Alentejo. Por las cartas sabemos que don Pedro aún era "persona grata" junto al rey, aunque la relación entre los dos primos no debía de estar muy clara. El 18 de noviembre de aquel año, los habitantes de Elvas pidieron al rey que liberase a la aldea de la jurisdicción de la Orden de Avís. (23) Sin embargo, el 27 de noviembre, el rey confirmaba a don Pedro como su dueño, haciendo caso omiso a las peticiones del municipio, pero, temiendo un ataque del Condestable, exigía que se derribasen las fortificaciones. Como se refiere a él en los términos de "el Condestable mi amado primo", está claro que don Pedro aún era condestable en estas fechas. (24) Por otra parte, en una carta del 30 de diciembre, el Infante Don Pedro se queja a su sobrino Fernando, conde de Arraiolos (hijo segundo del duque de Braganza, pero simpatizante de la causa de su tío) de que el duque de Braganza y el hermano de Fernando, Alfonso, conde de Ourem, estaban intrigando junto al rey para arrebatar el título de Condestable a don Pedro. (25) No se sabe exactamente cuándo Alfonso depuso a este último de su cargo, pero, cuando lo hizo, se libró prudentemente de entregar ese puesto clave, fuente de tanta ambición y resentimiento, a los Braganza. Por el contrario, lo transfirió a su hermano menor el Infante don Fernando. (26)

Durante la primera parte de 1449, las relaciones entre el rey y el duque de Coimbra fueron tan tirantes que su hijo don Pedro se retiró a la región de Entretajo y Guadiana, donde se encontraban las fortalezas más importantes de la Orden de Avís. Seguramente, allí creería poder contar con la ayuda del antiguo amigo de su padre el castellano Gutierre de Sotomayor, Maestre de Alcántara, en caso de que ocurriera algún ataque importante por parte del rey. (27) En una carta de los archivos de Elvas, fechada el 8 de abril de 1449, Alfonso V manda a los habitantes de la villa que no ayuden a don Pedro en ninguna manera, a la par que le acusa de tener intención de luchar contra la corona. (28) En esta carta ún se le da a don Pedro el título de Condestable. Es probable que el rey y el partido de los Braganza estuvieran seriamente preocupados por la amenaza que el poderoso Condestable don Pedro representaba, ya que durante ese mismo mes, el rey envía una expedición contra él mandada por Sancho de Noronha, conde de Odemira. Don Pedro se encontraba entonces en la villa de Fronteira, cerca de la frontera castellana. Desde allí se trasladó a la fortaleza de Marvao, posiblemente esperando la ayuda del Maestre de Alcántara. Después de algunos días de ansiosa espera, debió de ver claro que no recibiría ningún apoyo y huyó a Valença, ya dentro del reino de Castilla. (29) Seguramente partió sin más riquezas y posesiones que aquellas que él y sus acompañantes pudieran llevar consigo. Este fue el principio de un largo y obscuro exilio.

Se sabe que todos estos acontecimientos ocurrieron antes de la muerte del Infante Don Pedro, pues el Conde de Odemira y sus tropas tuvieron tiempo de participar en la batalla de Alfarrobeira (20 de mayo de 1449). (30) El Infante Don Pedro, mal aconsejado y confiando excesivamente en su prestigio y capacidad de gobernante, se dispuso a enfrentarse con el ejército del rey que lo tenía virtualmente sitiado. Después de cuatro días de lucha, el duque de Coimbra encontró la muerte acribillado por las flechas de sus enemigos. Años más tarde, en su tercera obra, la *Tragedia*, don Pedro denunciaría este acontecimiento como una tragedia inconcebible, no sólo para su padre, sino para toda su familia. Inmediatamente después de la muerte del Infante y la huída de su hijo, el rey desposeyó a la familia de sus posesiones y debió de ser entonces, si no antes, cuando le fue retirado el título de Condestable a don Pedro. También intentó Alfonso V privarle del Maestrazgo de Avís y dárselo a su tío el Infante don Enrique para que éste pudiera costear los viajes de exploración sin detrimento del tesoro real, pero encontró la oposición del Papa que nunca se lo permitió. (31)

Dicho comportamiento de Alfonso hacia la familia del duque de Coimbra produjo incredulidad y disgusto en las cortes europeas, especialmente en la corte de Borgoña, desde la cual Felipe e Isabel protestaron energicamente, consiguiendo resultados positivos. Mientras que la viuda del Infante y dos de sus hijas permanecieron en Portugal retiradas en conventos, los otros tres hijos, Jaime, Joao y Beatriz, fueron enviados a Borgoña y recogidos y educados en la casa de la Duquesa. (32) Jaime se trasladó a Roma en 1453 donde murió en 1459 a la edad de 26 años, siendo Arzobispo de Lisboa y Cardenal de San Eustacio. (33) Joao, conocido por Joao de Coimbra, fue el primer portugués admitido en la Orden del Toisón de Oro. En 1456 se casó con Charlotte de Lusignan, heredera de los tronos de Chipre, Jerusalem y Armenia. De resultas de este matrimonio Joao adquirió el título de Príncipe de Antioquía. Murió envenenado en Chipre, poco después de su llegada a la isla, en 1457. (34) Beatriz se casó en 1453 con Adolfo de Cleves, Señor de Ravenstein y hermano menor del duque de Cleves. Su hijo, Felipe, Señor de Ravenstein, entró al servicio de su primo, Luis XII, en los primeros años del siglo XVI, disfrutando de una brillante, y al final trágica carrera en las guerras franco-italianas y en la lucha contra los turcos. (35)

Este pequeño resumen de la familia del Infante Don Pedro no pretende ser una digresión. Tan sólo desea mostrar las distintas posiciones que encontraron los hijos del Infante después de la desgraciada caída del padre. En uno de sus escritos, don Pedro se queja de la gran persecución que la mala fortuna hace a su familia. Sin embargo, existe una constante en todos ellos, aun en el mismo don Pedro, de no poder aprovechar las inmejorables oportunidades que se les presentan. Es necesario realzar los desastres que constantemente caen sobre don Pedro y su familia a partir de 1449, para poder dar la dimensión adecuada y comprender en su totalidad la obra literaria del Condestable de Portugal.

Desde 1449 hasta 1456, don Pedro vive una vida de exilio en Castilla y participa en la corte durante unos tristres años de la historia castellana: los últimos turbulentos años de la privanza de don Alvaro de Luna que terminaron en su brutal ejecución en 1453, (36) la muerte de Juan II al año siguiente, el principio del largo y desastroso reinado de Enrique IV. En las crónicas castellanas que cubren este período, hay muy pocas referencias a don Pedro. En la *Crónica de don Alvaro de Luna*, atribuida a Gonzalo Chacón, se menciona su nombre entre los caballeros y nobles que habían pertenecido a la casa del Condestable de Castilla. (37) También hay noticias de que acompañó a sus parientes los reyes de Castilla en sus luchas contra Navarra y Granada. Una crónica anónima del siglo XV, dice sobre don Pedro:

> Andou en guerras com el rrey dentro no rreyno que elle (D. Juan de Castilla) avya com o principe dom Enrrique seu filho. E depoys entrou com este rrey don Johan seu tyo duas vezes en Navarra. E morto el rrey dom Johan de Castella, rreynando el rrey dom Enrrique seu filho foy com ello duas vezes ao rreyno de Graada. E estando el rrey sobre a cidade em huã escaramuça foy ferido este dom Pedro de hua lançada em hua maao querendo rrecolher alguns castellaõs de pee que ficavam entre os mouros. (38)

Podría formularse uno la pregunta de por qué prefirió don Pedro permanecer como un invitado y tal vez ser tratado y considerado como un "pariente pobre" en Castilla, cuando podía haber disfrutado de la hospitalidad legítima de la corte de Borgoña. Allí habría estado con sus hermanos y protegido por su tía Isabel. En esta corte, sin duda, se le hubiera procurado un ventajoso matrimonio. Es imposible saber la verdadera razón. Tal vez pensase él que si marchaba hacia Borgoña, se alejaba definitivamente de los acontecimientos políticos de la Península Ibérica a los cuales se sentía íntimamente ligado y en donde se veía, seguramente, con un gran papel por hacer. Por otra parte, su situación de Maestre de la Orden de Avís le obligaba a permanecer lo más cerca posible de su patria.

No se conoce la fuente de ingresos que don Pedro tendría durante sus años de exilio. Sin duda recibiría asistencia del rey de Castilla y de la duquesa de Borgoña y posiblemente conseguiría ayuda a través de Portugal. Ya hablamos anteriormente de la intención que Alfonso V tuvo que desposeer a don Pedro del Maestrazgo de Avís y cómo no lo llevó a cabo por la oposición papal. De todos modos, el Infante don Enrique recibió la administración de las tierras y de los beneficios de la Orden hasta que en 1453 Alfonso se los devolvió a don Pedro. Es posible que durante esos años don Enrique mandase alguna ayuda a su sobrino en el exilio. También le fueron quitadas las propiedades donadas por la viuda Rodrigues de Pedra Alçada, las cuales fueron transferidas a un caballero de la corte de Alfonso, Lopo Dias de Lemos. (39)

Con el paso del tiempo, la hostilidad de Alfonso V hacia su primo y cuñado fue decreciendo. Esto pudo llegar a ser el proceso natural del paso de los años que traerían al rey una mayor seguridad en su estado y también debió de influir la constante mediación de su esposa, la reina Isabel, hermana de don Pedro. De todos modos, cuatro años después de la muerte del padre, Alfonso V devolvió el Maestrazgo de Avís con todos los beneficios a su Maestre don Pedro. (40) Debió de ser a partir de estos momentos cuando don Pedro se ocuparía de los intereses de la corona de Portugal en la corte castellana que concluirían en una alianza luso-castellana con la boda de Enrique y Juana en 1455 (41) Fue durante estos últimos años de exilio en Castilla cuando escribió su segunda obra, *Coplas de Contempto del Mundo*, que dedicó, como un signo de reconciliación, a su cuñado el rey Alfonso V. (42)

La causa por la cual, durante esos años, no se dio por terminado el exilio de don Pedro, fue porque el rey había prometido al duque de Braganza que nunca permitiría el regreso del hijo del Infante. Sin embargo, el 2 de diciembre de 1455 ocurrió un trágico suceso que hizo inválido cualquier tipo de promesa. La reina Isabel de Portugal, adorada de su marido y de su hermano, muere con sospechas de envenenamiento, cuando apenas contaba los 24 años de edad. (43) Esta fue quizá la desgracia más profunda que don Pedro sufrió en su vida. La desesperación y tristeza por esta pérdida le llevarían a tratar de desahogarse escribiendo, en los meses siguientes, la tercera y mejor de sus obras, la *Tragedia de la Insigne Reyna Doña Ysabel*. (44)

No se sabe el día exacto de su regreso a Portugal. Los cronistas Rui de Pina y Duarte Nunes de Leão afirman que volvió en 1457, y que fue invitado a participar en la proyectada cruzada contra los turcos. (45) Sin embargo, hay razones importantes para creer que su vuelta debió ocurrir un año antes. En primer lugar, el mismo don Pedro dice que su exilio, empezado en el mes de abril de 1449, duró unos "injustos siete años poco más o menos". (*Tragedia*, fol. 67, pág. 724). Además, la crónica anónima de París citada anteriormente que, como ya se dijo, probablemente fue escrita bajo la dirección de don Pedro, dice así:

> Avendo sete anos que este dom Pedro andava en Castela, mandovo chamar e rrey dom Affonso de Portugal e veo a cidade d'Evora onde el rrey entom chegara que veera de fazer aaymento pola rraynha don Ysabel sua mulher, irmaa de dom Pedro que em a dicta cidade falecera pouco avya. (46)

Así mismo, don Pedro dice en la *Tragedia* que no asistió al entierro de su hermana ocurrido en Batalha en enero de 1456. (47) Alfonso volvió a Evora desde aquella ciudad el 12 de febrero y permaneció allí hasta el 3 de marzo. (48) Es de suponer que fue durante estas fechas cuando, unidos en un mismo dolor, tuvo lugar la reconciliación entre los dos primos. Ambos eran muy jóvenes, el rey apenas tenía 24 años y don Pedro sólo 27. Todavía habría entre ellos una relación llena de fricciones, resentimientos y sospechas solapadas.

Poco después, la Cancillería Real confiere a don Pedro el título de *Alcaide Maior* del Castillo de Veirós a partir del 8 de abril de 1456 (49) Sus ingresos durante esta época son tan poco conocidos como durante sus años de exilio. Seguramente recibiría las rentas debidas al Maestre de Avís. Nunca le fue restituido el cargo de Condestable y parece una ironía que mantuviese, entonces y a través de los siglos, un título que sólo fue suyo durante un breve período de seis años. Es probable que fuese durante estos meses de 1456 a 1457 cuando empezó a escribir la *Tragedia*, la cual interrumpió a fin de prepararse para la gran expedición a Marruecos.

El antecedente de esta expedición estaba indirectamente relacionado con la caída de Constantinopla a manos del sultán otamano, Mehmet II (1453). El papa Nicolás V, ante esta catástrofe, hizo un llamamiento general a los príncipes de la Cristiandad para ir a luchar contra el turco. Esta petición fue recibida con entusiasmo por Felipe "el Bueno" de Borgoña. El y sus nobles hicieron un caballeresco juramento en la espléndida, pero ineficaz y grotesca Fiesta del Faisán ocurrida en Lille en 17 de febrero de 1454. (50) Esta renovación del latente espíritu de cruzada fue el estímulo inicial para la trágica partida hacia Chipre de don João de Coimbra, hermano de don Pedro. Alfonso V de Portugal, lo mismo que Felipe de Borgoña, el emperador Federico y otros gobernantes, respondiron, de alguna manera, a la petición del papa e hicieron planes para una expedición contra los turcos que al final no se llevó a cabo. (51) Alfonso, viendo que no era factible ir hasta Constantinopla, cambió de planes y concentró sus intereses en el vecino sultanato Marinida de Marruecos, lugar estratégico para Portugal en sus intereses de exploración y conquista de Africa. Así fue como don Pedro marchó con el rey, su tío don Enrique y una gran armada para invadir el norte de Africa. En octubre de 1457, capturaron la pequeña plaza de Aça de Alacazarseguir que provocó un contra ataque por parte del Sultán. Don Pedro asistió a la defensa de la ciudad pero, como la expedición no alcanzó el resultado esperado, regresaron a Portugal hacia mediados de 1459. (52) Entonces don Pedro termina la *Tragedia* que envía a su hermano el cardenal Jaime que se encontraba en Florencia.

Entre 1458 y 1463, don Pedro se dedica a una vida de desarrollo político y militar en su país. Intenta persuadir al Papa y a la Curia Romana que le permitan hacer una reforma de las reglas de la Orden de Avís, cuyas estructuras necesitaban ser puestas al día. (53) Su figura aparece junto a los miembros más distinguidos de la corte, el Infante don Fernando, hermano del rey, y el Marqués de Vila Viçosa, antiguo conde de Arraiolos, aconsejando a Alfonso V acerca de otra posible expedición a Africa en 1460. En su carta muestra buen juicio y profundidad en sus razonamientos. Se pregunta, por ejemplo, cuál es la legitimidad que tiene el rey de llevar una conquista a las tierras africanas y de esta manera, trata de llegar a una conclusión con un análisis crítico sobre la idea de cruzada. Cree que ésta es legítima por considerarla no una conquista sino una reconquista. Sin embargo, en su opinión, no debe ser llevada a cabo por el rey, no sólo por el peligro, dificultad y gasto de la empresa sino también porque el primer deber del monarca es preocuparse de las necesidades internas del país:

> Parece me pois... mais dina cousa pera o Rey ser o regimento e a justisa, da quoal primeiramente o Rey e o Princepe deve usar, em a qual principalmente deve traser cuidado, como aquelle que he seu verdadeiro oficio... asi dinamente seraá reprendido qualquer Rey que, leixado o Real Ceptro, que sinifica a justisa, se ocupa sempre em o cavalleiroso officio (54).

Durante este tiempo, también se dedicó a ejercer y a desarrollar su gusto por la poesía, escribiendo algunas composiciones amorosas y cortesanas a una dama desconocida, de un valor literario limitado. (55) Aún con estas satisfacciones, no debieron ser unos años totalmente felices. Su hermano João muere envenenado en Chipre en 1457. Su otro hermano, Jaime, en Florencia en 1459. Su tío don Enrique, figura siempre ambigua en lo que respecta a los asuntos de don Pedro, muere en 1460. Su hermana Beatriz de

Ravenstein muere en 1462, posiblemente envenenada. Poco a poco se va quedando más solo y sin nigún proyecto para casarse.

En noviembre de 1463, don Pedro acompañó de nuevo a Alfonso en una expedición a Marruecos. Con un gran ejército, desembarcaron en Ceuta y desde allí intentaron conquistar Tánger (56). El ataque resultó un fracaso y las tropas tuvieron que guarecerse en la fortaleza portuguesa de Ceuta. (57)

Entre tanto, don Pedro había recibido mensajes y emisarios secretos de los consejeros de la Generalidad de Barcelona, ofreciéndole la corona de Aragón y Cataluña. Querían que don Pedro les guiase en su lucha abierta contra el legítimo rey, Juan II, al que no reconocían. La razón para esta oferta radicaba en el linaje de la madre de don Pedro, hija mayor del último conde de Urgel, cuyos legítimos derechos a la corona de Aragón habían sido depuestos en el Compromiso de Caspe (1412). Los derechos de los hijos de la duquesa de Coimbra siempre habían estado latentes y fueron la causa de que Beatriz se casara con el Señor de Ravenstein, en vez de hacerlo con el hermano mayor, el duque de Cleves, posible heredero del ducado de Borgoña. Alfonso V de Aragón y Nápoles había muerto en esta última ciudad en 1458, sin hijos. Durante muchos años había dejado las posesiones aragonesas en manos de su hermano menor Juan de Navarra, quien a la muerte de Alfonso, heredó el título de Juan II de Aragón. La enemistad de los catalanes contra Juan II venía de lejos, y por algún tiempo encontraron una cierta esperanza de independencia en el ineficaz hijo de Juan, el Príncipe de Viana, heredero del trono de Navarra, a quien su padre aborrecía. Carlos de Viana murió en 1461 y los catalanes buscaron otro rey. Se lo ofrecieron en primer lugar a Enrique IV de Castilla, el cual aceptó hasta que en el verano de 1463, la presión política ejercida por Juan II y el rey "araña", Luis XI de Francia, le obligó a retirarse de la aventura. Fue entonces cuando los catalanes, en particular los habitantes de Barcelona, amenazados por los ejércitos de Aragón y Francia, se volvieron hacia don Pedro como la última esperanza. (58)

Es fácil de suponer la gran ansiedad con que don Pedro consideraría esta inesperada oferta. A pesar de las dificultades de la situación, se trataba de una oportunidad que nunca mas se le iba a presentar de nuevo. Por otra parte, él, que tan bien había comprendido las miserias, miedos y preocupaciones que dominan a los gobernantes y que, en todos sus escritos, había aconsejado la abstención de honores y glorias como forma de virtud, se debatiría angustiado sin poder tomar una decisión. Sus escrúpulos de conciencia le llevaron a pedir consejo a algunos amigos de los que se fiaba, quienes le aconsejaron que aprovechase tan alto honor y que hiciese buen uso de él y que, de todos modos, pensase que él no lo había buscado sino que se lo habían ofrecido. Tenía entonces don Pedro treinta y dos años, una buena edad para ganar un trono.

Al único que no le debió de parecer tan buena idea fue a su primo el rey Alfonso V. Tal vez necesitaba que don Pedro se quedase con él en Ceuta o, tal vez, le asustaba el poder que don Pedro podría adquirir en Portugal, protegido por sus recursos y prestigio en Barcelona. Quizá también pensase que, siendo don Pedro Maestre de Avís, le sería muy difícil a Portugal desentenderse de la apasionada lucha que llevaban los catalanes. De todos modos, Alfonso dio el permiso de partida, aunque, al mismo tiempo, retuvo a don Pedro con excusas fútiles. No pudiendo calmar la impaciencia de los catalanes, don Pedro se vio obligado a salir de Ceuta por la noche y en secreto.

Don Pedro llegó a Barcelona el 21 de enero de 1464 y fue recibido con grandes fiestas (59). Desde ese momento hasta su muerte, ocurrida dos años y medio más tarde, estuvo constantemente ocupado en la lucha con Juan II. Todas las cartas estaban en contra suya. Juan era un rival demasiado voluntarioso y sin escrúpulos para un espíritu intelectual y refinado como el de don Pedro. Los catalanes eran independientes, turbulentos y difíciles de gobernar. Los derechos que don Pedro pedía para sí y para su séquito, eminentemente portugués, producían indignación y hostilidad entre los empobrecidos barceloneses. Sin embargo, el colmo de su fracaso en Cataluña fue la ineficacia en las campañas.

un espíritu intelectual y refinado como el de don Pedro. Los catalanes eran independientes, turbulentos y difíciles de gobernar. Los derechos que don Pedro pedía para sí y para su séquito, eminentemente portugués, producían indignación y hostilidad entre los empobrecidos barceloneses. Sin embargo, el colmo de su fracaso en

Cataluña fue la ineficacia en las campañas.

Por otra parte, don Pedro como portugués crecido en Castilla, se encontraría como un extranjero en medio de las formas de cultura y modos de gobierno de los catalanes. La sangre de su madre y el conocimiento que tendría de la lengua, no le habían preparado para entender los propósitos e intenciones políticas de la Generalidad de Barcelona. Por otra parte, quizá los catalanes habían esperado que al ofrecerle a don Pedro la corona, Portugal tomaría su partido en contra de Juan II. Sin embargo, esto no fue así; tan pronto como don Pedro salió de Ceuta, Alfonso V trató de nuevo de desposeerlo del Maestrazgo de Avís y de retener las rentas y beneficios. (60) Este dinero, era lo único que podía sostener el prestigio del nuevo rey, muy mermado por sus fracasos. Otra vez el asunto fue llevado hasta el Papa y don Pedro rogó a su tía Isabel de Borgoña que intercediese por él en Roma. (61)

Mientras tanto, la situación militar se iba deteriorando más y más. En el año 1465, después de la derrota de Calaf (29 de febrero, 1465), su prestigio en las cortes europeas descendió a su grado más bajo. En Portugal, el rey le arrebató los castillos y villas de su propiedad. (62) En los meses siguientes las cosas no mejoraron. Tenía una gran deuda y su única esperanza estaba en la ayuda de su tía Isabel o en los beneficios de un matrimonio ventajoso. Así, pues, pensó en casarse, primero, con la hija del segundo Duque de Braganza, el antiguo Conde de Arraiolos, para así garantizarse la ayuda portuguesa, (63) pero en vista de la mala voluntad del rey, decidió ofrecer matrimonio a Margarita de York, hermana del rey de Inglaterra, Eduardo IV. (64) Don Pedro envió embajadores con un anillo de compromiso, pero antes de que esta embajada llegara a algún acuerdo, estando enfermo de tuberculosis, moría el 29 de junio de 1466 en Granollers en el día de san Pedro. En su testamento dejaba el reino de Cataluña y Aragón a su sobrino el Príncipe João, hijo de su adorada hermana Isabel y de Alfonso V de Portugal. (65) Su cuerpo fue enterrado frente al altar mayor de la iglesia de Santa María del Mar de Barcelona, cubierto por una simple lápida.

La vida de don Pedro está llena de vicisitudes y de amargas experiencias que le empujaron a buscar consuelo en los moralistas clásicos y medievales, los cuales adoptó en sus obras de acuerdo con la nueva mentalidad que alboreaba en la Península Ibérica.

Aunque don Pedro es esencialmente un portugués, su personalidad histórica y literaria es una síntesis de las culturas hispanocristianas del siglo XV. Escribe y conoce bien las tres lenguas principales y su castellano es tan perfecto que es casi imposible rastrear los lusismos. En esto y en todo, don Pedro es un hombre de su siglo y de su momento histórico. Avido lector, coleccionista de códices y joyas, muestra en sus actos y gustos una gran cultura y exquisitez estética. En él, hombre todavía medieval, aparece un incipiente humanismo, manifestado en su deseo de conocer e imitar a los escritores clásicos, directamente de los textos. Su afán latinista es, en algún sentido, la clave de su fracaso catalán por haber querido, en sus tres años de reinado, tratar de recrear un gobierno al modo de los Césares de Roma. Sin embargo, su humanismo está más cerca de un Boccaccio y de un Petrarca que de un Pico de la Mirandola. Todavía la fortuna es omnipotente y el hombre se debate entre Dios y el mal sin haber descubierto, del todo, que el centro del universo está en sí mismo. Don Pedro es solamente uno de los precursores, como lo fue su tío Enrique el Navegante, como lo fue su amigo don Alvaro de Luna, como también lo fue su maestro el Marqués de Santillana.

(1) La biografía definitiva de don Pedro está por hacer; sin embargo, en los últimos años, ha habido una serie de excelentes estudios que echan luces sobre su personalidad. Véase: J. E. Martínez Ferrando, *Tragedia del Insigne Condestable don Pedro de Portugal* (Madrid, 1943); Ruy Abreu Torres, "Condestável Pedro" en *Dicionário de História de Portugal*, dirigido por Joel, Serrano (s/f) III, 330; L. A. Adaõ da Fonseca, "O Condestável Pedro de Portugal. Subsídios para o estudo da sua mentalidade" (Tesis sin publicar, Oporto, 1968); H. C. Baquero Moreno, "Algumas mercês concebidas pelo Condestável D. Pedro, rei de Catalunha a súbditos portugueses" *RFL* (Universidade de Lourenco Marques, Moçambique, 1970), Volumen I, Serie A. Luis Adao da Fonseca, "Alguns aspectos das relaçoes diplomáticas entre Portugal e Castela em meados do seculo XV (1449-1445)" *RFL* (Universidade do Porto, 1973), Vol. III.

(2) J. P. Oliveira Martins, *Os Filhos de D. Joao I* (Lisboa, 1959); Joseph M. Piel, *Subsidios para la regencia de don Pedro, duque de Coimbra* (Lisboa, 1933); Júlio Gonçalves, *O Infante D. Pedro as "Sete Partidas" e a Génesedos Descobrimentos* (Lisboa, Francis Rogers, *The Travels of the Infante Dom Pedro of Portugal* (Cambridge, Mass., 1961); Artur Moreira da Sá. "Alguns documentos referentes ao Infante D. Pedro", *RFLL*, XXII, 2ª. serie, nº. 1 (1956), 5-69.

(3) Aurea Javierre, "Isabel de Urgel", *DHP*, dirigido por Joel Serrano (s/f), II, 569; A. Giménez Soler, *La Edad Media en la Corona de Aragón* (Barcelona, 1944), 191-192; Francesca Vendrell y Angela Masiá, *Jaume el Dissortat, darrer comte d'Urgell* (Barcelona, 1956).

(4) *Monumenta Henricina* (Coimbra, 1961), III, doc. 122, 244-450. Véase: A. Meyrelles do Souto, "Em torno do casamento do regente", *Studia*, XXIII (abril, 1968), 123-174. Al año siguiente, se produjo el matrimonio de la hermana del Infante Don Pedro, Isabel, con Felipe de Borgoña (1419-67), uno de los gobernantes más ricos y poderosos de la época. Este acontecimiento habría de resultar de capital importancia para los hijos del Infante Don Pedro, porque su tía Isabel, con su prestigio y poder, pudo proteger y luchar por los intereses de sus sobrinos después de la desgracia de Alfarrobeira. Véase: J. Cardoso Gonçalves, "O casamento de Isabel de Portugal com Filipe-o-Bom, duque de Borgonha e a tundaçaõ da ordem militar do Tosaõ-de-Ouro", *Arqueologia e Historia*, IX (1930), 81-138; C. Looten, "Isabelle de Portugal, duchesse de Bourgogne et comtesse de Flandre (1397-1471)," *RLC*, XVIII (1938), 5-22.

(5) No existe documentación sobre los maestros que tuvo don Pedro. Sin embargo, sabemos que su padre mandó venir a dos humanistas italianos para que educasen a su sobrino el rey Alfonso. Véase: F. N. Sousa Viterbo, "A cultura intellectual de D. Affonso V", *AHP*, II (1904), 254-268. Es posible deducir que el Infante tan ambicioso para sus hijos les procuraría maestros semejantes.

(6) El Infante Don Pedro viajó por Europa durante tres años (1425-1429). Visitó Inglaterra, donde fue nombrado Caballero de la Orden de la Jarretera, luego fue a Francia, Italia, Bohemia. Allí visitó al emperador Segismundo y luchó contra los turcos. Por su valentía se le dio el título de Duque de Treviso. Al regresar a Portugal, pasando por Aragón y Castilla, se dedicó al estudio y a las letras escribiendo un tratado, *Virtuosa Bemfeitoria*, que trata de las formas de gobierno medievales. Véase: Rogers, *Travels*, 38-58. Rui de Pina afirma que el Infante era considerado un ídolo por el pueblo. Rui de Pina, *Chronica do Senhor Rey D. Affonso V, CLIHP*, ed. José Corrêa da Serra, I (Lisboa, 1790), 254. Más adelante abreviado en *Chronica Affonso V*.

(7) D. António Caetano de Sousa, *Provas de História Genealogica da Casa Real Portuguesa*, I (Coimbra, 1947), 128. Más adelante abreviado en *Provas*.

(8) Rui de Pina, *Chronica Affonso V*, 345; Duarte Nunes de Leão, *Cronica e vida del rey D. Affonso V*, I (Lisboa, 1780), 154, Más adelante abreviado en Nunes de Leão.

(9) Acerca de los conflictos de Ceuta y el Infante don Fernando, véase: Francis Rogers, *The obedience of a King of Portugal* (Minneapolis, 1958), 44: D. M. Gomes dos Santos, S. J., "D. Duarte e as Responsabilidades de Tanger (1436-1438)", *Brotéria*, XII (enero-junio, 1931), 29-34, 147-157, 291-302, 367-376, y XIII (julio-dic. 1931), 19-27, 161-173.

(10) *Monumenta Henricina*, 8 (Coimbra, 1967), 153-155; M. De Witte, "Les bulles pontificales et l'expansion portugaise aux XVème siècle", *Revue d'Histoire Ecclésiastique*, XLIX (1954), 439; Rui de Pina, *Chronica Affonso V*, 346; Nunes de Leão, 15.

(11) Arquivo Nacional da Torre do Tombo, *Orden de Avis*, No. 704. Abreviado más adelante *ANTT*.

(12) Rui de Pina dice así: "De como falleceu o filho do Infante D. Joao que era Condestabre, e como o filho maior de Infante D. Pedro foi daquella dinidade provido, que foi causa e fundamento da morte do dito Infante D. Pedro", *Chronica Affonso V*, 343; Nunes de Leao, 154.

(13) Eloy Benito Ruano, *Los Infantes de Aragón* (Madrid, 1952).

(14) *Monumenta Henricina*, VIII (Coimbra, 1967), 135-138; A. Moreira de Sá, 38-60.

(15) A. de Magallães Basto, "A expedicao a Castela do Condestável D. Pedro em 1445", *Ocidente*, I (1938), 65-75.

(16) Rui de Pina dice: "E porque o Senhor D. Pedro nao era cavalleiro quiz o Ifante seu padre que fosse da mao do Ifante D. Anrrique seu tio, que era en Lagos, e foi ara isso chamado a Coimbra... o quai com novas cerimonias e grandes festas, armou Cavalleiro o Condestabre seu sobrino no mosteiro de S. Jorge", *Chronica Affonso V*, 349.

(17) Para más datos sobre la expedición del Condestable a Castilla y la batalla de Olmedo, véase: F. Pérez de Guzmán, *Crónica del señor rey don Juan II* (Valencia, 1789), 495, 498-499; Rui de Pina, *Chronica Affonso V*, 349-352; Nunes de Leao, 158-160; A. Caetano de Sousa, *Provas*, II, 22.

(18) L. Suárez Fernández. "Aragón y Portugal en la política de don Alvaro de Luna", *RABM*, LIX (1953), 117-34. Súarez Fernández, *Relaciones entre Portugal y Castilla en la época del Infante don Enrique* (1393-1460), (Madrid, 1960).

(19) ANTT, *Chancelaria de Afonso V*, libro V, fol. 11; *Livro 4 de Místicos*, fols. 19-19 Vo.

(20) ANTT, *Livro 2 de Místicos*, fols. 17 Vo. Estos documentos están publicados por E. Martínez Ferrando y J. M. Cordeiro de Sousa en "Nueve documentos inéditos referentes a don Pedro de Portugal", BRABLB, XX (1947), 2-12.

(21) Don Pedro, Condestable de Portugal, *Sátira de Felice e Infelice Vida* en *Opúsculos literarios de los siglos XIV y XV* (Madrid, 1892), 47-101. Condestável Dom Pedro, *Obras Completas* edición diplomática de Luis Adao da Fonseca (Fundaçao Calouste Gulbenkian, 1975), 3-175. En este trabajo se seguirá esta edición.

(22) Rui de Pina dice: "O Infante como teve licença d'El Rey e aviou as outras cousas que lhe cumriam, se partiu de Santarem para Coimbra no fin do mez de Julho; e porque se reçeiou de gente que o Conde Ourem tenhia junta, quiz náquella travessa segurar su pessoa com outra gente sus que mandou perceber com que até thomar, foi mui honradamente acompanhado, e d'alli a despediu e levou sómente os de sus casa, e dois seus filhos, D. Pedro o maior e D. James que depois foi Cardeal", *Chronica Affonso V*, 361.

(23) ANTT, *Livro 3 de Místicos*, fol. 262, *Livro 4 de Odiana*, fol. 80 Vo.

(24) ANTT, *Livro 4 de Odiana*, fol. 79-79 Vo.

(25) La carta dice así: "E por confirmaçam de sua boa vomtade, ho comde d'Orem, vosso irmao, rrequereo agora a el rey meu senhor, presemte os do seu comselho, que lhe desse ho oficio do condestabrado de mey filho, dizendo que lhe pertencia; e o dito senhor ho por em comselho, pero aver de rresponder o dito rrequerimiento.", *Monumenta Henricina*, IX (Coimbra, 1968), 353-354.

(26) Rui de Pina lo menciona: "E a D. Pedro seu filho pedio o Conde d'Ourem o Ofycio de Condestabre, dizendo que era delle roubado, lhe pertencia de direito. Mas por nom lhe fazerem huma concessam tam fea, sendo seu ynimygo, El Rey o deu ao Yfante Dom Fernando seu Yrmaao.", *Chronica Affonso V*, 369; Nunes de Leao, 173. No se conserva el diploma de nombramiento de Condestable al Infante D. Fernando, por lo que resulta imposible fijar la fecha.

(27) Rui de Pina, *Chronica Affonso V*, 395; Nunes de Leao, 187-188.

(28) *Monumenta Henricina*, (Coimbra, 1969), 52-53; véase: H.C. Baquero Moreno, "O Infante D. Enrique e Alfarrobeira", *ACCP*, I (1969), 68-69.

(29) Rui de Pina, *Chronica Affonso V*, 395-397; Nunes de Leão, 188.

(30) ANTT, *Chancelaria de Afonso V*, Libro 15, fol. 162.

(31) ANTT, *Livro 3 de Místicos*, fols. 121-121 Vo.; *Livro de Mestrados*, fols. 210-210 Vo.; *Monumenta Henricina*, X (Coimbra, 1969), 78-81. Rui de Pina dice así: "E Tinha dado ao Infante D. Anrique o Mestrado d'Avis, que tinha D. Pedro filho do Infante D. Pedro. Mas o Papa nunca lho quiz conceder, dizendo que se nao podia confiscar nem elle o perder como as outras cousas seculares." *Chronica Affonso V*, 456.

(32) En Borgoña debieron ser tratados con los más altos honores. Es posible que sean ellos los personajes de unos cuadros sin identificar de Van der Weyden. Véase: José Cortez, "Infantes de Avís retratados por Van der Weyden", *RBANBF*, 2a. serie, No. 4 (1952), 8-14; No. 5 (1953), 36-43; No. 6 (1953), 23-27; No. 8 (1955), 13-18; José Cortez, "Dom João de Coimbra: Retrato por Roger Van der Weyden", *Colóquio: Revista de Artes e Letras*, No. 7 (febrero, 1960), 9-12.

(33) Para la biografía de don Jaime, véase: George Chastellain, *Chronique des du-*

ques de Bourgogne en *Oeuvres*, ed. Kervyn de Lettenhove, IV (Brussels, 1863-66), 217; Vespasiano da Bisticci, *Lives of Illustrious Men of the XVth Century*, trad William George y Emily Waters (Nueva York, 1963), 143-146; A. Belard da Fonseca, *O Misterio dos Panéis: O Cardenal Dom Jaime de Portugal* (Lisboa, 1957).

(34) Para la biografía de Joao, véase: George Chastellain, *Chronique des duques de Bourgogne*, III, 121-125; Doros Alastos, *Cyprus in History: A Survey of 5.000 Years* (Londres, 1955), 211.

(35) Para la biografía de Beatriz, véase: Olivier de la Marche, *Mémoirs*, eds. Henri Beaune y J. d'Arbaumont (París, 1883-1888), II, 378; Mathieu d'Escochy, *Chronique*, ed. G. du Fresne de Beaucourt (París, 1863-64), II, 168.

(36) Después de la caída del Infante Don Pedro, Alfonso V desconfió de don Alvaro de Luna y dio asilo político a enemigos de éste tales como el Conde Benavente. Cuando el rey Juan II y todos los nobles se ponen en contra suya, no puede esperar ayuda de Portugal y tiene que entregarse. Véase: L. Suárez-Fernández, *Relaciones entre España y Portugal en la época del Infante don Enrique* (1393-1460), (Madrid, 1960), 63.

(37) *Crónica de don Alvaro de Luna*, ed. Juan de Mata Carriazo, *CCE*, II (Madrid, 1940), 525.

(38) El manuscrito de la crónica se encuentra en la Bibliothèque Nationale de París, *Fond Portugais*, No. 9, fol. 211. Morel-Fatio creía que este manuscrito había pertenecido al mismo don Pedro. Véase: A. Morel-Fatio, *Catalogue des manuscrits espagnoles et portugais dans la Bibliothèque Nationale de Paris* (París, 1892), 92.

(39) ANNTT, *Chancelaria de D. Afonso V*, Libro 1, fol. 29.

(40) ANNTT, *Chancelaria de D. Afonso V*, Libro 3, fol. 82 Vo.; *Livro de Místicos*, fols. 264-264 Vo.

(41) Don Pedro debía de encontrarse muy unido a esta princesa, hermana de Alfonso V. Queda la carta que le escribió con motivo de su boda con Enrique, la cual empieza así: "Venido es el tiempo, dulce filla mía, en que yo casarte devo, llegada es tu edad como yo pienso a los convenibles años de los maritales tálamos." La carta está sin editar pero se encuentra en el final del manuscrito de las *Coplas de contempto del mundo de don Pedro*, "Razonamiento de la Infante doña Yuana", Mss. de El Escorial, Q.II. 24, fols. 143-154. Véase: L. Adao da Fonseca, "Alguns aspectos das relaçoes diplomáticas entre Portugal e Castella em meados do seculo XV (1449-1456) *RFL* (Universidade do Porto, 1973), Vol. III: Condestável Dom Pedro, *Obras Completas* (op. cit.), XXIII-XXV, 357-361.

(42)   Condestável Dom Pedro, *Coplas del Menesprecio e Contempto de las Cosas Fermosas del Mundo*, en *Obras Completas* (op. cit.), XIV-XIX, 179-304. El presente trabajo seguirá esta edición.

(43) Rui de Pina, *Chronica Affonso V*, 457, Nunes de Leao, 225.

(44)   Don Pedro, Condestable de Portugal, *Tragedia de la Insigne Reyna Doña Ysabel*, ed. Carolina Michaelis, "Uma obra inedita do Condestável D. Pedro de Portugal" en *Homenaje a Menéndez y Pelayo* (2 vols., Madrid, 1899), I, 689-732. Las referencias en páginas y folios son de esta edición.

(45) Rui de Pina, *Chronica Affonso V*, 459, Nunes de Leao, 225.

(46) B. N. de París, *Fond Portugais*, No. 9, fols. 211-211 Vo.

(47) *Tragedia*, 697m fol. 16 Vo.

(48) ANTT, *Chancelaria de Afonso V*, Libro 13, fol. 105 Vo.

(49) ANTT, *Chancelaria de Afonso V*, Libro 13, fol. 162 Vo.

(50)   G. Doutrepont, "La croisade projetée par Philipe le Bon", *Notices et extraits des manuscrits de la Bibliothèque Nationale et d'autres bibliothèques*, XLI (1923), 1-28; O. Cartellieri, *The Court of Burgundy* (Londres, 1929), 135-52.

(51) A. S. Atiya, *The Crusade in the Later Middle Ages* (Londres, 1938).

(52) Rui de Pina, *Chronica de Affonso V*, 463-481; Nunes de Leao, 229.

(53)   Carta del 26 de marzo de 1460. Archivio Segreto Vaticano, *Regestum Supplicatorum*, Vol. 527, fol. 28 Vo.

(54) L. Adao da Fonseca, "Uma carta do Condestável Dom Pedro sobre a políti-

ca marroquina de D. Afonso V", *RFLUP* (1970), 15. Condestável Dom Pedro, *Conselho do Senhor D. Pedro, filho do Infante D. Pedro, a el re D. Afonso V*, en *Obras Completas* (op. cit.), 364.

(55) Condestável Dom Pedro, *Obra poética*, en *Obras Completas*, ed. L.A. Adao da Fonseca (Fundación Calouste Gulbenkian; Lisboa, 1975), 350-354; *Cancionero Geral de Garcia de Resende*, ed. A. J. Conçalvez Guimarais (Coimbra, 1910), II, 222-224. Estas composiciones se atribuían tradicionalmente a Pedro el Cruel de Portugal o Pedro I de Castilla. Morel-Fatio las identificó como pertenecientes al Condestable y las fechó como compuestas antes de su exilio en Castilla. No obstante debieron ser escritas a su regreso a Portugal en 1456. Por lo tanto, estas poesías deben ser consideradas las últimas expresiones literarias de don Pedro antes de dedicarse a la política. La fecha se determina, porque parecen estar relacionadas con otras poesías del mismo cancionero tituladas: "De coudel moor a el rrey dom Pedro que chegandoaa corte se mostrou servidor d'huua senhora a que elle servia". Si presumimos que el dicho *coudel moor* era Ferran Silveyra, por estar este poema incluído dentro de la colección de poesías de este autor, debieron de escribirse después de 1454. Ferran Silveyra sucedió a su padre Nuno Martin Silveyra en el cargo de *coudel moor*, el 15 de junio de 1454 y lo poseyó hasta pocos años antes de morir en 1494, sucediéndole su hijo Francisco Silveyra. Véase: *Cancionero Geral*, I, 206. No hay que pensar que don Pedro era rey cuando escribió estos poemas, ya que después de llegar a Barcelona nunca regresó a Portugal. Resende coleccionó y puso el título a estos poemas muchos años después de la muerte de don Pedro.

(56) Rui de Pina, *Chronica Affonso V*, 496. Dice así: "El Rey, e o Ifante e o Senhor Dom Pedro seu Primo, e o Duque e os Condes e toda a outra jente partiram per terra, e huma ora ante menhaa chegaram acerca de Tangere". Véase también: Nunes de Leao, 254; Gomes Eanes de Azurara, *Chronica do Conde Duarte de Menezes*, *CLIHP*, III (Lisboa, 1793), 344-345. Más adelante abreviado, Azurara, *Conde Duarte*.

(57) Rui de Pina, *Chronica Affonso V*, 498-501; Nunes de Leao, 254-255; Azurara, *Conde Duarte*, 344-345.

(58) Las vicisitudes, éxitos y fracasos que don Pedro experimentó en su corto reinado catalán han sido extensamente estudiadas, por lo que existe una extensa bibliografía que cubre ampliamente el tema: J. E. Martínez Ferrando, "Uns capitols otorgats als mallorquins per Pere, Conestable de Portugal, 'rei Intrus' de Catalunya", A.S.T., XI (Barcelona, 1953), 203-217; Idem, "Pere de Portugal, 'rei dels catalans', vist a través dels registres de la seva cancelleria". *IECMSHA*, VIII (Barcelona, 1963); idem, *Pere de Portugal "rei dels catalans"*. *Esquema biografic*, ed. Rafael Dalmau. (Barcelona, 1960); idem, *Tragedia del Insigne Condestable Don Pedro de Portugal* (Madrid, 1942). Más adelante abreviado con *Tragedia del Condestable*; idem "Caballeros portugueses en el alzamiento catalán contra Juan II, *Hispania*, XII, No. 47 (1952); idem, "La sepultura de Pedro de Portugal. Una precisión de las noticias existentes de la misma". *CAHC*, VIII (1936), 75-82; José Coroleu e Inglada, "El Condestable de Portugal, rey intruso de Cataluña, *RG*, II (1878), 410-420, 449-458 y 500-509; A. Balaguer y Merino, *Don Pedro, Condestable de Portugal, considerado como escritor, erudito y anticuario. Estudio histórico-bibliográfico*. (Gerona, 1881); María de los Angeles Masiá, "Joan Claperós i la Tomba de Pere de Portugal" en *EUC*, VIII (1932), 302-306; Sobre la política y las guerras de Cataluña en el siglo XV, véase: Juan Codina, *Guerras de Navarra y Cataluña desde 1451 hasta 1472* (Barcelona, 1851); Próspero de Bofarull, *Levantamiento y guerra de Cataluña en tiempo*

de Juan II, CDIACA, XXII, XXIV, XXVI (1862-1863); Félix Pasquier, *Lettres de Louis XI, relatives a sa politique en Catalogne en 1461 a 1473* (Foix, 1895); Joseph Calmette, *Louis XI, Jean II et la Revolution Catalane* (1461-1473), (Toulouse, 1903): Francisco Carreras Candi: *Dietari de la Guerra de Cervera, 1462-1465* (Barcelona, 1907), *Monarquía y revolución en la España del siglo XV* (Barcelona, 1953). Carmen Batlle Gallart. *La crisis social y económica de Barcelona a mediados del siglo XV* (Barcelona: AAEM, 1973); Carmen Batlle Gallart, "Funcionarios públicos enemigos de Cataluña y de Pedro de Portugal", *ACLEEM*, 1974 (en prensa).

(59) Jerónimo Zurita, *Anales de la Corona de Aragón*, 2a. parte, IV (Zaragoza, 1616), Libro 17, fol. 127 Vo.

(60) En agosto de 1464, todavía poseía don Pedro la jefatura de la Orden de Avís, pues existe una carta donde desde Barcelona asume las funciones de tal. Archivo de la Corona de Aragón. *Serie Intrusos*, Reg. Curiae, I, fols. 1212 Vo.

(61) J. Calmette, "Dom Pedro, roi des Catalans et la cour de Bourgogne", *AB*, XVIII (1946), 1-15.

(62) Carta regia del 15 de junio de 1465, ANTT, *Livro 3 de Místicos*, fol. 46; Documento editado por M. Ferrando y C. Sousa, 19-20.

(63) J. E. Martínez Ferrando, *Tragedia del Condestable*, 138-139, 294-300.

(64) J. E. M. Ferrando, *Tragedia del Condestable*, 153-158, 309-316.

(65) J. E. M. Ferrando, *Tragedia del Condestable*, 166, 170-172.

CAPITULO II

EDUCACION, CULTURA Y ERUDICION DE DON PEDRO

La educación de un príncipe.

Si lo dicho hasta ahora sobre la vida y personalidad de don Pedro, fuera la suma total de su contribución a la historia peninsular del siglo XV, no es probable que hubiera conseguido un lugar importante en los relatos de la época, ya que, si nos atenemos a un criterio de éxito y triunfo en el mundo, su carrera política fue un fracaso. Si no hubiera sido por sus escritos y por su fortuita conexión con la famosa carta del Marqués de Santillana, hubiera sido, solamente, uno de tantos vástagos de las casas dinásticas que, a pesar de haber tenido muchas posibilidades, no consiguió triunfar.

Se podría ver en la vida de don Pedro la intervención de la mano de la mala fortuna, que le lleva constantemente a la tragedia y, por último, a la muerte prematura. Sin embargo, las evidencias señalan hacia algo más intangible: se percibe una cierta falta de dirección, de buena capacidad de juicio en las decisiones. Parece haber en su existencia una tendencia a no estar en el lugar adecuado cuando se le necesita, o a apoyar la causa equivocada o, simplemente, a actuar a destiempo. Su actitud ante la vida es tentativa y llena de dudas y, en consecuencia, le impide la adquisición del poder y el tener éxito en sus empresas. Es decir, su figura es la de un personaje melancólico que parece atraer el fracaso y la mala suerte sobre sí. Debemos acentuar este punto porque es importante para penetrar en su mentalidad. Tomemos, por ejemplo, la época del exilio. El exilio es, sin duda, una horrible desgracia para todo hombre, pero, al mismo tiempo, puede ser un vehículo para adquirir influencia política a través de contactos, y de relaciones. En el exilio se pueden ampliar muchas áreas de acción. En esta misma época, en Europa, encontramos ejemplos de exiliados que vuelven a su patria dispuestos a vengar las injusticias y preparados, incluso, a ganar aglo que antes no tenían. Así hizo el tío abuelo de don Pedro Henry de Bolinbroke en 1399, cuando, al volver a Inglaterra después del exilio, encarceló al legítimo rey Ricardo II y se proclamó monarca, sin que nadie pudiera oponerse. (1) Sin embargo, no hay pruebas de que don Pedro se pasara los años de exilio buscando nuevas oportunidades políticas o tratando de conspirar y de vengarse de los enemigos de su padre. Por lo visto, los deseos de don Pedro eran otros. Fuera de practicar hazañas caballerescas y militares acompañando a los reyes de Castilla en sus luchas contra Navarra y Granada, dedicó su tiempo a escribir y a meditar sobre los problemas de la época en el culto ambiente de la corte de Juan II de Castilla. Su vuelta pacífica a Portugal, después de siete años, le impidió, tal vez, representar un papel importante en la historia de Portugal, pero le aseguró un puesto importante en la historia de la literatura de su patria, por ser el primer portugués que inció la moda de escribir en castellano.

De todas maneras, no es sólo su estancia en la corte de Castilla lo que determinó que se preocupara por su carrera literaria. Bien es verdad que la influencia de literatos de prestigio como el Marqués de Santillana y Juan de Mena debieron guiarle e influir sobre él, mas esto, sólo pudo haber sido productivo, después de poseer él, por su cuenta, una gran base cultural, del tipo que la casa de Avís daba a sus príncipes. Desgraciadamente, no hay testimonios precisos sobre la educación que se daba a los nobles y príncipes portugueses durante este período. (2) Sin embargo, es posible afirmar, sin temor a duda, conociendo la ambición política del Infante Don Pedro, que éste procuraría la mejor educación posible para sus hijos. (3) Durante sus viajes por Europa, el Infante Don Pedro se familiarizó con las nuevas tendencias de la educación humanística que se estaban desarrollando en Italia. Así, en la corte de Segismundo en Hungría, el Infante conoció personalmente a Pier Paolo Vergerio. (4) Meses más tarde, a su paso por Florencia, tuvo contactos con el humanista florentino Ambrogio Traversari, el cual le dedicó su traducción latina del *De Providentia* de San

Juan Crisóstomo. (5) A su vuelta a Portugal, el Infante encargó al gran estudioso Vasco Fernández de Lucena (6) que tradujese al portugués el tratado de Vergerio sobre la educación, *De ingenibus et liberalibus studiis* (1402). (7) La tesis de educación de príncipes de Vergerio, tenía por meta primordial, dar un énfasis especial a las actividades morales, tales como la castidad, la templanza, la generosidad y la aspiración por las cosas nobles. También consideraba importante las actividades intelectuales, el ejercicio de la gramática, dialéctica, retórica, música, dibujo y ciencias generales (astronomía, física, medicina, teología y jurisprudencia). Además de estas materias consideradas como pasivas, Vergerio creía indispensable el ejercicio físico porque lo veía, no sólo necesario para la guerra, sino también como promotor de valentía, atrevimiento y magnanimidad en los jóvenes. Los ejercicios físicos consistían en la destreza en los juegos caballerescos, justas, torneos, carreras. En definitiva, la pedagogía de Vergerio estaba basada en un concepto liberal y activo del espíritu humano. El príncipe debía tender a la búsqueda de la dignidad a través de la consecución de la fama y del orgullo del propio nombre. (8) Vergerio trataba de tener en cuenta el hombre en su totalidad incluyendo sus dos aspectos, el intelectual y el físico. Esta teoría trae consigo el culto a la acción y el deseo de conseguir bienes materiales, de acuerdo con la situación política y civil de la vida del príncipe.

Es muy probable que la educación que recibió don Pedro estuviera basada en estos principios. Posiblemente también su padre le proporcionaría buenos profesores para aprender latín y poder leer los escritores clásicos de los que él era tan aficionado. (9) Tal vez aprendiera la lengua de la corte donde, seguramente, se hablaba castellano junto al portugués, por ser de Castilla la reina Doña Leonor. Existe la posibilidad de que conociera también el catalán, aprendido directamente de labios de su madre, la hija del Conde de Urgel.

Lo cierto es que si, por una parte, la educación de los príncipes de Portugal tenía su modelo en los tratados pedagógicos del incipiente humanismo italiano, también debía de estar influida por la tradición de Francia, Borgoña e Inglaterra, en donde la educación de la nobleza consistía en la combinación de elementos prácticos y estéticos. (10) Parece posible que la familia real portuguesa tan íntimamente unida, por cuestiones familiares, con las tierras que bordean el canal de la Mancha, seguiría la moda nórdica en la que, tradicionalmente, la nobleza y las grandes familias producían poetas y patrones de las letras, tales como Carlos, duque de Orleans, Antonio, el gran bastardo de Borgoña y dedicados bibliófilos como el duque Humphrey de Gloucester y John Tiptoft. (11) Aún el disipado Eduardo IV de Inglaterra era un consumado lector. Se ha discutido, sin embargo, que la afición a las letras por parte de la nobleza del norte de Europa y especialmente de Italia, difería de la actitud que tomó la clase dirigente de la Península Ibérica. En Castilla, por lo menos, se produjo una fuerte reacción en contra que dio lugar a una creciente desconfianza hacia nobles dedicados a las letras como don Enrique de Villena y el Marqués de Santillana. Teniendo en cuenta esto, se podría pensar que la falta de habilidad política de Juan II para controlar la nobleza, tal vez fuera el resultado de la pérdida de respeto de los nobles hacia cualquier refinamiento cultural, mucho más si éste estaba patrocinado por un monarca poco eficaz en las armas y al que rápidamente se le colgó el "San Benito" de ser débil. (12)

Conviene, por otra parte, hacer la salvedad de que esta actitud se va ligeramente modificando a medida que el siglo avanza. Los biógrafos de la mitad del siglo como Gutierre Díez de Games, autor de *El Victorial, Crónica de don Pero Niño*, Conde de Buelna, se muestra despreciativo y exclama: "El que á de aprender e usar arte cavalleria, non conbiene desprender luengo tiempo en esquela de letras". (13) Lo mismo ocurre con Pérez de Guzmán en su obra *Generaciones y Semblanzas*, cuando, al hablar de Enrique de Villena, se horroriza al pensar que: "fue inclinado a las ciencias e artes mas que a la cavalleria", encontrando en esta inclinación una falta imperdonable. (14)

Sin embargo, a finales del siglo, Hernando del Pulgar muestra en sus biografías una actitud diferente que le lleva a juzgar que el Marqués de Santillana "tovo en su vida dos notables exercicios: uno, en la disciplina militar, otro en el estudio de la ciencia." (15) Bien es verdad que Pulgar y Guzmán pertenecían a clases sociales distintas, siendo el primero un converso y el segundo descendiente de un antiguo linaje castellano. Puede ser tal diferencia, la causa de las dos posturas distintas y no el correr de los años. Si así fuese, se ratificaría la tesis de la animosidad de la nobleza castellana hacia las letras. De todos modos, la evidencia de estas actitudes requeriría una investigación y una revisión más extensas. Es muy probable que en Portugal existiera una ambivalencia semejante. Hay que tener en cuenta que en la historia de la literatura del siglo XV español, los grandes literatos como Villena, Santillana, Pérez de Guzmán, Don Alvaro de Luna, formaban parte de la aristocracia. Lo mismo ocurría en Portugal con el rey don Duarte o el Infante Don Pedro. Sin embargo, es interesante escuchar la opinión que Rui de Pina tiene sobre este tema, quien considera que el estudio en la escuela es sólo para legos o letrados e incompatible con la dignidad real o incluso con la de la nobleza. Describiendo las virtudes de don Duarte dice de él:

> Foi homen sesudo e de claro entendimento, amador de siencia de que tovo grande conhecimiento, e nom per descurso d'Escolas, mas per continuar d'estudar e leer per boos livros: ca soomente foi gramatico, e algum tanto logico. (16)

Puede ser que nobles como el Marqués de Santillana en Castilla y don Pedro en Portugal, aunque trataron de mantener un equilibrio entre su afición a las letras y las armas, no fueran personajes típicos de la calse que representaban y, por lo tanto, serían considerados por ella como extraños o raros. De todos modos, tal vez don Pedro no fuese el representante de los intereses de la nobleza portuguesa en su totalidad, pero sí se le puede considerar como la figura de la cultura y formación intelectual de su patria en su máxima expresión.

La cultura en la corte portuguesa.

Pocas veces las fechas de batallas marcan un cambio decisivo en los hábitos culturales y sociales de un pueblo. Sin embargo, la fecha de la batalla de Aljubarrota (14 de agosto de 1385), ocurrida poco después de la aclamación del Maestre de Avís, hijo bastardo de Pedro I, como rey de Portugal con el nombre de Joao, fue esencial para el destino histórico de los portugueses. (17) El cambio de dinastía no fue de una significación política efímera, sino que representó la confirmación de la independencia total del reino de Portugal, siempre amenazado por sus vecinos castellanos. También significó el cambio hacia una mentalidad que dio origen a la fase más gloriosa de la civilización portuguesa.

En Aljubarrota sirvió un gran contingente de arqueros ingleses. Desde un punto militar, la presencia de estos últimos fue de poca consecuencia, pero políticamente representaba la alianza con Inglaterra, la cual fue reforzada con el matrimonio de Joaõ I con Felipa de Lancaster, hija mayor de Juan de Gante. (18) Estos contactos diplomáticos con Inglaterra, sellados con el creciente comercio entre los dos países, indican que además de la estrecha, aunque hostil, relación con Castilla, Portugal estaba también unida, comercial y culturalmente con Inglaterra, Flandes, Borgoña y con los países del Mediterráneo, Aragón, Sicilia y Nápoles.

Joao I, abuelo de don Pedro, fue un gobernante duro y despótico pero al mismo tiempo prudente y acertado. Su misión era construir una base autoritaria y estable para la nueva monarquía que se diferenciase de los desmanes internos de la monarquía anterior. Consiguió que sus descedientes pudieran trasladar el tradicional espíritu de cruzada, inútil desde la expulsión de los moros, hacia la idea más práctica de expansión y colonización de un imperio más allá del mar. (19)

Felipa de Lancaster, abuela de don Pedro, suprimió la inmoralidad y violencia que imperaba en la corte pasada e impuso decencia y rigidez, al tiempo que introducía nuevas constumbres. En las crónicas aparece como una figura poco definida, si bien a pesar de todo, atractiva. Poseía una fuerte personalidad y una profunda piedad altamente moral. Los nobles y acompañantes que trajo consigo desde Inglaterra estaban familiarizados con la brillante corte de Ricardo II en donde dominaba un gusto exquisito y un gran amor a las letras. Entre ellos se hallaba el estudioso Robert Payne, quien tradujo al portugués el poema cortés, *Confesio*

Amantis de John Gower. También se puede percibir la influencia de Felipa en la arquitectura del monasterio de Batalha, que posee tantas semejanzas con las iglesias góticas inglesas. La influencia inglesa que introdujo Felipa en Portugal representó la incorporación del norte de Europa a una cultura que, hasta entonces, había sido eminentemente meridional. (20)

La corte de João y Felipa produjo un resurgimiento de la literatura y del estudio, olvidados desde tiempos de don Diniz. Durante estos años, el estudio de las letras y la preocupación por las ciencias dejaron de ser monopolio del clero. El *letrado* o el estudioso seglar, empezó a adquirir una posición cada vez más importante. Esta actitud tiene su deuda en el·ejemplo del rey, que tradujo una colección de *Horas Marianas* del latín al portugués y así mismo escribió un manual de caza, *Livro de la Montaria* (21). Todo̅ esto con el posible deseo de emular a un insigne antepasado suyo el rey Alfonso X de Castilla. Durante los cuarenta años de su reinado, las costumbres y modos de vida del país experimentaron un profundo y permanente cambio. Estas nuevas formas fueron plenamente ejemplificadas en las personalidades de los versátiles hijos del rey, cuyo refinamiento, estudio y hazañas llevaron a Camoens, un siglo más tarde, a hablar de ellos y de su época como de la "inclita geração". (22)

Una mirada a los intereses intelectuales de los tres hijos mayores de João I indica el tipo y el grado de desarrollo cultural de la corte en que don Pedro pasó sus años de infancia y adolescencia. El hijo mayor, don Duarte, era un escritor y pensador, cuyos tratados ejemplifican el antiguo y tradicional concepto del humanismo medieval en su aspecto ibérico. Se ha mencionado, a menudo, que el humanismo medieval español posee una peculiar tendencia hacia el moralismo estoico, a causa̍ de su insistencia en la ética y en la piedad práctica y por su constante referencia a Séneca y Boecio. El humanismo practicado por don Duarte podría muy bien definirse con la misma frase que Colucci Salutati empleó en el siglo XIII, "humanitatis hoc est eruditionis moralis". (23) Por otra parte en la personalidad de don Duarte se añade, además de estas tendencias nacionales, el hecho de haber estado afligido por una enfermedad común en la época, la melancolía, (24) la cual aparece analizada y discutida en sus obras. La primera de ellas, el *Livro de ensimança de bem cavalgar toda sela*, es un tratado sobre el arte ecuestre donde se habla de la técnica de los torneos, justas, luchas, y deportes caballerescos. Sin embargo, el autor va más allá del convencionalismo del tema y medita sobre las formas y fines de la educación, sobre la autodisciplina y las calidades morales y corteses que un caballero debe tener. Es, en muchos aspectos, un tratado de caballería donde se hace un análisis de la evolución de las costumbres de su tiempo aplicándoles un juicio psicológico (25).

Aún más importante que este libro es su segunda obra, el *Leal Conselheiro*, en donde se desarrollan una serie de consideraciones de carácter práctico y moral en un método que hoy día podría llamarse de libro de ensayos. Basándose en la tradición de las *Eticas* de Aristóteles, de los tratados de Séneca y de las doctrinas de los Padres de la Iglesia, especula sobre el entendimiento, la voluntad y las pasiones y trata de dar consejos de moral práctica. (26) Las dos obras poseen una gran profundidad psicológica aplicada a temas didácticos y ejemplifican perfectamente la cultura literaria de la época y el espíritu de los últimos años de la edad media. Estas ideas acompañarían a don Pedro durante los primeros años de su vida y le servirían de base para las ideas y reflexiones que aparecerán reflejadas en sus obras.

La importancia del segundo tío de don Pedro. El Infante don Enrique, no es necesario puntualizarla aquí, ya que es, por valor propio, una de las figuras más importantes de la historia de la baja edad media en la Península Ibérica. Intelectualmente, los intereses de don Enrique son distintos de los de sus hermanos. Sin embargo, a pesar de concentrar su tiempo en planes de viajes y colonización, retirado en sus posesiones de Sagres, su nombre aparece íntimamente relacionado con la Universidad de Lisboa. Fundó un colegio para escolares pobres y desempeñó el cargo del primer *Protector* que tuvo la universidad, mientras iniciaba unas reformas de tipo administrativo. (27)

Lógicamente, el que más influyó en la formación cultural del Condestable fue su padre, el Infante Don Pedro, quien, a la vuelta de su viaje por las cortes europeas, trajo las semillas de la nueva mentalidad humanista que se estaba desarrollando en Italia. Duran-

te los años del reinado de su hermano don Duarte, se dedicó acti-
vamente al estudio y a popularizar en portugués algunos escritores
latinos. Ya se mencionó la traducción que mandó hacer sobre el
tratado de Vergerio sobre la educación. Así mismo, tradujo o mandó traducir, *De officiis, De amicitia, De senectute* de Cicerón, el
Panegiricus Trajano Augusto de Plinio, el joven y el *De regimine
principum* de Egido Romano. (28) También, preocupado por el estado de la educación clásica en Portugal, instó al rey don Duarte,
su hermano, que fundase universidades al estilo de Oxford y de París donde se enseñase bien los estudios clásicos. (29) En 1433 dedicó al rey su obra *Virtuosa Bemfeitoria*, inspirada en el *De benefi-
ciis* de Séneca. En ella trata los conceptos filosóficos de los beneficios desde un punto.de vista escolástico. Empieza con una definición, analizando seguidamente sus partes y características. La tesis
de la obra está basada en el principio feudal de la *Bemquerença*, es
decir el amor, la relación y la dependencia que existe entre los
hombres para poder así sobrevivir. Esta teoría era arcaica y utópi-
ca en una época que se empezaba a conocer un incipiente capitalis-
mo. Las ideas paternalistas y aristocráticas del Infante Don Pedro
unidas a su deseo de centralizar el poder de la realeza en contra de
la preponderancia de la nobleza, serían, en última instancia, la causa de su ruina y muerte. (30)

Sin embargo, culturalmente, el Infante resurge por su afán de
sintetizar las características ancestrales de su país con las nuevas
tendencias culturales europeas, aunque no llegase plenamente a
comprenderlas. La intención del Infante Don Pedro, antes de ser
regente, había sido el ejercer una influencia cultural semejante a la
que don Alonso de Cartagena estaba produciendo en Castilla. (31)
Tal vez lo hubiera conseguido, si los acontecimientos históricos no
hubieran determinado otro rumbo para su persona.

La tradición caballeresca.

Uno de los aspectos de la educación de don Pedro que no debe pasarse por alto es su iniciación a las armas y la adquisición de
los ideales de caballería. En la corte de Avís imperaban una serie

— 41 —

de códigos caballerescos que le fueron inculcados a don Pedro y que se manifiestan en su obra y en sus actuaciones políticas en Portugal, Castilla y Cataluña.

La caballería, aunque de por sí es una institución militar y política, está relacionada íntimamente con la literatura. El punto de partida de la institución se podría remontar a la primitiva milicia romana. Carlomagno la revitalizó en su lucha contra los infieles en la Marca Hispánica, añadiéndole el ideal germánico de la devoción al jefe. Literariamente daría lugar a los poemas épicos del *Roland* en Francia y del *Cid* en España. Poco a poco, en el norte de Europa, el concepto épico primitivo de la caballería se fue modificando y se adaptó a un nuevo sistema que ponía el servicio de las armas bajo un señor o una causa noble. (32) A veces, los ideales y convenciones caballerescas se vieron reducidas a una corte que abandonaba sus obligaciones militares. Una situación semejante dio lugar a la poesía trovadoresca del sur de Francia en donde la idea caballeresca se estiliza aplicándose al juego amoroso. Paralelamente, en otros lugares, continuaba el afán de lucha contra el infiel. Esta exaltación produjo el movimiento general de las cruzadas, creándose, en esta época, agrupaciones de caballeros bajo órdenes militares de caballería.

En la primera mitad del siglo XV, con la amenaza turca, hubo un florecimiento del ideal caballeresco de la lucha contra el infiel. En la Península Ibérica, por la proximidad musulmana de Granada y Africa, tenían el concepto de cruzada como una realidad constante y cercana. Sin embargo, el nacimiento de una nueva mentalidad anunciaba el fin de la caballería al estilo medieval. Como ocurre en toda decadencia, las formas se estilizan y se transforman en convenciones sociales y literarias, a la vez que se complican los códigos de costumbres previos.

En la Península, la caballería estaba unida a la clase dirigente y aristocrática, tanto, que es difícil separar la una de la otra, o ver los límites donde convergen o se distancian. Para los nobles, el principio de caballería era una forma de vida en donde se combinaba el aprendizaje práctico de las armas con una serie de deberes sociales y religiosos. (33)

Con la llegada de Felipa de Lancaster, Portugal añadió a su

concepto militar de cruzada, el sentido caballeresco feudal que imperaba en Europa. Con ella vino la idea de institucionalizar la caballería, tal como lo había hecho su abuelo Eduardo III de Inglaterra con la fundación de la Orden de la Jarretera (1384). La intención era utilizar el ideal caballeresco de los nobles como un medio para otorgar premios y favores cortesanos y diplomáticos. (34) Naturalmente, el tradicional espíritu cortés y refinado de Portugal, gran aficionado a la poesía trovadoresca de tipo provenzal y a las novelas de caballerías, era terreno abonado para adoptar inmediatamente la concepción caballeresca cortesana de Francia e Inglaterra. La llegada de Felipa trajo a la Casa de Avís la moda de las divisas en los escudos de armas que habían sido introducidos por los normandos en Inglaterra. La reina Felipa tenía, *Il me plait*, el rey João I, *Pour Bien*, el Infante Don Pedro el lacónico, *Desir*, el Infante don Enrique, *Talent de bien faire*. Años más tarde don Pedro escogería el de *Paine pour joie*, que expresa bien su caracter y personalidad. (35) Esta moda pronto se extendería por toda la Península llegando hasta Aragón donde el rey Alfonso V gustaba de poner su divisa en las galeras. (36)

La mentalidad caballeresca de la Casa de Avís, se ve claramente desplegada en las expediciones al norte de Africa. La conquista de Ceuta en 1415, fue planeada por João I con la intención de que sirviese de buen marco para la investidura de caballeros de los Infantes, sus hijos. Antes de la partida, la reina Felipa les dio las espadas y ritualmente les encomendó, como si fueran caballeros andantes, el cuidado y protección del pueblo a don Duarte, de las mujeres y doncellas a don Pedro, de los caballeros a don Enrique. (37)

La actitud caballeresca portuguesa reflejaba, además del deseo de extender la religión cristiana a los infieles, una identificación con las convenciones de tipo literario. El rey y los cortesanos portugueses tenían como modelos caballerescos los hechos y hazañas de los caballeros andantes tal como los representaban las novelas de caballería. En la *Chronica de João* de Fernán Lopes, se alude a la costumbre que el rey tenía de comparar sus propios caballeros con los del rey Arturo de la Tabla Redonda. (38)

Otra prueba del refinamiento caballeresco que imperaba en la corte portuguesa se encuentra en las noticias dadas por los caballeros andantes que la visitaron. El noble caballero de Suabia, Jorg Von Ehingen, que visitó Lisboa y Ceuta durante los años 1456-57, se admira de cómo Portugal exalta el espíritu caballeresco, no sólo llevando expediciones a Africa, sino también organizando justas, torneos, carreras de caballo para lucimiento y perfección de los ideales caballerescos.

En Castilla hay así mismo en esta época una gran preocupación caballeresca. En las crónicas de don Alvaro de Luna y de Juan II, se describen numerosos torneos y justas en donde participan el rey y todos sus nobles. Famosísimo, por lo que tiene de realidad y de literatura, es el *Livro del Passo Honroso defendido por el excelente cavallero Suero de Quiñones*, que demuestra la mentalidad caballeresca en todo detalle. (40)

La caballería era tan importante en Castilla que resultó tema de discusión didáctica entre los estudiosos castellanos del siglo XV. Santillana, después de haber leído una traducción del *De militia* de Leonardo Bruni, se interesó por conocer el origen de la caballería preguntándoselo al obispo de Burgos, Alonso de Cartagena. La respuesta da lugar a un pequeño tratado sobre el tema. En él se resalta la dimensión militar y política de la caballería, dejando atrás el concepto decadente de ésta como juego cortesano e individualista que sólo busca los propios intereses de vanidad y orgullo. Cartagena da énfasis a los valores éticos y religiosos de la primitiva caballería medieval. Parece como si en este tratado quisiese escribir el epitafio a este tipo de caballería tradicional que en el siglo XV sólo conservaba las características formalistas y convencionales y que estaba tomando un tono literario, incluso en la realidad. En sustitución a esto, aboga por un ejército nacional donde caballeros y soldados lucharan hombro a hombro y, con mayor eficacia, en defensa del rey y del país. (41)

A diferencia de las ideas de Cartagena que anuncian la nueva mentalidad moderna, el espíritu caballeresco que don Pedro adopta es eminentemente medieval. Aparece expresado en sus obras en la lengua ritual de las cartas prefacios que envía, cuando las ofrece como vasallos a los pies de su señor. También aparece en los códigos de conducta caballerescos que expresa en la *Sátira*, escrita en sus años de juventud. En ella se exaltan los valores del caballero ideal. Por un lado, la alabanza del "femíneo linaje" en todos los planos. La dama está con todas las perfecciones posibles que el caballero debe adorar. Por otro lado se desarrollan los valores caballerescos de la fidelidad, del honor y del amor. Se prefiere la muerte cruel a vivir acongojado por un amor al cual es imposible rechazar y que causa insoportables sufrimientos. La dialéctica de la *Sátira*, como veremos más adelante, sólo se puede entender si se aplican los valores y códigos caballerescos de la época.

El tema de las otras dos obras de don Pedro es más didáctico y filosófico y, por lo tanto, se aleja de la mentalidad caballeresca. Sin embargo, a veces, se ve una alusión a la ocupación militar a la cual don Pedro, por ser Maestre de Avís, estaba sujeto. En el prólogo a su hermano Jaime de la *Tragedia*, le habla varias veces de sus viajes y expediciones a Africa a luchar contra los infieles en defensa de la religión cristiana. En sus palabras se expresan los sentimientos que serían normales en todo caballero cristiano del siglo XV, dice dirigiéndose a Dios:

> No fuera mejor que tu permitieras fuera conplido mi desseo, que bien poco antes desto sabes que tenia de tomar la cruz, e ir contra aquel impio e protervo puerco devorador del tu nombre" (*Tragedia*, pág. 307, fol.) 2).

En definitiva, es cierto que la formación caballeresca de don Pedro se ve expresada en el contenido y en la mentalidad de sus obras.

La cultura y erudición de don Pedro.

A pesar del evidente interés caballeresco que existía en la corte portuguesa y del que, naturalmente participaba don Pedro, no se puede decir que en el Condestable existiera la tradicional incompatibilidad entre las armas y las letras de la que se lamentaban Villena y Santillana. (42) Por el contrario, se puede considerar a don Pedro entre las figuras que intentan armonizar estas dos tendencias, en apariencia insolubles para la mayoría de la nobleza peninsular. Lo mismo que en Santillana, se reconocían los dos oficios, "uno en la disciplina militar, otro en el estudio de las ciencias. (43) Don Pedro, hacia 1460, diría en la *Carta de Conselho a Alfonso I*, que él trataba siempre de que en su personalidad se mezclàsen la "sabedora de Salomão e el caballeroso officio". (44)

No existe la menor duda de que don Pedro poseía una gran cultura. Las pruebas se encuentran no sólo en sus obras, llenas de referencias a autores clásicos y medievales, sino también, en la importante biblioteca que coleccionó durante su vida, cuya noticia se ha conservado en el inventario de sus bienes que se hizo a su muerte. (45) Consiste en unos noventa y ocho códices. De ellos, sesenta y uno están en latín y son la mayoría, biblias, libros de oración, misales e historias romanas clásicas de autores distintos. Treinta y siete volúmenes están en lenguas romances, catorce en castellano, ocho en francés, siete en catalán, cinco en portugués y dos en italiano. Además de estos libros, se conoce la existencia de otros que él mandó comprar y que se mencionan en las cartas de la Cancillería de Aragón. (46)

Esta rica biblioteca debió de irse formando durante épocas distintas de la vida de don Pedro. Algunos libros se pueden identificar por la descripción de las cubiertas del inventario. Seguramente los que aparecen en las armas de Portugal y la rueda de la fortuna: el No. 4, *Paulo Vergerio*, en portugués, el No. 11, *Vida de Julio Cesar* en portugués, el No. 58, *O orto do esposo en portugués* y el No. 80, *De la inmortalitat de la ánima* en castellano, debieron ser adquiridos en Portugal durante su infancia, o en Castilla durante su exilio. El hispanista francés, Morel-Fatio, creía que habían pertenecido al Infante, su padre, basándose en las cubiertas y porque Paulo Vergerio, fue traducido por mandato suyo. (47) Sin embargo, el símbolo de la rueda de la fortuna era muy común en la época y, si consideramos la biografía del Condestable, le cuadra más a él que a su padre. Por otra parte, en No. 80 es la traducción en castellano del *Fedón* de Platón que el Marqués de Santillana había encargado a su capellán Pedro Díaz de Toledo, y que don Pedro debió de adquirir una copia durante su exilio en Castilla. (48)

También creía Morel-Fatio que otros dos, el 29 y el 82, también habían pertenecido al Infante por llevar en sus portadas las armas de Portugal, Aragón, Urgel e Inglaterra. No percibió que precisamente éstos eran las mismas obras que don Pedro había escrito, la *Sátira* y las *Coplas* y que, de todas formas, el que legítimamente poseía estos escudos de armas, no era el Infante, sino su hijo el Condestable, nieto de João I de Portugal y de Felipa de Lancaster por parte paterna y nieto del conde de Urgel por su madre y, a su vez, rey de Aragón.

Es relativamente más fácil identificar algunos de los libros que adquirió don Pedro en el último período de su vida siendo ya rey de Aragón, en este caso, también, por los escudos de las cubiertas. Por ejemplo, el No. 28, la *Ética* de Aristóteles en castellano, (49) el No. 5, *De vita et noribus Alexandri Magni*, se describen con las armas de Aragón, Sicilia y Navarra. El No. 2, una *Biblia*, el No. 8, *La Moral, la Política y la Economía* de Aristóteles, el No. 24, *De secundo bello punico* de Tito Livio, el No. 37, Josephus, *De bello judayco*, el No. 41, *Rabanus ad Ludovicum regem*, se describen con las armas de Aragón y Sicilia, que habían pertenecido al Príncipe de Viana. Aquél, quien con su muerte dio origen a la posibilidad de que don Pedro reinase en Aragón y que poseía una gran biblioteca de la cual don Pedro compró éstos y otros códices más. Por ejemplo, el No. 1, *Avicena*, el No. 2, *Alexandre* en francés, el No. 84, *Boecius de Consolatione* en latín, que aparecen descritos en el inventario de los bienes de don Pedro con los escudos de "les armes reales" y que posiblemente don Pedro mandó encuadernar al comprarlos siendo ya rey de Aragón. (50)

La descripción de los demás libros no da datos suficientes que permitan identificar la época y procedencia de adquisición. Algunos de ellos debían ser copias de volúmenes existentes en bibliotecas de Portugal, sobre todo de la biblioteca real de su tío don Duarte. (51) Por ejemplo el No. 79, *Valerio Maximo en vulgar castellá*, que aparece también en la biblioteca de don Duarte con el No. 11, o el No. 52, *Cronica de Espanha en vulgar portuguez*, que debía ser una copia del No. 55, de don Duarte, o el No. 11 *Suetonio da Vida de Julio Cesar* en portugués que parece ser el libro que se encuentra en el inventario del rey don Duarte con el No. 54, *Julio Cesar*. El No. 47 del inventario de don Pedro, *Coroniques e*

Conquestes de Ultramar, en vulgar castellá coincide con el No. 57, de la biblioteca de don Duarte, *Conquista de Ultramar*. También aparece el libro de Honoré de Bonnet, prior de Salons de Cran, *l'Arbres des Batalles* en las dos bibliotecas, el No. 9, en don Pedro, el No. 61 de don Duarte. Así mismo, coinciden las dos bibliotecas en el *Livro das virtudes*, el No. 67 en la biblioteca del Condestable y el No. 13 en la del rey de Portugal, que puede ser el mismo que don·Duarte encargó traducir al castellano a Alfonso de Cartagena mientras su estancia en Portugal. (52)

Cualquiera que sea la procedencia de los códices, es cierto que el contenido de la biblioteca de don Pedro revela los gustos e intereses de una persona culta del siglo XV en la Península Ibérica. Es posible ver que, a pesar de un incipiente interés por los escritores clásicos, aún está dentro de una mentalidad medieval. Aparte de los misales y libros de oración que incluyen unos veinticinco volúmenes de la colección, don Pedro muestra interés por la Biblia y los autores griegos, latinos, padres de la Iglesia, italianos y contemporáneos españoles.

A su muerte, don Pedro poseía siete códices de la Biblia, en latín y castellano (Nos. 2, 30, 31, 32, 33, 70, 76). Este hecho es interesante, ya que la Iglesia, en la edad media, no era partidaria de las traducciones vernáculas de la Biblia. Se prohibían por miedo de que el error y la doctrina falsa se infiltraran en la tradición, también por temer el posible detrimento que su estudio supondría para la autoridad de la Iglesia. Sin embargo, se pueden encontrar traducciones parciales y completas desde principios del siglo XIII. (53) Así mismo se registran en su inventario, libros de oración (Nos. 3, 5, 7, 49, 68, 94, 95) y la traducción que el Canciller Pero López de Ayala hizo sobre *Las morales de San Gregorio sobre Job*. (54)

Aunque muchos de estos libros seguramente fueron adquiridos en los últimos años de su vida, don Pedro alude directamente a pasajes bíblicos. Entre los libros de la Biblia se refiere a los Salmos de David (*Sátira*, fol. 6 Vo.), el libro de la Sabiduría de Salomón (*Sátira*, fol. 21 Vo.), el Eclesiastés (*Sátira*, fol. 22 Vo.), el libro de Daniel (*Copla*, 8), el libro de los Jueces (*Copla*, 50). También alude a Isaías, Moisés y Job y al Nuevo Testamento, del cual recoge las ideas y las frases del evangelio de San Mateo: "esta manera tovo de fablar nuestro Redemptor, Mathei Sexto, en quanto dixo onde es el tu tesoro ende es tu coraçon" (*Sátira*, fol. 29). Es evidente que el conocimiento que don Pedro tenía de la Biblia es abundante y posiblemente directo. Aparte de los volúmenes, ya mencionados, en su biblioteca, don Pedro pudo haber estado en contacto durante su infancia con los libros de su tío el rey don Duarte, el cual poseía varios títulos: el No. 21, *Livro dos Evangelios*, No. 22, *Actos dos Apostolos*, No. 23, *Genesy*, No. 24, *O libro de Salomão*, No. 31, *Biblia*. Otra posibilidad de inspiración bíblica la pudo encontrar en la versión portuguesa de la *General Estoria* del libro de Alfonso X, en cuyos primeros libros se hace una adaptación libre de la Biblia. (55)

Entre los autores griegos Don Pedro poseía dos códices de Aristóteles, uno el latín, el No. 8, *Eticorum, politicorum et yconomorum*, y otro en castellano, el No. 20, las *Eticas*. Ambos libros habían pertenecido a don Carlos de Aragón. Las *Eticas* parecen ser una traducción que el mismo Príncipe de Viana había hecho. Es lógico el deseo que don Pedro tenía de poseer estos libros, ya que Aristóteles era el escritor griego más conocido en la corte de Avís. João I, en su obra *Livro de la Montaria*, cita el *De anima* de Aristóteles, el Infante Don Pedro en *Vituosa Bemfeitoria* se refiere a la *Methaphysica*, el *Organon*, el *Isagoge*, la *Politica*, la *Rhetorica*, la *Fysica, De coelo*, la *Ethica* y los *Livros Naturales*. Don Duarte en *O Leal Conselheiro* cita, sobre todo, la *Etica*, pero también la *Politica*, el *Organon*, la *Rhetorica* y el apócrifo, *De secretis secretorum*. A través de esta influencia, no es de extrañar el interés de don Pedro por el "philosopho" como le denomina en sus glosas. (56) Además, siempre se pudo familiarizar con él a través de la escolástica de Santo Tomás de quien también poseía un libro, el No. 66, *Quartus Beati Thomae*. Este interés, aunque todavía medieval anuncia, de alguna manera, las teorías aristotélicas que se estaban formulando entre los humanistas italianos.

Lo mismo ocurre con la actitud que muestra don Pedro hacia Platón. En la *Sátira*, glosa su nombre y da una pequeña biografía donde indica a Walter Burley y a Valerio Máximo como fuentes de información. (57) Cuando escribe las *Coplas*, varios años más tarde, parece que su conocimiento sobre Platón es más profundo porque nombra el diálogo *Fedón* varias veces. (58) Esto parece indicar que entre una y otra composición, don Pedro tuvo oportunidad de familiarizarse con este texto de Platón. Dijimos más arriba que don Pedro poseía una copia de este diálogo traducido por Pero Díaz de Toledo del latín al castellano. Además dentro del texto de la *Tragedia*, aparece clara evidencia de que don Pedro concía bien la traducción de Pero Díaz y que se dejó influir directamente por ella. En la *Tragedia*, don Pedro escribe poniendo por boca de Sócrates estas palabras: (59)

> O varones que fazedes? que por tanto embie yo las mugeres, que por no fizieses estas cosas. Yo siempre oy que el que parte desta vida deve partir en bendiçion y no en lloro (*Tragedia, Obras Completas*, 328).

Pero Díaz, también por boca de Sócrates, escribe:

> O varones que fazedes que por tanto enbie yo las mugeres por que no fiziessen estas cosas que yo syempre oy que el que passa desta vida deve passar e non en lloro. (Fedón, fols. 58 Vo.- 59).

Don Pedro sigue:

> Ni fazer creer a Cryton que yo sere aquel Socrates despues de mi pasa tiempo que disputo agora. (*Tragedia*, fol. 42., *Obras Completas*, 328.

Pero Díaz:

> Non puedo fazer bien creer a Crito que yo sea aquel Sócrates que disputo agora hordeno aquesta fabla (fol. 56 Vo.).

Don Pedro continúa más adelante hablando por Sócrates:

E segund yo veo pensades vos otros que yo soy de mas baxa condiçion que son los çisnes que como sienten cercanos a la muerte cantan mucho mejor que cantaron en el tiempo pasado, ca se alegran porque se van para aquel dios de quien eran servidores. E aviene assi que por los hombres reçelan la muerte calumnian los çisnes, e dixen que lloran su muerte, e non piensan como ninguna ave es que cante cuando hace frio, ni quando padesce algund trabajo. (Fols. 42 Vo.- 43, (*Tragedia, Obras Completas,* 328).

Pero Díaz, a su vez, escribe en la traducción del Fedón:

Segun yo veo pasades vos otros que yo sea de mas baxa condiçion e mas synple para adivinar que son cisnes. Los quales como syente çercanos a la muerte entonces cantan mucho mejor que cantaron en el tiempo pasado, ca se alegran porque se van para aquel dios de quien eran servidores. E aviene assi que por que los hombres recelan la muerte calupnian a los cisnes e dizen que lloran su muerte e por el gran dolor que tienen cantan. E no piensan que ningun ave es que cante quando han fanbre ni quando han frio ni quando padece algun otro trabajo. (Fol. 29 Vo.- 30).

Los paralelismos son evidentes. Por lo tanto, cabe deducir que don Pedro conocía muy bien la traducción del *Fedón* de Pero Díaz, escrita por encargo del Marqués de Santillana, y de la que probablemente don Pedro consiguió una copia durante su época de exilio. Esto puede ser un dato para probar que la amistad entre don Pedro y Santillana no se había interrumpido después del envío de la famosa *Carta e Prohemio*. Así mismo, significa que fue don Pedro el primer portugués que leyó un diálogo de Platón, adelantando un siglo la influencia de este filósofo que tantos frutos daría en Portugal.

De la antigüedad clásica don Pedro nombra en sus glosas a "Pericles ateniense", a "Zenon duque e principe de los estoycos",

a Pitágoras, a Diógenes. También nombra personajes de las tragedias como: "Cadmo rey de Tebas", "al viejo Tiestes", "Jocasta e
Edipo su fijo". Así mismo, nombra a héroes de las leyendas troyanas Hector, Paris, Helena y muchos más, en una lista casi exhausti-
va. Todos estos nombres eran bien conocidos por cualquier hombre culto del siglo XV, y el nombrarlos no significa ningún conocimiento profundo de los textos originales. Los nombres y las vidas
de los filósofos griegos, estaban recogidos en enciclopedias y catá-
logos como el *Liber de vita et moribus philosphorum* de Gualterius
Burlaeus, el *Speculum Historiale* de Vicente de Beauvais, o el *Catholicon* de Giovanni da Genova (60). Los héroes trágicos adquirie-
ron popularidad a partir del *De casibus virorum ellus trium* de
Boccaccio, y además, a través de las tragedias de Séneca, las cuales
don Pedro debía de haber leído en la biblioteca de Santillana.

En cuanto a los héroes troyanos, también eran bien conocidos por las versiones y adaptaciones que se habían hecho de la historia y destrucción de Troya, a lo largo de la edad media. Una de
ellas, la *Illias Latina*, escrita en la época clásica, fue utilizada en España por el poeta del *Libro de Alexandre*, y más tarde por Juan de
Mena. (61) Aún de mayor influencia que ésta, fueron el *Ephemeri-
des belli Troiani*, atribuido a un tal soldado griego, Dictis de Creta,
que fue testigo de la batalla, y el *De excidio Troia e Historia*, atribuido a Dares, el frigio, que participó en la batalla del lado troyano y a quien don Pedro nombra específicamente en la Copla 49.
(62) En el siglo XII, Benoit de Saint Maure se inspiró en los precedentes para escribir el *Roman de Troie*, la obra troyana más importante de la edad media. En el siglo siguiente Guido delle Colonne,
el Guido de Colupnis de la Copla 49 de don Pedro, escribe la *Historia Destructionis Troiae*. También es de este siglo la narración
troyana de la *General Estoria* de Alfonso X, compuesta de información recogida de Dares, Dictis y Benoit. Así mismo, existe una
traducción en prosa castellara del *Roman de Troie*, traducida despues de otra versión portuguesa de 1373. En el siglo XIV, un tal
Leomarte, inspirándose en Guido delle Colonne y en la *General Estoria*, compuso las *Sumas de Historia Troyana*. A su vez, un con-
temporáneo de don Pedro, el hijo del Marqués de Santillana, Pedro
López de Mendoza, tradujo la versión latina de la *Iliada* de Home-

ro de Pier Candido Decembri. (63)

Por su parte, el inventario de don Pedro describe en el No. 85, *Troya en leti*. La biblioteca del Príncipe de Viana, tenía el No. 55, *Historia de Troya per Aragoes*. El Marqués de Santillana, guardaba dos manuscritos de la *Historia de Troya* de Saint Maure, uno de ellos en castellano, el otro en gallego. También tenía otros tres de la versión de Guido delle Colonne, uno en catalán, el otro en aragonés y el tercero en castellano. La versión castellana debía ser la traducción que hizo el Canciller López de Ayala. (64) Don Pedro tuvo a su alcance todas estas bibliotecas y es seguro que utilizó las versiones de Dares y de Colonne porque las menciona en la glosa a la Copla 49. No es probable que llegase a conocer la traducción de Pedro González de Mendoza, que no debió de comenzarse hasta 1450. (65)

La existencia de todas estas versiones y el conocimiento que don Pedro tenía de ellas, prueba que el saber extensamente sobre la guerra de Troya no implicaba una familiaridad con el texto de Homero o alguna dedicación humanista por parte del autor. A pesar de que en esta época en Italia se leían y traducían textos griegos, en España aún no había gente lo suficientemente preparada humanísticamente, para llevar a cabo tal empresa. Tanto Santillana, como el Príncipe de Viana o como el mismo don Pedro, aunque poseedores de importantes bibliotecas, no tenían entre sus libros un texto griego.

Siguiendo la tradición culta medieval, don Pedro hace alarde de erudición nombrando autores latinos de los que saca sentencias y ejemplos. El propósito de estos ejemplos es didáctico. En ellos se exponen situaciones heroicas o indignas para que sirvan de lección moral al lector. Entre los escritores latinos, don Pedro alude constantemente a historiadores como Salustio, Tito Livio, Lucano, Plinio, Valerio, basándose en ellos para la información dada en las glosas. (66) Su gusto por la historia se ve reflejado en los libros de su biblioteca donde, entre otros, se encuentran el No. 53, *Salustio en romanç castellá*, el No. 34, Titus Livius *De Secundo Bello Punico* en latín, el No. 42, Plinio, *La Natural Istoria* en latín, el No. 11, *Vida de Cesar* por Suetonio en portugués y el No. 37, Josephus, *De Bello Judayco* en latín. En el interés por la historia don Pedro está dentro de la concepción de cultura de los nobles castellanos. Para ellos su afán primordial de existencia era el arte de la guerra. Por tal razón, aquellos que leían, no escatimaban su afición por las lecturas de los historiadores antiguos, creyendo que así podían imitar las glorias militares romanas. No es de extrañar, por lo tanto, que muchos de los libros en prosa, no didácticos, que se escribían en la Península, durante el siglo XV, sean historias o biografías donde se cuentan las hazañas de personas, siempre relacionadas con las armas. Tal vez sea esta desmedida preocupación militar y caballeresca de la nobleza castellana, la causa por la cual el renacimiento se retrasó tantos años en España. (67)

Entre los poetas romanos sólo nombra a Virgilio en la *Eneida* y en las *Bucólicas*, y, sobre todo, a Ovidio en las *Metamorfosis* y en las *Heroidas*. Es cierto que conocía algunas de estas obras de primera mano, ya que en su biblioteca existían dos códices, el No. 28, de la *Eneida* de Virgilio que es una copia de la´traducción hecha por Enrique de Villena a encargo de Santillana. El No. 73, la *Metamorphoses* de Ovidio en castellano, también debía de ser una copia de los libros de Santillana, cuya traducción acababa de encargar. (68) Estos dos poetas habían sido bien conocidos a lo largo de la edad media, pero a veces se les confundía con historiadores sin apreciar su poesía. Sobre todo, Ovidio había sido conocido tradicionalmente como fuente para cualquier problema de amor. Sin embargo, a través de la influencia de la *Divina Commedia* de Dante y de las recientes traducciones, no sólo de la *Eneida* y de las *Metamorfosis*, sino también de las *Heroidas*, traducidas por Juan Rodríguez del Padrón, bajo el nombre del *Bursario*, (69) llegaron a ser considerados definitivamente como poetas. Un ejemplo se ve en lo que don Pedro dice de Virgilio en la glosa a Dido, en la Copla 79: "segund quieren todos los verdaderos estoriografos e abtores haunque Virgilio haya fingido otra cosa". Con el uso del verbo fingir y la distinción que hace entre Virgilio y la historia, don Pedro está siguiendo la definición de poesía dada por Santillana: "un fingimiento de cosas útiles, cubiertas ó veladas con muy fermosa cobertura". (70)

De los filósofos y moralistas romanos, don Pedro nombra a Cicerón, Séneca y Boecio. De las obras de Cicerón, al cual llama

Tullio y Cicero indistintamente, nombra el *Senectute* (Copla 49, glosa, Catón), *El sueño de Escipion* (Copla 63, glosa, Caucaso), el *De natura deorum* (*Sátira*, fol. 28, glosa, Cupido). Además, lo reconoce como gran orador: "ni la melodiosa fabla de Cicero principe de la soberana eloquencia". El análisis de estos conocimientos aportan una gran luz sobre la cultura de don Pedro. Durante la edad media, se había conocido y estudiado profusamente el Tulio retórico, pero sólo es en el siglo XV, cuando se descubre y estudia el Cicerón moralista y filósofico. (71) Ya se habló de la traducción al portugués de *De officiis* que el Infante Don Pedro llevó a cabo. Seguramente lo hizo animado por Alonso de Cartagena que había concluído la traducción del mismo libro al castellano en enero de 1422 en Montemor-o-Novo durante su estancia en Portugal. (72) Conviene recordar además que el Infante también encargó la traducción de *De amicitia* y del *De senectute*. (73) Por lo tanto, no es de extrañar que en la biblioteca de don Pedro hubiese dos códices de Cicerón, uno en latín, el No. 16, y el otro el No. 17, *Incipit comença lo offici*, que lo mismo puede ser otro texto latino o el texto del Infante u otra traducción castellana. De todos modos, al analizar las obras de don Pedro cabe asumir que conocía bien el eclecticismo filosófico y moral de Cicerón, quien, inspirado en los estoicos griegos y romanos, daba reglas y preceptos para la vida práctica. Bien es verdad que la filosofía de Cicerón ponía su interés en la actuación del individuo para el bien de la sociedad, anteponiendo lo social por encima de lo personal. Para Cicerón, el deber del hombre era el trabajar para los demás, la patria, el país, incluso el estudio debía ser dirigido hacia la solución de los problemas de la sociedad. Sin embargo, don Pedro, más de acuerdo con Séneca, cree que el deber del hombre es para sí mismo, dedicando su actividad a la búsqueda de la virtud individual. Sólo en la meditación y en el conocimiento de uno mismo puede el hombre encontrar la sabiduría y la virtud, (74) es la idea de don Pedro, que resulta finalmente muy distinta a la de Cicerón.

Son, por lo tanto, Séneca y Boecio los escritores moralistas romanos que más influyeron durante la edad media en la mentalidad cristiana (75) Don Pedro alude a obras específicas de Séneca en las glosas, por ejemplo a la *Epístola a Lucilo* (copla 23, glosa,

Séneca), a la tragedia Fedra (*Sátira*, fol. 54, glosa, Antioco), y a Ypolito (*Sátira*, fol. 27 Vo., glosa, Ypolito). En otros lugares se refiere a él como "cordoves hombre eruditissimo", o "el scientifico Séneca". Aparte de èsta familiaridad textual, don Pedro tenía en su biblioteca, en el No. 18, las *Epístolas* de Séneca en francés, procedentes de la biblioteca del Príncipe de Viana, el No. 63, las *Declamaciones* de Séneca, que por los escasos datos que da el inventarista, bien podían ser los ensayos morales o las tragedias. Es muy probable que don Pedro conociese la traducción que Alonso de Cartagena había hecho de los *Cinco libros de Séneca* para Juan II de Castilla, y también la traducción de las *Tragedias* que el Marqués había encargado. (76) Ya hablaremos en las páginas siguientes de la gran influencia que ejerce Séneca y el estoicismo en las obras de don Pedro. Es posible encontrar multitud de semejanzas textuales recogidas por don Pedro de las obras de Séneca. Sirva de ejemplo ésta que casi parece una traducción. El viejo de la *Tragedia* dice al autor:

> Non te amonesto por la boca de Seneca diciendo: Quanto mas es dubdoso el alto estado, tanto tu deves estar mas fuerte con tu constante passo, ca non es virtud dar las espaldas a la contraria fortuna. (Fol. 51
>
> Vo., *Tragedia, Obras Completas,* 334.

Séneca, en *De constancia sapientis*, XIX, daba esta misma idea al hablar de la fortaleza que deben siempre tener los nobles: "Quoquisque honestior genera, fama, patrimonio est, hoc se fortuiserat".

Una influencia semejante a la de Séneca es la que ejerce Boecio. En las glosas de don Pedro a veces aparece beatificado con el nombre de San Severino, "segund tañe al glorioso San Severino en su libro de Consolación". Además, en su biblioteca había dos códices de Boecio, el No. 84, *Boecio de Consolatione latino*, y el No. 39, *Boecio en castellano*. Puede ser este códice castellano una copia del que había traducido el Canciller López de Ayala. (77) Es indudable que el *De Consolatione Philosophiae* era bien conocido entre los eruditos y hombres cultos del siglo XV en España, tanto en la versión latina como en la castellana. Ya se verá al estudiar la *Tragedia* de don Pedro, cómo se inspira en la obra de Boecio, llegando a imitar la estructura y parte del texto.

En las glosas también se encuentran referencias a San Isidoro y a los Padres de la Iglesia, de quienes habla don Pedro como de "los santos doctores de Sancta Theologia". Menciona a San Isidoro, llamándole, "Isidoro Cartaginense", o "arçobispo Ispalensi", o "Isidoro muy sabio e santo varon, grandissimo honor de las nuestras Españas". Tal como demuestran estas alusiones, don Pedro hace un gran uso de las *Etimologias* como fuente enciclopédica de sus glosas. Naturalmente, entre los libros de su biblioteca existía un ejemplar de las *Ethimologias* en latín, el No. 57. Aparte de San Isidoro, también nombra a San Bernardo, a San Agustín y a San Jerónimo. En su biblioteca tenía el No. 19, *Epistole Beati Ieronimi* en latín, el No. 13, *San Juan Crisóstomo*, que seguramente es la traducción latina que el humanista Trevesti dedicó al Infante don Pedro durante su estancia en Florencia. (78) Es extraño notar que no poseía ninguna obra de San Agustín, cuando es evidente, al leer sus obras, que lo conocía bien, sobre todo la *Ciudad de Dios*, a la cual nombra específicamente en una glosa de la *Sátira*. La casa real de Avís era muy aficionada a leer a San Agustín, el rey don Duarte tenía dos volúmenes, uno en latín, el No. 43, y otro en romance con un comentario, el No. 73. El Infante don Fernando, tío de don Pedro, apodado el Santo, y que murió prisionero en Fez, era un asiduo lector de San Agustín y de los Padres de la Iglesia. (79) Ellos representaban la base de la filosofía cristiana al adaptar las concepciones filosóficas paganas a la nueva idea del cristianismo. A lo largo de la edad media fueron comentados e imitados por la cultura monástica, formando lo que Gilson llamaría "l'esprit du Moyen Age". (80)

Es interesante notar que don Pedro nombra a pocos escritores medievales. Solamente a John de Salisbury y su obra *Polícrato*, a Polidonio y a San Dionisio. La causa de esta ausencia de menciones podría hallarse en el cambio de mentalidad que aparece en la primera mitad del siglo XV, y anuncia el fin de la época medieval. Es una etapa de cambios y de expansión a mundos distintos, tanto espirituales como geográficos. Se buscan ávidamente ideas y actitudes distintas ante la vida. El descubrimiento que el humanismo italiano hace de los textos clásicos renueva y modifica la concepción del universo. Por otra parte, es muy posible que la educación innovadora que don Pedro había recibido de su padre se basase más en el estudio de los textos históricos y morales de la latinidad clásica, aquellos que el Infante había tratado de adaptar e integrar en la cultura medieval romance de su país. Además, es lógico pensar que el Condestable quisiese que su obra estuviera basada en las nuevas formas de expresión a imitación clásica y por lo tanto, conscientemente, ignora a los escritores escolásticos y patrísticos.

También sorprende percibir que don Pedro menciona escasamente en sus obras a los escritores trecentistas italianos. En las glosas, únicamente aparece la mención de Boccaccio como autor de las Caydas de Principes y la Genealogía de los Dioses. (81) En el inventario de la biblioteca aparece el No. 92, De viris illustris en vulgar castellá o portugués. Esta obra podía ser la traducción que hizo de los ocho primeros libros del De casibus virorum illustrium el Canciller López de Ayala en 1407. Sin embargo, lo más seguro es que fuese la versión definitiva que hizo Alonso de Cartagena con el nombre de Cayda de Principes y que dedicó al rey don Duarte de Portugal en 1424. (82) Es extraño notar que el estudio de Mario Schiff sobre la biblioteca de Santillana, no menciona ningún códice del De casibus. Debió haberse perdido, pues no cabe duda de que Santillana conocía bien esta obra, ya que en la Comedieta de Ponza, trae al mismo Boccaccio para que consuele a las princesas, por ser él, el "especialista" en casos de fortuna en los príncipes.

Por esta misma razón, es lógico el interés de don Pedro por Boccaccio. Durante el siglo XV, se hicieron más y mejores traducciones de Boccaccio que de Dante y Petrarca. Se puede decir que sus obras latinas, con la Fiammeta y el Corbaccio, fueron las que más influyeron en la literatura española del siglo XV. (83) El Decameron, por el contrario, no alcanzó popularidad hasta el siglo siguiente. (84) Sin embargo, el De casibus trataba la caída de príncipes desde un punto de vista trágico medieval y don Pedro debió de ver en él un eco de las experiencias personales sufridas, las cuales expresaría desahogándose en su Tragedia.

En cuanto a Petrarca, don Pedro no lo nombra en sus glosas. Es cierto que entre sus libros había un volumen de Petrarca sin título, el No. 24, en italiano. Tal vez se trataba de la obra lírica que pudo conseguir durante su estancia en Cataluña, donde la poesía del amante de Laura era más conocida que en Castilla o Portugal. En Cataluña, ya a finales del siglo XIV, el poeta Llorens Mallols imita quince "canzone" de Petrarca en sus *Moltes de Vetz*. Andreu Febrer y Antoní Vallmanya también siguen a Petrarca en sus composiciones líricas. Aún se nota más influencia en los grandes poetas catalanes del XV. Jordi de Sant Jordi, casi traduce literalmente a Petrarca al escribir sus sonetos. Auzias March imita los *Cantos* y los *Triomphi* para cantar su amor por Teresa Bou, análogo al de Petrarca por Laura. (85) En Castilla, aunque mucho más escasa, también aparece la influencia lírica de Petrarca; por ejemplo en los *Sonetos al itálico modo* de Santillana, hay influencias del *Cancionere*. (86) Así mismo se puede percibir su influjo en algunas composiciones de los *Cancioneros* castellanos. (87) Sin embargo, no será hasta el siglo XVI con Boscán y Garcilaso, cuando el petrarquismo castellano alcanzará su máximo esplendor. (88)

Hay otro volumen en la biblioteca del Condestable que no da el autor pero que se titula *Liber de viris illustribus*, el No. 27 en latín. Lo mismo puede ser el *De casibus*, o, más probable, el de Petrarca con el mismo título. De todos modos, es un hecho que las obras latinas de Petrarca alcanzaron más difusión en Castilla que la obra lírica en italiano. Seguramente don Pedro conocía la traducción italiana del *De remediis utriusque fortuna* o la castellana del *De vita solitaria* que el Marqués de Santillana tenía en su biblioteca, ya que indudablemente las tuvo en cuenta cuando escribió las *Coplas* y la *Tragedia*. (89)

A diferencia de Boccaccio y de Petrarca, no aparece en ninguna parte de la obra de don Pedro la mención de Dante, ni tampoco existe ninguna obra suya en el inventario de la biblioteca. Es indudable que lo conocía, no sólo por haber sido educado por su padre a sentir un entusiasmo por Italia, por Florencia y por todo lo italiano, (90) sino por haber recibido la carta del Marqués de Santillana en donde no sólo trataba de los poetas italianos, sino que especialmente hablaba de Dante: "Dante escrivió en terçio rimo elegan-

temente las sus tres comedias, Infierno, Purgatorio, Parayso." (91)
Por lo tanto, cabe deducir que la ausencia de su nombre en la obra
de don Pedro es significativa.

Dante fue introducido por primera vez en España por Francisco Imperial con su *Dezir de las syete virtudes*. Con él entra en Castilla la alegoría dantesca, cuya imitación dará lugar a infinidad de obras en el siglo XV español. (92) Años más tarde, sería el Marqués de Santillana el que, entusiasmado por Dante, instaría a su amigo don Enrique de Villena a que tradujese una parte de la *Comedia* en prosa. (93) El, por su cuenta, lo imitaría en el *Infierno de los Enamorados* y en el título de la *Comedieta de Ponza*. (94)

Sin embargo, aunque es cierto que Imperial y Santillana estudian e imitan a Dante, no llegaron nunca a comprenderlo. Lo consideraban como un "auctor", o como un historiador, pero no pudieron llegar a alcanzar a comprender del todo, la trascendencia literaria y filosófica de la obra y del autor que querían imitar. (95) Una actitud semejante a ésta era la que tenían los humanistas italianos del XV. No porque ellos no entendieran a Dante, sino porque lo encontraban excesivamente medieval y veían sus interpretaciones de la filosofía clásica antigua, arcaicas y sin valor, en comparación con el estudio directo de los textos originales que ellos llevaban a cabo. Posiblemente es a causa de una razón semejante por lo que don Pedro ignora la existencia de Dante en su obra. Tal vez por ser de una generación posterior a la de Santillana y por querer, a su manera, ser el portador de una nueva forma de escribir, considerase a Dante demasiado medieval. Ya hemos visto cómo don Pedro trata de mostrar constantemente sus conocimientos de la literatura clásica, como, por ejemplo, lo muestran la elección del título de sus obras, *Sátira* y *Tragedia*, y aunque, paradójicamente, esto era lo mismo que había hecho Dante en la *Commedia*, se sintió con la inclinación de ignorar al autor cumbre de la literatura medieval.

En cuanto a los escritores españoles, don Pedro sólo menciona a Juan Rodríguez del Padrón y al legendario Macías. (96) Ya se verá al estudiar la *Sátira*, cómo don Pedro se basa en las obras de Juan Rodríguez, para componer la suya. Por eso, es natural que lo mencione. En cuanto al poeta gallego Macías, se conservan unas poesías suyas en el *Cancionero de Baena*, pero, sobre todo, alcanzó la leyenda por sus desventuras amorosas, las cuales don Pedro compara con las suyas en la *Sátira*. (97)

De los libros de autores castellanos que don Pedro poseía a su muerte, sólo se encuentra el del Marqués de Santillana con el No. 86, y que debía ser el mismo que le había enviado con sus obras al escribirle la famosa *Carta e Prohemio*. Existen otros tres sin autor y sin título, pero que pueden ser identificados como las propias obras del Condestable. El No. 29, la *Sátira*, el No. 82, *Las Coplas*, el No. 60, la *Tragedia*.

En conclusión, es claro ver que a don Pedro le interesaba mostrar a sus lectores, que tenía una erudición clásica más que medieval. Sin embargo, la abundante mención de escritores clásicos, tanto griegos como latinos, no debe llevar a considerarle como un humanista al estilo italiano del XV, ya que es precisamente en su alarde erudito donde se muestra más su mentalidad medieval.

Es interesante ver que al hablar de los escritores clásicos, de sus vidas y de sus obras, trataba de mostrar modelos que solucionasen los problemas personales y literarios con los que se encontraba. (98) De esta manera, la *Sátira* surge como una reacción ante sus primeros dolores y emociones de enamorado. Para ello adopta las convenciones literarias del amor cortés y las personificaciones de la alegoría medieval. Las *Coplas* son el resultado de las reflexiones sobre la inseguridad de las cosas del mundo, producidas por el recuerdo de la caída de su padre y de la recién ocurrida muerte de su protector don Alvaro de Luna. La *Tragedia* significa la búsqueda de consuelo ante la cruel muerte de su queridísima hermana, la cual trata de expresar en los géneros literarios que considera más nobles y apropiados para tal desgracia, la elegía y la consolación, a la par que con ellos pretende escribir una tragedia. Como autor culto del siglo XV, don Pedro trasciende sus experiencias personales, elevándolas a un plano universal y artístico. Así pues, trata de ajustar sus obras a los géneros literarios que había aprendido a través de sus estudios y aficiones literarias. Por tal razón escribe una sátira, un poema de *contemtus mundi* y una tragedia.

Sin embargo, esta actividad no era nueva. Era el ejercicio intelectual enseñado por la escolástica a lo largo de la edad media.

Los estudios escolásticos, en principio, basaban toda adquisición de ciencia en la lectura de textos. Estos textos estaban escritos por "auctores", es decir, aquellos que enunciaban la doctrina. El maestro o el autor medieval era el que prescribía los "auctores" según el punto que se trataba de discutir. (99) Don Pedro, dentro de la escolástica, muestra un gran respeto por el texto tomándolo como absoluta autoridad. En su obra alude a menudo a frases de "auctores", con la intención de que ratifiquen sus propias palabras. Por otra parte, es posible encontrar en él un deseo de análisis y búsqueda del hombre, del mundo y de la materia literaria que anuncian una nueva mentalidad. En él se percibe un tenue sentimiento de libertad intelectual propio de la nueva escuela que es estaba desarrollando en Italia. Hay en él un afán de poner las enseñanzas de las disciplinas escolásticas en el estudio del hombre, a la vez que quiere romper con el inmediato pasado medieval buscando inspiración en los escritores clásicos como Platón, Séneca y Boecio.

(1) Gervase Mathew, *The Court of Richard II* (Londres, 1969), 167-177.

(2) La doctrina de la educación medieval estaba basada fundamentalmente en *De regimine principum* de Egido Romano. El Infante Don Pedro lo mandó traducir a la vuelta de sus viajes. En el libro de Egido Romano se daban consejos para bien gobernar a los súbditos y los modos mejores de hacerlo. Es, por lo tanto, más bien un tratado político que de educación y, así pues, expresa la idea feudal de gobierno propio de los siglos SII y XIV. La gran influencia que tuvo el *De regimine principum* en España a través del original o la adaptación que de él hizo Juan de Castrojeriz, está claramente documentada en el *Rimado de Palacio* del Canciller López de Ayala y en el *O Leal Conselheiro* de don Duarte. Véase: Helen L. Sears, "The *Rimado de Palacio* and the *Regimine principum* Tradition in the Middle Ages", *HR*, XX (1952), 1-27; K. E. Shaw, "Provincial and Pundit: Juan de Castrojeriz's Version of *De regimine principum*", *BHS*, XXXVIII (1961), 55-63. En el siglo XV en Castilla se escribieron algunos libros didácticos sobre cómo se deben comportar los príncipes. Por ejemplo, el *Libro del regimiento de los señores* de Juan de Alarcón y el *Jardin de nobles doncellas* de Martín Alfonso de Córdoba y el *Vergel de príncipes* de Rodrigo Sánchez de Arévalo.

(3) No se conocen los maestros que tuvo don Pedro cuando niño, pero tal vez compartiese los de Alfonso V: Mateo Pisano, autor de una crónica latina sobre la guerra de Ceuta, *De bello Septensi* y Esteban de Nápoles. Véase: F. M. Sousa Viterbo, "A cultura intelectual de Affonso V", *IHP*, II (1904), 254-268.

(4). Pier Paolo Vergerio estaba por entonces en Hungría en calidad de secretario del emperador Segismundo. Infante Don Pedro, *Livro dos Oficios de Marco Tullio Ciceram*, ed. Joseph M. Piel (Coimbra, 1948), pág. XVIII.

(5) Guido Batelli, "Una dedica inedita di Ambrogio Traversari all'Infante Dom Pedro di Portogallo, Duca di Coimbra", *La Rinascita*, II (1939), 613-616.

(6) El nombre del Dr. Vasco Fernández de Lucena lo vemos unido a los intereses intelectuales del Infante Don Pedro a su vuelta de los viajes por Europa. Fue él quien por mandato del Infante tradujo al portugués varias obras latinas, entre ellas la biografía de Alejandro Magno de Quinto Curcio. A la muerte del Infante Don Pedro, marchó a la corte de Borgoña donde siguió con su actividad intelectual. Véase: Robert Bossuat, "Vasque de Lucène, traducteur de Quinte Curce (1468)", *BHRTD*, VIII (1946), 197-245; Charles Samaran, "Vasque de Lucène a la cour de Bourgogne, (documents inédits)", *BEPIFP*, series nuevas, V (1938), 13-26.

(7) Vergerio dedicó su tratado de educación al príncipe de Ferrara en 1402. Este tratado tuvo mucha influencia en Portugal según lo testimonia el cronista Gomes Eanes de Azurara quien lo cita en la *Crónica da Tomada de Ceuta*, ed. F. M. Esteves Pereira (Lisboa, 1915), 67. También alude a él en su *Chronica do descobrimento e conquista de Guiné*, eds. Carreira y Santarem (París, 1814), 184.

(8) Sobre la educación en Italia en el S. XV y la influencia de Vergerio, véase; G. B. Garin, *Gli scrittori pedagocici Italiani del secolo XV* (Turín, 1896), 9; Cleto Carbonara, *Il secolo XV e altra saggi* (2a. ed., Nápoles, 1969), 272-372.

(9) No hay evidencia de que don Pedro conociese el latín. En esta época en España se consideraba el uso del latín reducido a los clérigos y letrados y no a la nobleza. Sin embargo, es cierto que don Duarte y sobre todo el Infante Don Pedro tenían un cierto conocimiento de esta lengua. Es muy posible que don Pedro lo hubiera aprendido durante su infancia. Es cierto que intercala a menudo frases latinas en sus glosas, sin embargo esto no ratifica el conocimiento de la lengua, ya que éstas eran frases conocidas por todo hombre culto de la época.

(10) J. H. Hexter, "The Education of the Aristocracy in the Renaissance", *JMH*, XXII (marzo-diciembre, 1950), No. 1, 15-194.

(11) Enid McLeod, *Charles of Orleans, Prince and Poet* (Londres, 1969), 293-295; K. H. Vickers, *Humphrey Duke of Gloucester, A Biography* (Londres, 1906); R. J. Mitchell, *John Tiptoft (1427-1470)*, (Londres, 1938, 150-194.

(12) En el siglo XV, había un gran prejuicio en contra de la afición a los libros. Se creía que este gusto iba unido a la magia y a las ciencias necrománticas y lo veían incompatible con la nobleza y las hazañas caballerescas. Al mismo tiempo se identificaba al hombre estudioso con el converso. Véase: Nicholas G. Roud, "Renaissance Culture and its Opponents in Fifteenth-Century Castile", *MLR*, LVII (1962), 204-215; idem, "Five Magicians or the Use of Literacy", *MLR*, LXIV (1969), 793-805; P. E. Russell, "Arms versus Letters: Towards a Definition of Spanish Fifteenth Century Humanism", *Aspects of the Renaissance; a Symposium*, ed. A. R. Lewis (Austin, Londres, 1967), 47-58. Esta mentalidad no era seguida por la familia real portuguesa. En *O Leal Conselheiro*, don Duarte dedica un capítulo a animar a los nobles y cortesanos a que lean y dediquen gran tiempo del día al estudio. Véase: *O Leal Conselheiro*, ed. J. M. Piel (Lisboa, 1942), 1-7, 348-350.

(13) G. Díez de Games, El *Victorial, Crónica de don Pero Niño, Conde de Buelna*, ed. Juan de Mata Carriazo (Madrid, 1940) 64.

(14) F. Pérez de de Guzmán, *Generaciones y semblanzas*, ed. J. Domínguez Bordona (Madrid, 1941), 98.

(15) Fernando del Pulgar, *Claros varones de Castilla*, ed. J. Domínguez Bordona (Madrid, 1942), 38.

(16) Rui de Pina, *Chronica do Senhor Rey Dom Duarte*, ed. J. Corrêa da Serra, *CLIHP* (Lisboa, 1790), I, 79.

(17) C. Ximénez de Sandoval, *Batalla de Aljubarrota* (Madrid, 1872)

(18) P. E. Russell, *The English Intervention in Spain and Portugal in the Time of Edward III and Richard II* (Oxford, 1955), 381-398.

(19) Fernao Sérgio, *Prefácio a Crónica de João I de Fernão Lopes*, (Oporto, 1945), XI

(20) W. J. Entwistle y P. E. Russell, "A Rainha D. Felipa e a sua corte" en *MCCMP*, II (Lisboa, 1940), 316-346.

(21) Ed. F. M. Esteves Pereira (Coimbra, 1918). Sobre el resurgimiento literario efectuado por la Casa de Avís, véase: Joaquin de Carvalho, *Estudos sobre a Cultura Portuguesa do Século XV* (Coimbra, 1949); A. J. Saraiva, "A cultura Palaciana", *Historia da Cultura em Portugal* (Lisboa, 1950), I, 599-638.

(22) L. Camoens, *Os Luisiadas*, ed. facsimil, J. M. Rodrígues (Lisboa, 1921), Canto ocho.

(23) Berthold L. Ulman, *The Humanism of Coluccio Salutati* (Padua, 1963), 58-74.

(24) Johan Huizinga, *The Waning of the Middle Ages* (Londres, 1924), Cap. I.

(25) Ed. Joseph M. Piel (Lisboa, 1944).

(26) Ed. Joseph M. Piel (Lisboa, 1942); Véase: A. Soares Amora, "El-Rey Dom Duarte e o "Leal Conselheiro", *BFFCLUSP* (1948), No. XCIII.

(27) José Silvestre Ribeiro, *Historia dos estabelecimentos scientificos, litterarios e artisticos de Portugal, nos successivos reinados da Monarchia* (Lisboa, 1871), I, 30.

(28) Seguramente se los encargó a Vasco Fernández de Lucena, bajo la influencia de Alonso de Cartagena, quien había despertado su interés por los clásicos antes de su partida. Véase: F. Cantera Burgos, *Alvar García de Santa María y su familia de conversos* (Madrid, 1952), 419, 459.

(29) Theóphilo Braga, *Historia da Universidade de Coimbra* (Lisboa, 1892), I, 143.

(30) Infante D. Pedro, *Livro da Virtuosa Bemfeitoria*, 2a. ed., Joaquim Costa (Oporto, 1946). Véase: Robert Ricard, "L'Infant Dom Pedro de Portugal et "O livro da Virtuosa Bemfeitoria", *BEPIFP*, series nuevas, XVII (1953), 1-65; Antónia de Oliveira Braga, *Os benefícios honrosos na "Virtuosa Benfeitoria" do Infante D. Pedro* (Oporto, 1955).

(31) Luciano Serrano, *Los conversos D. Pablo de Santa María y D. Alonso de Cartagena* (Madrid, 1942), 203. Cartagena estuvo en Portugal desde finales de 1421 hasta principios de 1423. Regresó otra vez como embajador de Juan II de Castilla para solucionar el problema de los derechos de las Islas Canarias. Durante su estancia influyó directamente en el rey Don Duarte y en el Infante Don Pedro.

(32) Ch. T. Wood. *The Age of Chivalry, Manners and Morals, 1000-1450* (Londres, 1970); Richard Barber, *The Knight and Chivalry* (Londres, 1970).

(33) *Chivalry*, ed. Edgar Prestage (Londres, 1928), 124.

(34) Esta misma idea fue utilizada por Felipe de Borgoña para fundar la orden del Toisón de Oro. Los caballeros portugueses apreciaban mucho el pertenecer a estas órdenes. João II y sus hijos los Infantes, don Duarte, Don Pedro y don Enrique, pertenecieron a la orden de la Jarretera. El hermano de don Pedro, Juan de Coimbra, perteneció a la orden del Toisón de Oro. Véase: Rogers, *Travels*, 32-34.

(35) Don Pedro tuvo dos divisas, la primera en su juventud, cuando escribió la *Sátira, Sy vos no quiy eu*. La segunda, que conservó hasta su muerte, *Paine pour Joie*, la debió de adquirir cuando fue nombrado caballero antes de salir a la expedición de Castilla, o después del desastre de Alfarrobeira. En un pozo del Castillo de Flor de Rosa que le perteneció cuando era Condestable, ya aparece esta divisa. También quedan testimo-

nios del lema de *Paine pour Joie* en Barcelona en varios monumentos que él mandó construir durante su corto reinado. Llegó incluso a bautizar un heraldo suyo con el nombre de su divisa. Véase: J. E. Martínez Ferrando, "Pero de Portugal, 'rei dels catalans', vist a través dels registres de la seva cancelleria", *H.C.*, VIII (1936).

(36) J. Rubió, *Vida española en la época gótica* (Barcelona, 1943), 99.

(37) Gomes Eanes de Azurara, *Chronica da Tomada de Ceuta*, ed. F. M. Esteves Pereira (Lisboa, 1916), Cap. LXI.

(38) Fernão Lopes, *Chronica de D. João I*, ed. Livraria Civilização (Oporto, 1945-49), II, Cap. LXXXVI. La popularidad de la leyenda del rey Arturo fue tan grande, que es normal encontrar en esta época caballeros portugueses cuyos nombres eran Tristam, Galahad, Lanzarote. De esta moda caballeresca procede el nombre de Lanzarote a una isla de las Canarias. Véase: W. J. Entwistle, *The Arthurian Legend in the Literature of the Spanish Peninsula* (Londres, 1925), 293.

(39) P. G. Evans, "A Spanish Knight in Flesh and Blood. A Study of the Chivalric Spirit of Suero de Quiñones", *H. Balt*, XV (1932), 141-152.

(40) *Question fecha por el noble e manífico señor don Íñigo de Mendoza... al muy sabio e noble perlado, Don Alfonso de Carthagena, Obispo de Burgos*, en *Prosistas castellanos del siglo XV*, ed. Mario Penna (Madrid, *BAE*, 1959), 235-245.

(41) Peter Russell, "Arms versus Letters: Towards a Definition of Spanish Fifteenth-Century Humanism" en *Aspects of the Renaissance*, ed. A. R. Lewis (Austin, Londres, 1967), 47-58.

(42) Fernando del Pulgar, "El Marqués de Santillana" en *Claros varones de Castilla*, ed. J. Domínguez Bordona (Madrid, 1942). 38,

(43) L. Adao de Fonseca, "Uma carta do Condestável dom Pedro sobre a política marroquina de D. Afonso V" en *BFLUP* (1970), 15.

(44) A. Balaguer y Merino, *Don Pedro, el Condestable de Portugal considerado como escritor, erudito y anticuario* (Gerona, 1881).

(45) Don Pedro adquirió muchos libros durante su reinado, algunos comprándo-

los, otros confiscándolos. Estos libros son: *Llibre de les Dones*, *Libro de Horas*, *Terencio*, *Decretales*, *Biblia*, *Summa de Collacious*, *Catholicon*, *Mirabilibus Mundi*, *Misal y libro de Oraciones*, *Volum*, *Angel de Perusa*, *A la Digesta nova altre volum*, *Baldo de Perusa*, *Bartol de Saxoferrato sobre lo Codi*, *Set volumes de Nicolau Labat*. Estos libros no aparecen en el inventario que se hizo a su muerte. Tal vez los compró para hacer regalos o para canjearlos por otras cosas. También en las cartas de su cancillería aparecen otros que sí estan registrados en el inventario. Estos son: No. 1, *Avicena*, Nos. 6, 25, *Flor Sanctorum*, No. 26, *De viris illustribus*, No. 20, *Etica de Aristoteles*, No. 16, *De Officiis*, No. 17, *Valerio en francés*, No. 20, *Canónica de Francia*, No. 43, *Epístolas de Séneca en latín*, No. 2, *Tácito en latín*, Nos. 32, 33, *Comentario de la Biblia de Nicolás de Liria*, No. 34, *Tito Livio*, No. 30, *Biblia*, No. 36, *Constitutiones e usatges de Catalunya*, No. 44, *Novella Joannis Andree super secundum decretalium*. La mayoría de estos libros habían pertenecido al Príncipe de Viana. Véase: J. E. Martínez Ferrando, *Tragedia*, 229-234.

(46) A. Morel-Fatio. Reseña a la obra "Don Pedro el Condestable de Portugal de Balaguer y Merino" en *Romania*, XI (1882), 153-160.

(47) *Introduccion del libro de Platon llamado Fedron de la Ynmortalitat del alma, por el doctor Pedro Dias trasladado y declarado* (Biblioteca Nacional de Madrid, Vir. 1714).

(48) *La Etica* fue traducida al castellano por el Príncipe de Viana. Véase: M. Milá y Fontanals, *De los Trovadores de España* (Barcelona, 1889), 520.

(49) El inventario de la biblioteca del Príncipe de Viana está en la *Colección de documentos inéditos del Archivo General de la Corona de Aragón*, t. XXVI, 138. Lo recoge Milá y Fontanals, *De los Trovadores*, 520. Véase: J. Vicens Vives, *Príncipe de Viana*, XI (1950).

(50) El documento original del inventario está en la Biblioteca Nacional de Lisboa, Mss. 3390, fol. 163. Se nombran en él unos 84 volúmenes, la mayoría de ellos libros religiosos. También hay crónicas de España y de Portugal, tratados de educación de príncipes y libros de astrología. El No. 2 es el famoso Libro de *Marco Polo* que la Signoria de Venecia le regaló a Don Pedro, duque de Coimbra, durante su estancia en la ciudad. Se dice que este libro fue el que inspiró a don Enrique en sus descubrimientos. El inventario se ha reproducido en muchos trabajo., uno de ellos la edición de *O Leal Conselheiro* de don Duarte, J. M. Piel (Lisboa, 1942), 414-416.

(51) Joachim de Carvalho, *Estudos sobre a Cultura Portuguesa do século XV* (Coimbra, 1949), 39-40; Luciano Serrano, 241-242.

(52) Samuel Berger, "Les Bibles Castillanes", *Romania*, XXVIII (1899), 360-408 y 508-542; Jesús Enciso, "Prohibiciones españolas de las versiones bíblicas en romance antes del Tridentino", *Estudios Bíblicos*, III (1944), 523-54; Marguerita Morreale,

"Apuntes bibliográficos para la iniciación al estudio de las traducciones bíblicas medievales en castellano", *Sefarad*, XX (1960), 66-109; Diego Catalán, "La Biblia en la literatura medieval española", *HR*, XXXXIII (1965), 310-18; M.M., "The vernacular Bible in Spain up to 1500", *Cambridge History of the Bible* (Cambridge, s/f).

(53) Sobre la traducción del *Libro de las Morales de Job* del Canciller López de Ayala; F. Branciforti, "Regesto delle opere di Pero López de Ayala", *Saggi e ricerche in Memoria di Ettore li Gotti*, I (Palermo, 1962), 289-317.

(54) Louis Felipe Lindley Cintra, *Estoria Geral de Espanha* (Lisboa, 1951), I, Introducción.

'(55) "e porque creyan ser un don de dios o de la naturaleza por el cual segund el philosopho dize no somos de loar ni por el contrario vituperar" (Copla, 38, glosa, Helena).

(56) "Fue iudgado por el mas scientifico e en la divinal altura del saber el mas glorioso. El libro de la vida e costumbres de los philosophos quiera fenescer a setenta y seys años. Valerio le acrescienta veyente y tres (*Sátira*, fol. 46 Vo., glosa, Platón).

(57) "En la passada noche Catón haver leydo el Fedron de Plato" (Copla 53, glosa, Catón Uticense); "Socrates sabio divinal e maravilloso assi en sciencias como en claras costumbres. Cuya muerte elegante e bienaventuradamente escrive Plato en el Phedron" (Copla, 101, glosa, Sócrates).

(58) "El scientifico Seneca dise en la passada noche Catón haver seydo el "Ffedion de Plato (*Coplas*, glosa, Catón. *Obras Completas*, 250) "Este Socrates, sabio divinal: e maravilloso..., Cuya muerte elegante: e bienaventuradamente escrive Plato en el su "Phedron" (*Coplas*, Glosa, Socrates. *Obras Completas*, 296).

(59) Condestável Dom Pedro, *Tragedia de la Insigne Reina Doña Isabel, Obras Completas*, Introducción y edición diplomática, L. A. Adao da Fonseca (Lisboa: Fundaçao Calouste Gulbenkian, 1975), 307-348.

(60) Don Pedro adquirió en Barcelona un códice con el nombre de *Catholicon*, el No. 26 en el inventario. En sus glosas a veces nombra el libro de Walter Burley y el *Espejo de la historia* de Vincent de Beauvais.

(61) Ian Michael, *The Treatment of Classical Material in the "Libro de Alexandre"* (Manchester, 1970), 24; A. Morel-Fatio, "Les deux Omero Castillans", *Romania*, XXV (1896), 111 y ss.; Martín de Riquer, *La Yliada en Romance de Juan de Mena* (Barcelona, 1949).

(62) "Dignamente lo llama el fermoso infante troyano, el qual en tiernos años segund Omero, Guido de Colupnis e Dares lo narran acabo sus dias a maos de Aiax Talanon (Copla, 49, glosa, Alixandre II, fijo de Priamo).

(63) Para más detalles de las versiones de Homero en España, véase: A.G. Solalinde, "Las versiones españolas del "Roman de Troie", *RFE*, III (1916), 121-165; Leomarte, *Sumas de Historia Troyana*, ed. Agapito Rey, *RFE*, Anejo XV (Madrid, 1932); A. Rey, A. G. Solalinde, *Ensayo de una bibliografía de las leyendas troyanas en la literatura española* (Bloomington, Indiana, 1942); Margaret R. Scherer, *The Legend of Troy in Art and Literature* (Nueva York, 1963).

(64) Fernán Pérez de Guzmán en *Generaciones y semblanzas* decía del Canciller López de Ayala: "Por causa d'el son conoçidos algunos libros que antes no lo eran ansi: *Tito Libio*, que es la más notable estoria romana, *Los Casos de los Principes, Los morales de Sant Gregorio, Isidro de Sumo Bono*, el *Boecio*, la *Estoria de Troya*", ed. Domínguez Bordona, 38.

(65) El Marqués de Santillana encargó a su hijo la traducción de la *Iliada*, mientras era estudiante en Salamanca. Si consideramos que este había nacido en 1428, estaría en Salamanca hacia 1448 o 1450.

(66) Algunas de las glosas en las que nombra a los historiadores son éstas: "E por tanto los que estas cosas querran saber, que segund mi pensar seran pocos, busquen a la primera "Decada" de Titu Livio, e alli lo fallaron expresado largamente" (*Coplas*, glosa, Marco Curiola. *Obras Completas*, 236); "Tanta fue la abtoridad de aqueste grand omen que Lucano, esclaresçido ystoriografo yspano a la parte del Cesar favorescer los dioses, e a la parte de Pompeo Caton" (*Coplas*, glosa, Caton, *Obras Completas*, 250). "la infinita luxuria e cobdicia que era derramada en los coraçones de los cibdadanos, segund tañe Salustio." (*Coplas*, glosa, luxuria. *Obras Completas*, 270).

(67) Un ejemplo de éstos es la obra de Gutierre Díez de Games, donde cuenta las hazañas de don Pero Niño. En llas le alaba como héroe y caballero diciendo que no estudiaba más que para perfeccionarse en sus habilidades militares. Afirma que los caballeros que se preocupan de las letras van contra la naturaleza. Véase, Gutierre Díez de Games, *El Victorial, crónica de Pero Niño*, ed. Juan de Mata Carriazo (Madrid, 1940), 83-85. Esta idea ha sido desarrollada por Nicholas G. Roud, "Renaissance Culture and its Opponents in XV Century Castile", *MLR*, LVII (1962), 204-215.

(68) En la carta a su hijo don Pedro González de Mendoza, Santillana dice: "A ruego é instançia mia, primero que de otro alguno, se han vulgaricado en este reyno algunos poemas asy como la *Eneyda* de Virgilio, el libro mayor de las *Transformaçiones* de Ovidio, las *Tragedias* de Luçio Anio Séneca é muchas otras cosas", ed. J. Amador de los Ríos, *Obras del Marqués de Santillana* (Madrid, 1852), 482. La *Eneida* de Virgilio se la había encargado Santillana a su amigo Enrique de Villena, las *Tragedias* de Séneca a Alonso de Cartagena. Ambos manuscritos se conservan en la Biblioteca Nacional de Madrid. Mario Schiff no recoge ningún manuscrito de la *Metamorfosis* pero es indudable que Santillana lo poseía.

(69)   Antonio Alatorre, *Las "Heroidas" de Ovidio y su huella en las letras españolas* (México, 1950), 163.

(70)   Santillana, *Prohemio e carta*, ed. J. Amador de los Ríos, 3.

(71)   Se habían traducido siglos antes la *Retorica Nova* y *la Retorica ad Herennium*, falsamente atribuida a Cicerón. En el S. XIII, Guido de Bologna las traduce al italiano. En 1265, Jean de Harenc tradujo las retóricas al francés. En el siglo XV en España, Enrique de Villena tradujo la *Retorica ad Herennium* al castellano. Alonso de Cartagena traduce el *De Inventione*. Véase: M. Menéndez y Pelayo, *Apuntes sobre el Ciceronismo en España*, en *Obras Completas* (Madrid, 1946), XLV, XLVI.

(72)   Ya se dijo que Alonso de Cartagena había estado en Portugal en 1422-1423. Su cultura debió ser muy apreciada en la corte portuguesa. El entonces Deán de Santiago dedicó a don Duarte la traducción del *De Inventione* de Cicerón y el *Casibus Virorum* de Boccaccio. Véase: Francisco Vera, *La cultura española medieval* (Madrid, 1933), 212-220; M. Menéndez Pelayo, *Historia de las ideas estéticas* (Santander, 1947), I, 489-494.

(73)   Sobre los traductores del latín durante la regencia del Infante Don Pedro, véase: D. A. Caetano de Sousa, *Provas da Histórica Genealógica*, I, 432. Muchos de estos escritos antiguos se perdieron en el terremoto e incendio de 1775.

(74)   Cierón en *De officiis*, decía que el fin del estudio tiene que ser el beneficio de la sociedad: "Quae ex comunitate, quam ea. quae ex cognitione ducantur" (*De officiis*, I, 43). Don Pedro, por el contrario, dice en la *Tragedia*: "No tomes cargos ni cuidados insoportables mas toma en tu mano los buenos libros, e lee la moral e sancta doctrina, escucha los sanos consejos, ama la compañía de los buenos e de los sabios, e piensa en amar a Dios, e assi podras no solo dessear plazer, mas averlo e alcançarlo" (*Tragedia*, fol. 72, pág. 728).

(75)   Fernando Rubió, *Contribución a una bibliografía de Séneca filósofo* (Sevilla, 1965); H. R. Patch, *The Tradition of Boethius: A Study of his Importance in Medieval Culture* (Oxford, 1935); Pierre Courcelle, *La Consolation de la Philosophie dans la Tradition Littéraire, Antécedénts et Postérite de Boèce* (París, 1967).

(76)   El manuscrito de las *Tragedias* de Séneca traducido por Alonso de Cartagena no lo registra Schiff en su libro sobre la biblioteca del Marqués de Santillana. Véase: Mario Schiff, *La Bibliothèque du Marquis de Santillane* (París, 1905), 121-131; Nicholas G. Round, "Las versiones medievales catalanas y castellanas de las tragedias de Séneca", *AEM*, en prensa.

(77)   El Marqués de Santillana poseía un Boecio en castellano que también podía

ser la traducción del Canciller. En el códice que se conserva en la Biblioteca Nacional de Madrid se incluye "una carta de Ruy Lopes Davalos al que la romançó" que parece referirse a Pero López de Ayala. Véase: Schiff, *La Bibliothèque*, 176-178.

(78)   El humanista florentino Ambrosio Traversari dedicó al Infante la traducción latina del *De Providentia Dei* de San Juan Crisóstomo. Véase: Guido Batelli, "Una dedica inedita di Ambrogio Traversari all'Infante don Pedro di Portogallo, Duca di Coimbra", *La Rinascita*, II, (1939), 613-616.

(79)   Robert Ricard, "Les lectures spirituelles de l'Infant Ferdinand de Portugal (1437)", *RMAL*, III (1947), 45-51.

(80)   Etienne Gilson, *L'Esprit de Philosophie Médiévale* (París, 1944).

(81)   "De las quales fabla elegantemente Boccasio tractando de las caydas de los principes, poniendo la de Sampson por una de aquellas" (Copla, 50, glosa, Sanson); "Segund plaze a aquellos que de la genealogia e natura de los dioses fablaron" (*Sátira*, fol. 201). Aquí se refiere, seguramente a Boccaccio y a Cicerón.

(82)   Para la traducción de Ayala, véase: J. Amador de los Ríos, *Historia crítica de la literatura española* (Madrid, 1861-65), VI, 292. Para la de Cartagena, idem. 412.

(83)   Arturo Fariñelli, "Bocaccio in Spagna", *Italia e Spagna* (Turín, 1929), 90-231.

(84)   Carolina B. Bourland, "Boccaccio and the Decameron in Castilian and Catalan Literature", *RH*, XII (1905), 214-231.

(85)   M. Milá Fontanals, "Antichs Poets Catalans", *Obras Completas* (1890-1896), III, 167-70; Martín de Riquer, "Poesies de Febrer", *Els Nostres Classics* (1951), 140-160, Martín de Riquer, "Stamps y Midons de Jordi de Sant Jordi", *RVF*, I (1951); Amédée Pagés, *Auzias March et ses prédécesseurs* (París, 1911).

(86)   A. Vegué y Goldoni, *Los sonetos al itálico modo de I. L. M. Marqués de Santillana* (Madrid, 1911); A. Venutelli, "Il Marchese di Santillana e Francesco Petrarca", *RI*, XXVII (1924), 138-149.

(87) Rafael Lapesa, "Poesía de cancionero y poesía italianizante", *De la edad media a nuestros días* (Madrid, 1967), 145-171.

(88) Joseph C. Fucilla, *Estudios sobre el petrarquismo en España* (Madrid, 1960).

(89) Para la influencia de estas obras en la didáctica española del siglo XV, véase: A. Farinelli, "Petrarca in Spagna, nell'Età Media", *Italia e Spagna* (Turín, 1929), I, 3-38.

(90) Jole M. Ruggieri Scuderi, "Primi contatti letteraria fra Italia e Portogallo fino a Sá de Miranda", *Relazione storiche fra l'Italia e il Portogallo* (Roma, 1940), 91-112.

(91) Santillana, *Prohemio e Carta*, ed. A. de los Ríos, pág. 8.

(92) C. R. Post, "The Beginnings of the Influence of Dante in Castilian and Catalan Literature", *The 26th Annual Report of the Dante Society of America* (Cambridge, Mass., 1908); W. P. Frederich, *Dante's Fame Abroad*, 1350-1850 (Chapel Hill, 1950), Margherita Morreale, "Dante in Spain", *ACLLS* (1966), 5-21.

(93) M. Schiff, "La première traduction espagnole de la Divine Comédie", *Homenaje a Menéndez y Pelayo* (Madrid, 1899), I, 269-307.

(94) Edwin Webber Jr., "Santina's Dantesque Comedy", *BHS* XXXIV (1967), 37-40.

(95) D. W. Foster, "The Misunderstanding of Dante in XV. C. Spanish Poetry", *CL*, XVI (1964), 338-347.

(96) "Esta es aquella por la qual el mundo conosce quanto se puede amar, amando secretamente a Eliso amador suyo segund plaze a Juan Rodrígues, peta moderno e famoso" (*Sátira, Obras Completas*, 137 glosa, Ninfa Cardiana). "Macias, natural fue de Galicia, grande e venturoso martir de Cupido" (*Sátira, Obras Completas*, 139 glosa, Macias).

(97) K. H. Vanderford, "Macias in Legend and Literature", *Mph*, XXXI (1933-34), 35-64.

(98)   "E invoque al inmortal dios, e puse en mis manos algunos buenos libros, reveyendo si fallaria al mio egual" (*Tragedia, Obras Completas*, 308); "Que cuando mas descorria por las vidas valerosas de la antigua edad dandome a conoscimiento de las cosas con viso mas propinco" (*Sátira, Obras Completas*, 10).

(99)   E. Curtius, *European Literature and Latin Middle Ages* (Nueva York, 1952), Cap. XVI, The Book as Symbol, 302-347.

CAPITULO III

LA SATIRA DE FELICE E INFELICE VIDA

Título y definición de la obra.

Don Pedro inicia su carrera literaria con una alambicada narración en prosa y verso a la cual dio el título complicado y extraño de *Sátira de felice e infelice vida.* (1) El nombre debe de ser referido más bien al género, que entonces se hallaba incipiente, de l novela erótica-sentimental. (2) El caracter un tanto elemental erudito de la obra determina que, posiblemente, su aristocrático autor la escribió para el público restringido de las cortes portuguesa y castellana, sin ánimo de que alcanzase una difusión popula (3) No es de extrañar, por lo tanto, que sólo se conserven en la actualidad dos manuscritos de la época. Uno de ellos se halla en la Biblioteca Nacional de Madrid y el otro está en manos de un coleccionista particular, quien lo considera la pieza más preciosa de su biblioteca. (4) Sin embargo, es muy posible que existan otros manuscritos más que hoy día están perdidos. (5)

La intención de don Pedro al escribir la *Sátira* con sus glosas, debió de ser un deseo juvenil de emular los ilustres nombres de su tío don Duarte y de su padre el Infante Don Pedro, con una obra que derrochase erudición y conocimientos literarios de tono latino e italianizante. Teniendo esto en cuenta, es interesante determinar la fecha exacta de la *Sátira,* ya que sabemos por el mismo Condestable que existían dos versiones, la primera en portugués escrita seguramente entre 1445 y 1449 y una traducción castellana varios años más tarde, (6) posiblemente entre 1450 y 1453.

El testimonio de la existencia de dos versiones significa un proceso de cambio de mentalidad en la persona de don Pedro, no sólo desde un punto de vista personal y circunstancial, sino tam bién dentro de una dimensión social y colectiva como representan te de los cambios políticos y culturales que se estaban desarrollan do en la Península Ibérica a mediados del siglo XV. En primer lu gar, don Pedro dice que se vio obligado a reescribir su obra portu guesa en castellano por motivos ajenos a su voluntad:

> Et, sy la muy insigne magifiçençia vuestra demandare qual fue la causa que a mi movio dexar el materno vulgar, e la seguiente obra en este castellano romançe prosseguir, yo respondere que, como la rodante fortu na con su tenebrosa rueda me visitasse, venido en es tas me di a esta lengua, mas costreñido de la neçessi dat que de la voluntad. (*Obras Completas.* 9).

Esta afirmación última implica que ha habido cambios históricos y sociales que tienen que ver con la ascendencia política, literaria y linguística de Castilla sobre Portugal, a pesar de la pérdida de la ba talla de Aljubarrota cincuenta años antes. En la carta-prefacio, don Pedro nos da datos sobre esta preponderancia del dominio linguís tico castellano, debido, sin duda, al hecho de que la corte de Juan II se había constituido en el foco de formas literarias innovadoras. El resultado de esta influencia sería la introducción del castellano como lengua literaria y convencional en la corte portuguesa:

> Porque, segund antiguamente es dicho e la esperiençia lo demuestra, todas las cosas nuevas aplazen, e aun que esta lengua non sea muy nueva delante la vuestra real e muy virtuosa magestad a lo menos sera menos usada que la que continuamente fiere en los oydos de aquella. (*Obras Completas.* 9).

En este sentido, don Pedro puede llevarse la gloria de haber introducido en Portugal el castellano como lengua literaria en com petencia con el portugués. Este hecho producirá obras tan ilustres como los autos de Gil Vicente y los poemas de Camoens y de Sá de Miranda. (7)

Este gran deseo de innovación y de exhibición erudita del joven príncipe está expresado en el complicado y desconcertante título. Causa extrañeza al lector moderno al leer la *Sátira* el ver, que a pesar del título, no hay en ella rasgos de lo que hoy día se entiende por satírico. Es de interés reconocer las confusas interpretaciones que tenía sobre los géneros clásicos el erudito español del siglo XV, las cuales denotan, a su vez, las limitaciones de los estudios latinistas y humanistas de la época. Por tal razón, no es de extrañar que las definiciones y adaptaciones de ciertos conceptos que hace don Pedro, se alejen de los verdaderos significados de las teorías clasicas. (8)

En la carta-prefacio, el mismo don Pedro es consciente de la dificultad de interpretación que el título representa y, por lo tanto, se ve obligado a dar una explicación:

> Verdad sea que aquexado de amor que en la mas perfecta del universo me fizo poner los ojos, e ally, no acatando lo venidero, aprisionar el coraçon e los mis çinco servientes en carçel perpetua colocar, yo cocençe de escrevir, e, escriviendo, declarar mi apassionada vida, e las muy esclaresçidas e singulares virtudes de la señora de mi; e por ende la intitule *Satira de infelice e felice vida.* Poniendo la suya por felice e la mia por infeliçe, llamandole Satira, que quiere dezir reprehension con animo amigable de corregir; e aun este nombre satira viene de satura, que es loor, e yo a ella primero lando, el femineo linage propuse loar, a ella amonestando como siervo a señora, a mi reprehendiende mi loca thema e desigual tristeza. (*Obras Completas*, 4-5).

La definición en sí no es original, puesto que don Pedro repite las mismas ideas que ya habían sido dadas por el Marqués de Santillana unos años antes en el prefacio de *La Comedieta de Ponça* (1436):

> Satira es aquella manera de fablar que tovo un poeta
> que se llamó Sátyro, el qual reprehendió muy mucho
> los viçios é lóo las virtudes. (9)

Estas ideas, a su vez, habían sido repetidas por otros miembros del
círculo literario de la corte de Juan II de Castilla, tales como Juan
de Mena en la *Coronación* (1438). (10) Sin embargo, la originalidad de don Pedro consiste en haber denominado "satira" a una
obra que en la tradición medieval y entre sus contemporáneos se
hubiera titulado "tractado" o "estoria". (11) Es evidente que don
Pedro era consciente de querer elevar la categoría de su composición a un plano innovador en donde, por influencia filológica y latinista, todas las palabras empleadas debían de tener una significación muy precisa. Así pues, teniendo en cuenta el contenido de la
obra y las definiciones dadas por Santillana y Mena, es posible percibir que ellos consideraban el género satírico como un intermedio
entre la comedia, caracterizada por sus personajes plebeyos, su comienzo desafortunado y su desenlace feliz y la tragedia, de personajes regios, con un comienzo feliz y un final desgraciado. Es natural que don Pedro, queriendo ser exacto y riguroso, considerase su
obra una sátira. La acción en ella es estática y tanto el comienzo
como el desenlace son ambiguos. El final es desgraciado para el
amante y feliz para la dama, la cual aparece indiferente y despreocupada. Por otra parte, los personajes no son plebeyos ni tampoco
reyes, sino jóvenes nobles que se hallan sujetos a una relación de
amor apasionada.

Desde otro punto de vista don Pedro, como autor culto, desea que ya desde el título quede fijado el caracter didáctico y moral de la obra para que además de ser una ficción y tener la intención de entretener, pueda servir de represión contra la locura del
amor desaforado y de exaltación de las virtudes y cualidades espe-
radas en una joven dama de la corte. (12)

Es posible deducir que el título de la *Sátira* tenía varios significados para don Pedro. Por una parte, lo ya dicho en relación en
el contenido de la obra. Por otra parte, el de ser una excusa o justificación de ella misma, la cual el autor presiente como imperfecta,

por haber sido la primera de las escritas siendo él muy joven. En el texto expresa una conciencia de sus errores y limitaciones, pero también de sus aciertos y méritos. Después de la definición ya dada, juega con los términos de loor y reprensión inherentes a la palabra sátira, aplicados, esta vez, a la propia obra como producción literaria:

> Ca, segund dixe, muchos deffectos contener. Sera muy neçessario que la suma prudencia vuestra emiende aquellos, e los yerros suyos con amigable correçion los reprehenda e, reprehendida e emendada, sea digna de algund loor, o a lo menos no digna de reprehension. (*Obras Completas*, 8).

Con estas palabras don Pedro ha aplicado la definición de sátira, no sólo al contenido de su obra sino también al efecto que espera conseguir en sus lectores. Lleva estas afirmaciones hacia otra idea más general, la de que toda creación literaria, por no ser perfecta, ya que perfecto sólo es Dios, puede ser considerada por el autor y el lector como sátira, puesto que en toda obra están implicados un efecto negativo de repulsa y reprensión y otro de aceptación o de loor, y que es, en última instancia, el lector el que da a la obra el valor precisio:

> Ca, sy todas las cosas tienen dos entendimientos, uno de loor, e otro de reprehension, no dubdo yo que en toda esta obra mia e en cada parte della sea dado por la señoria vuestra el mejor que atribuyrse pueda, e lo otro desechado, como cosa indigna de parescer ante la magestad real. (*Obras Completas*, 9).

En otro plano, don Pedro reviste la obra en sí con un simbolismo de mensajero llegando incluso a personificarla. Le da la categoría de algo vivo con atributos de embajador y vasallo feudal que se postra ante la reina ofreciéndose a su servicio con un elaborado uso retórico de la personificación:

La qual resçebid e oyd muy valerosa e bienaventurada prinçesa, reçebid las primçias de mis cuydados, reçebid esta mi Argos, e reçebid esta indigna sierva vuestra que, besando las manos reales, goze de la muy desseada vista. La qual, humildemente suplico a la serenidat y excellençia vuestra, quiera resçebir e aver recomendada. (*Obras Completas*, 10).

En definitiva, don Pedro desarrolla ampliamente la relación de interdependencia entre las intenciones del autor y los significados de las palabras empleadas en la obra. Por este medio da al título y al contenido una amplitud de niveles de significación.

Contenido y estructura.

La *Sátira* trata del amor apasionado que el autor siente por una desconocida dama cuyos atributos de belleza y virtud responden a las idealizaciones femeninas del momento. La acción, en cuanto a tal, es inexistente. El narrador medita acerca de la penosa situación a que ha sido llevado a causa de una obsesiva pasión amorosa. Todo acontece en un plano imaginario de introspección psicológica sin que se expongan acontecimientos externos a la mente del narrador. El tema es una serie de diálogos entre éste y unas personificaciones alegóricas creadas por su propia imaginación, que le ayudan a desarrollar las sutilezas de su proceso amoroso y de la belleza y perfección de la amada.

La estructura de la obra se puede dividir en tres partes. La primera empieza con la presentación de un dato objetivo y externo: la fecha de las experiencias que el autor va a presentar a continuación. El día es un lunes del mes de julio cuando el narrador tenía unos diez y ocho años y ocho meses. Este busca la soledad para lamentarse de las terribles penas de amor que sufre. El proceso mental se inicia interpelando y personificando a la engañosa fortuna, a la cual hace responsable de sus sufrimientos. Continuando con su dialéctica interna, introduce otra figura alegórica que representa a la Discreción. Se aclara al lector que el narrador ha ignorado a esta última durante los cinco años que ha durado la cruel pasión amorosa que sufre. El amante reconoce que el amor lo ha llevado a una situación extrema en donde el único camino para evitar la destrucción y la muerte es la liberación por medio de la indiferencia. Más adelante, la Discreción misma recurre a una técnica de la consolación para hacerlo reaccionar. Por medio de un ataque personal, la alegoría considera que el amor depende de la voluntad y que, por lo tanto, él es responsable de sus sufrimientos, al dejarse arrastrar por sus pasiones. (13) Implica que el amor es uno de los aspectos destructivos que el hombre, absurdamente, busca con su voluntad.

El amante admite estas verdades, pero afirma que él no puede dejar de amar porque es esclavo de su pasión. Sin embargo, el ataque de la Discreción produce un estímulo racional en el amante, quien, acto seguido, hace el esfuerzo de recordar los estados anímicos por los que ha pasado su amor. Da a entender que inicialmente, tal vez, hubo un efímero estado de felicidad que rápidamente pasó:

> Recordavame que, por bien amar, me oviera visto desamado; por proferir leal serviçio, resçebir menospreçio; (*Obras Completas*, 46).

Estos recuerdos le conducen a pensar que tal vez está amando sin razón y que, posiblemente, la dama a la que adora no merece su adoración.

Con esta duda termina la primera parte de la estructura de la obra y empieza la segunda con un cambio de su estado interior. De la oscura y tenebrosa cárcel en donde se hallaba al comenzar la acción, avanza hacia un paraje lleno de frutos donde, a pesar de sus sufrimientos, encuentra reposo y le sorprende reconocer que la vida amable sigue alrededor suyo. Durante este pasaje, la postura del narrador es profundamente egocéntrica, sintiéndose él solo en el centro del universo: "Asi estaba habiendo a grand maravilla como la tierra podia sostener hombre cubierto de tan infinitos pesares" (*Obras Completas*, 50). Más adelante, contrasta su estado con el de las aves que felices pueblan tal paraje. Ellas están alegres porque poseen su libertad de elección y él está condenado por su pasión a vivir sin voluntad: "Todas poseyendo libre alvedrío para facer lo que deseaban, yo solo pensar en lo deseado no era osado." (*Obras Completas*, pág. 49).

En este estado de lucha interna se inicia el debate central que es el núcleo de la obra. Ante la duda sobre la amada que expresa el narrador, aparecen las figuras alegóricas de las siete virtudes en la forma de una "gran compaña" de bellas damas. Es necesario probar la perfección y casi deificación del objeto amado para poder justificar lógicamente la intensidad de la pasión amorosa. Las virtudes tienen el oficio de hacer el panegírico de la dama, la cual es presentada como el cúmulo de toda clase de perfecciones. El largo panegírico encabezado por la alegoría de la Prudencia le anima a que tenga fe en el amor de su dama. Las otras no se cansan de alabarla con grandes hipérboles, comparándola a las heroínas de la antiguedad y anteponiéndola en belleza y sabiduría a las diosas Venus y Minerva. Terminan enalteciendo su piedad cristiana y su honestidad que no tienen igual. La conclusión es que el sufrimiento del amante está justificado por la perfección de la amada. Debería él sentirse orgulloso por habérsele permitido amar a tal dama:

> Et fazerlohe por tanto que, oyendo o aviendo recordaçion de los nobles e famosas mugeres, loes el tiempo, ames la planeta, el signo o costellaçion en que naçiste, pues non solamente te fisieron meresçedor o digno de ver, mas aun quisieron que amasses e que fuesses serviente de aquella que mas acabada de quantas bivieron bive. (*Obras Completas*, 105-106).

Convencido de la perfección física y moral de su dama, el amante se siente feliz. Al mismo tiempo se halla frustrado, al no ser correspondido en su amor. Así pues, continúa acusándola de crueldad por no compadecerse del terrible dolor que experimenta. Las virtudes le contestan continuando el panegírico en un plano más profundo, y dan tres razones para su indiferencia. Estas razones recuerdan la tradición cortés de "la belle dame sans merci". La primera consiste en que la dama no siente amor por el amante y es imposible forzarla. La segunda, que tal vez ella no cree en la fuerza del amor del amante pues si tan grande fuese, ya debería haber muerto de amor. La tercera, que ella espera que este amor debiera haber concluido ya en una forma u otra. Con esta manera de razonar, la virtud de la Piedad pone en duda las cualidades de perfecto amante del narrador. Es una acusación dura contra la cual éste reacciona rápida y definitivamente probando la crueldad de su amada. El nunca ha pretendido ser correspondido. El amor que él siente es gratuito y no espera ninguna recompensa ya que se siente ante su amada como el esclavo ante su señor. Se contentaría con la piedad que su amor debe despertar en una joven piadosa. Sigue reaccionando y afirma la lealtad eterna al amor de su amada, prometiendo que ni los poderes de la gloria o del infierno influirán para dejar su amor.

La tercera parte se inicia con la imploración que hace el amante exigiendo la piedad o el reconocimiento de su amor por parte de la amada. La defensa de las virtudes no ha conseguido justificar la crueldad de la dama. Sin embargo, el amante no siente alivio ni tranquilidad por este triunfo de sus argumentos, pues si se reconoce la culpa de la amada ella aparece como una perfección imperfecta:

> Et, aunque vençedor me viesse, por aver vençido, quéde mas triste con muchos e mas varios pensamientos que sy vençido me viera, ca veya grand culpa poseer aquella cuya culpa a mi era pena mayor que mis innumerables penas, cuya culpa, por escusar mi muerte, en tal caso no querria. (*Obras Completas*, 153).

El narrador ofrece los tópicos sentimentales que se repetirán en las novelas posteriores del mismo género, sobre todo en la *Cárcel de Amor* de Diego de San Pedro. La pasión amorosa es más bien un martirio, un castigo, un tormento imposible de evitar. Es semejante al infierno que sufren las almas aunque éste en vida. Hace una diatriba contra el amor resumiendo el proceso dialéctico de éste como una trampa falaz que con esperanza de placeres conduce a la destrucción espiritual y física del amante. El conflicto amoroso es tan profundo que el joven amante maldice el día de su nacimiento. No resistiendo más, empieza una bella queja en verso. En ella implora la piedad de su amada y auncia que si ésta no le escucha prefiere morir a vivir sin ser amado. Desenfundando la espada duda si matarse o esperar la contestación salvadora. Desgarrado por los tormentos que produce en él su Discreción, la cual siempre lo acompaña y le anima a esperar cuando su deseo sería morir, no puede soportar más su desesperación y "el aquixado corazon acusa la postrimería", terminando así la obra.

Es posible considerar la *Sátira*, como una exposición detallada de un estado que podría denominarse de obsesión ante el conflicto de la razón frente a las pasiones de tipo amoroso. El narrador sufre intensamente en una forma tan obsesiva y profunda que sólo desea la muerte. Por otro lado, es consciente de que su liberación consiste en el refuerzo de la voluntad. Así pues, la *Sátira* puede considerarse como una obra didáctica en donde se representan en conflicto la fuerza de las pasiones y la voluntad de suprimirlas. La conclusión, sin embargo, se mantiene dentro del ámbito del amor cortés. El amante resulta impotente ante la idólatra pasión amorosa que lo consume. Su espíritu noble le compromete a amar eternamente y, al ser rechazado sin esperanza, sólo le queda la muerte.

La dialéctica amorosa y el ideal femenino.

El contenido de la *Sátira* analiza el desenlace de la dependencia amorosa que el protagonista ha sufrido durante cinco años. Al terminar la obra con la muerte por amor del joven enamorado se consiguen dos metas distintas. Por un lado, la exposición detallada de los sentimientos del amante, por otro, la represión que éstos sufren debido a los esquemas conceptuales del ideal amoroso que estaba sometido a unas complicadas normas de conducta y códigos sociales de la época. (14) Teniendo esto en cuenta, la *Sátira* tiene, primordialmente, un sentido moralizante y, de alguna manera, se le podría aplicar las mismas frases que el autor de *La Celestina*, medio siglo más tarde, indicaría en las primeras páginas de su obra:

> Compuesta en reprehension de los locos enamorados que vencido en su desordenado apetito, a sus amigas llaman y dicen ser su Dios. (15)

En ambas obras, el amor lleva a la muerte de los que se dejan llevar por él. Es decir, que a causa de lo rebuscado del final de la *Sátira*, la conclusión que se saca de los efectos del amor es de carácter negativo. Al menos parece creerlo el autor, quien dentro de la tradición del amor cortés, alaba a la dama, pero se reprende a sí mismo por estar prisionero de su loca pasión, a la vez que utiliza el tópico familiar del siervo de amor:

> E yo a ella primero lando, el femineo linage propuse loar, a ella amonestando como siervo a señora, a mi reprehendiendo de mi loca thema e desigual tristeza. (*Obras Completas*, 5).

La razón de esta visión pesimista del amor y del mundo que se halla presente en la *Sátira*, proviene seguramente de la presión de antiguos códigos de conducta que se hallaban vigentes aún en el mundo de la corte, y que ejercían una influencia social y ética en la concepción refinada y aristocrática en que está concebida la obra. El autor se aleja voluntariamente de la realidad histórica del momento y proyecta dichas maneras en una ficción novelesca. (16) Este tipo de literatura escapista y convencional era la que imperaba en el siglo quince codeándose con las obras de tipo didáctico. Recordemos la poesía de Cancionero, las novelas de caballerías y la poesía cortesana en general cuyo público en la corte era eminentemente femenino.

En la *Sátira*, el narrador o protagonista de la obra, al que llamaremos, siguiendo a Wardropper, el amante, se debate entre varios códigos de conducta, en su mayor parte literarios. Estos son, el código del amor cortés y el de la caballería en cuanto a las formas de actuar, y el código del honor y de la virtud en cuanto a los valores morales que se dan a estas formas. Dichas normas de conducta son interdependientes entre sí. Sin embargo, en las novelas sentimentales se vuelven antagónicas a causa del desorden que la pasión amorosa inyecta en ellas. Los códigos cortesanos operan a distintos niveles. Por un lado se encuentra el amante lleno de su pasión idólatra, por el otro la indiferencia de la amada. El conflicto es inevitable y lleva primero al amor frustrado, después a la desesperación y finalmente a la tragedia que, por regla general, es la muerte del amante.

Así pues, el amor se presenta como una enfermedad inevitable que implica la voluntaria servidumbre de las facultades mentales: entendimiento, razón, memoria y voluntad. (17) El estímulo de este amor es eminentemente sensual por entrar por los sentidos y esclavizarlos:

> Verdad sea que, aquexado de amor que en la mas perfecta del universo me fizo poner los ojos, e ally, no acatando lo venidero, aprisionar el coraçon e los mis çinco servientes en carçel perpetua colocar. (*Obras Completas*, 4).

Debemos precisar aquí que las facultades mentales no están anuladas en beneficio de los sentimientos irracionales, sino que al actuar, lo hacen fomentando la irracionalidad que domina el amor autodestructivo y sumen al narrador en el más desesperado dolor. Los sentimientos animan al protagonista a esperar ser correspondido en tanto que la razón, el entendimiento y la memoria, le imponen las normas del honor, de la virtud, y del amor cortés. A causa de estos paradigmas, el amante considera a la amada como un dechado de perfección y por tal razón sabe que ella nunca podrá amarlo, ya que este amor la haría igual que las demás, es decir imperfecta. En otro plano, estos mismos códigos impiden que el amante abandone este amor sin esperanza, que en última instancia le llevará a la muerte:

> Et, asy como forçado, digo a la primera razon. La qual es tener firme voluntad de no amar. Vos no creays ni penseys que tan altivo pensar yo toviesse, ni

Dios no consienta que tal jamas pensasse (*Obras Completas*, 141).

De esta manera, el amante es fiel a sí mismo y, a su vez, se comporta como el amante cortés perfecto. No existe ninguna solución para su situación. Como ocurre en las tragedias, los conflictos que surgen de las reglas del amor cortés le llevan a la irremediable destrucción. Sin embargo, a través de la memoria puede encontrar un bálsamo que alivie su desesperación. Se permite culpar en forma retórica a la fortuna recordando que solamente pudo ser ella la que aunó la virtud y la beldad que le conquistaron, sin ablandar por ello la crueldad de la dama, la cual no le corresponde:

> Et quales son o a do se fallaran mayores contrarios que crueldat e virtud? Tu los ayuntaste en la mas perfecta señora que bive, tu fesiste que su virtud e beldat engañassen mi coraçon, que de libre fuesse cativo e subjecto, e que su crueldat amenguasse e destruyesse en mi juvenil edat muy apressuradamente la mi vida. (*Obras Completas*, 33).

Aquí es posible ver que los sufrimientos amorosos llevan al amante a buscar una posible solución que le alivie de sus tormentos. Este no puede resignarse a la inutilidad de sus cinco años de sufrimiento y a la inminente muerte a que le lleva la indeferencia de la amada. Por tal razón trata de conciliar las reglas a las que está sujeto en calidad de amante sin perjudicar la perfección de la dama. Implora a ésta, no que le ame, sino que al menos tenga un sentimiento de piedad hacia su sufrimiento. Sin embargo, ni aun esto es posible, ya que la piedad significaría una claudicación por parte de la dama. Además esto equivaldría a una entrega simbólica del amor, poniendo automáticamente en peligro su honra. (18) Por eso la obra se mantiene fiel a las normas aristocráticas propias de la ficción novelesca sentimental. Ante la crisis despertada por el narrador al implorar la piedad de la dama, el autor impide un desenlace definitivo que obligaría a tomar una postura parcial. No quiere ratificar la crueldad de la amada porque ello empañaría su perfección, pero tampoco quiere que ésta otorgue su piedad lo cual también la haría imperfecta. (19) La solución es dejar el final en suspenso. La obra termina con la inesperada muerte del amante que ya no puede soportar más los sufrimientos, agudizados por sus facultades mentales. Mientras espera la contestación definitiva de la amada, muere de un ataque al corazón:

> La discriçion favoresçe e suplica la espera, la congoxo-
> sa voluntad la triste muerte reclama, el seso manda es-
> perar la respuesta, el aquexado coraçon, gridando,
> acusa la postrimeria. (*Obras Completas*, 174).

Conviene analizar ahora, uno de los aspectos más interesantes que aparecen en la *Sátira*, a saber, la concepción que el autor ofrece sobre el ideal femenino. Esta es la razón por la cual la parte más larga de la obra se emplea en la definición de una mujer desconocida a la que desde el primer momento se considera perfecta: "Verdad sea que, aquexado de amor, que en la mas perfecta del universo me fizo poner los ojos". Esta perfección está apoyada en tres conceptos esenciales, dos positivos, la belleza y la virtud, y otro negativo, la crueldad. (20)

El elogio de la mujer está llevado a cabo por la alegoría de las virtudes: las tres teologales y las cuatro cardinales. (21) Posee este elogio, las características de un panegírico, e indirectamente el oficio de una consolación. Ante la desesperación del amante al no ser correspondido en su amor, y la acusación de crueldad que éste hace a la dama, la Prudencia, como portavoz de las otras virtudes, tiene que probarle que el amor que siente es razonable porque su amada es la única que posee en grado perfecto todos los atributos y virtudes.

El elogio se introduce con una alabanza de tipo general y extremadamente hiperbólica. La inteligencia de la dama es más alta que la de la propia Minerva, su destreza superior a la de la diosa Diana, su belleza comparable a la de Venus. Sus atributos son tales que su fama nunca perecerá. (22)

Después de las generalidades introductoras, se inicia el elogio propiamente dicho con el tratamiento del primer punto, el de la belleza física. En él hay una progresión de alabanzas que empieza con las formas físicas puramente externas dentro de los tópicos universales de la belleza, tales como las facciones ordenadas y correctas, la linda expresión, la blancura de la tez semejante al cristal, (23) la estatura y el buen cuerpo, etc. La descripción continúa refiriéndose a un tipo de belleza más interno, su gracia es tanta que nadie más que ella debería ser llamada graciosa, su porte es elegante y distinguido, su mirar es tan amable que los que la ven se alegran con su mirada. Su modo de hablar es discreto y gracioso y su charla es breve y sustanciosa. La alabanza prosigue hacia un grado aún más profundo, su inteligencia y sabiduría es superior a la de Pitágoras, Platón y Aristóteles, (24) y finalmente, para concluir, la enumeración finaliza afirmando que la dama posee todos los atributos y excelencias de las diosas del Olimpo.

Hay en esta descripción del aspecto físico un proceso de glorificación de la amada. Se desea elevarla de las características simplemente mortales hacia las divinas, aunque esto sea por deseo expreso de Dios: "quiso el inmortal Dios que fuese en tal manera, que nunca llegase a la perfección o cabo de todo, salvo esta" (*Obras Completas*, 72). La hipérbole de deificación es tan grande que incluso se la eleva por encima de las diosas paganas greco-romanas (25).

> Et assy verdaderamente, sin toda lisonja fablando, todas las otras deessas cosa no tovieron por que fuessen sacrificadas, que esta en mas alto e mas exçellente grado las non possea e tenga. (*Obras Completas*, 73).

Es natural esta deificación secular de la amada. Las virtudes la están defendiendo y deben probar al amante que su amor y sus sufrimientos no sólo son comprensibles, sino justos ante la perfección casi divina de la dama. Debería postrarse y sin quejarse alabar el día y la hora en que se le permitió amar a tal señora:

> Et fazerlohe por tanto que, oyendo o aviendo recordaçion de las nobles e famosas mugeres, loes/ el tiempo, ames la planeta, el signo o costellaçion en que naçiste, pues non solamente te fisieron mereçedor o

digno de ver, mas aun quisieron que amasses e que fuesses serviente de aquella que mas acabada de quantas bi/vieron bive. (*Obras Completas*, 105-106).

Sin embargo, paradójicamente, el prototipo de los atributos físicos del ideal de mujer expuesto por el Condestable es una mezcla de hipérbole exagerada por una parte y de absoluta moderación por la otra. A la vez que compara su belleza e inteligencia a la de las diosas paganas, pone como valor preponderante los atributos espirituales de su discreción, su gracia y su moderación en el vestir, en el mirar, en el hablar. Es decir, que para el autor, la mujer en sus atributos inherentes debe ser perfecta, casi divina, pero en la expresión activa de estos atributos debe expresarse con moderación y con gracia. Don Pedro se ajusta aquí al principio aristotélico de que la perfección está en la moderación y en la armonía de las partes.

Después de alabar los atributos externos de la dama, la Prudencia enumera sus virtudes, haciendo énfasis en el modo de usarlas. Este repaso de las cualidades de una dama, es característico de la novela sentimental desde sus comienzos. Rodríguez del Padrón lo emplea en el *Triunfo de las Donas*, en donde la ninfa Cardiana alaba las virtudes femeninas y da cincuenta razones por las cuales la mujer debe ser amada. En la *Cárcel del Amor* (1492), la defensa y alabanza las hace Leriano antes de morir. En el caso de la *Sátira*, la Prudencia debe defender la acusación de crueldad que la dama ha recibido. El poseer estas virtudes en grado perfecto, es la causa y razón de la imposibilidad que la virtuosa dama tiene de amar al narrador. Comienza por la virtud de la fortaleza la cual, le parece a la Prudencia, la más importante para defenderse contra los deseos de amor. Es la clave del amor frustrado, ya que al poseer la dama una fortaleza casi divina nunca se entregará al amor. Primero la compara con las mujeres bíblicas como Judic y la hija de Jepte, (26) después prosigue recordando la fortaleza de las mujeres romanas. En esta alabanza de las virtudes también deifica a la amada con la misma intención que lo hacía en el plano físico:

Yo te respondere: las nombradas matronas negar non

se puede que grand fortalesa non posseyeron, mas posseyeronla como valerosas mugeres, e esta señora nuestra la possee como esa divina o deificada. (*Obras Completas*, 79).

En las otras novelas sentimentales, la importancia de una u otra virtud en la dama varía, según el punto de la defensa. Por ejemplo en la *Cárcel de amor*, Leriano cree que las virtudes de las mujeres fomentan las virtudes de los hombres. Primero alaba la prudencia que la dama provee a quien le ama, luego la justicia, la templanza y por último la fortaleza. Es natural que para Leriano sea la prudencia la más importante, porque es esta virtud la que ha hecho que Laureola rechace el matrimonio de Leriano, protegiendo así su honra. A la vez es la prudencia la que hace que Leriano sea capaz de entender el rechazo, aunque el aceptarlo suponga su muerte.

Para el amante de la *Sátira*, la fortaleza de la dama tiene un doble efecto. Por una parte, le lleva a admirarla y a venerarla más, pero al mismo tiempo la considera cruel y sin piedad porque al negarle sus favores le empuja hacia una muerte inexorable:

> My dolor vos le causays,
> pues que guarir le podeys,
> mi pena vos me la days,
> pues quitar no la quereys.
> De mi muerte
> soys por mi mala suerte
> la prinçipal causadora,
> e del vuestro matadora.
> Ved que plaga tanto fuerte:
> (*Obras Completas*, 159).

La segunda virtud alabada es la de la templanza. De nuevo se glorifica la moderación en todos los planos, de esta manera la amada, "los deseos de la voluntad carnal, espiritual e tibia desecha e de si aparta, siguiendo solamente las pisadas de la voluntad loable e virtuosa" (*Obras Completas*, 102-103). La Prudencia muestra a la dama como enemiga de cualquier placer sensual llegando incluso a rechazar los inocentes perfumes olorosos y el suave tacto de las ricas telas.

La cuarta virtud en ella es la de la misma Prudencia desarrollada en sus tres distintas fases:

> E verdaderamente digo que esta las tres caras de prudencia possee, que son memoria o recor/dacion de las passadas cosas, consideraçion de las presentes, providençia para lo porvenir. (*Obras Completas*, 102-103).

Esta virtud le sirve para no caer en ninguno de los yerros que los otros hombres y mujeres cometieron. Al mismo tiempo, sabiendo lo presente y haciendo uno de esta importante virtud de una manera estoica, tiene en cuenta "los revolvimientos de la rodante fortuna", que a ella, con perfección estoica, no le afectan. Por otra parte, el prever el futuro es fácil por su profunda discreción y entendimiento. Otra vez la alegoría está justificando la imposibilidad que tiene la dama de corresponder al amor requerido ya que por su clarividencia percibe los peligros que en el amor están implícitos y lo rechaza sin vacilaciones. Inmediatamente después, la Prudencia se refiere a las virtudes teologales, las cuales la dama también posee a la perfección. La caridad grande que siente por los que sufren, por los afligidos y los necesitados le lleva a ocupar su tiempo, atendiéndolos y consolándolos. Su fe es tanta "que faria mudar los montes, retener los vientos, alargar e salir el dia fuera de su curso, amansar la tempestad del bravo e furioso mar" (*Obras Completas*, 114). Al mismo tiempo que con la esperanza, espera conseguir la gloria eterna.

Así mismo en la *Cárcel de amor*, el orden de importancia de las virtudes teologales es distinto al de la *Sátira*. Leriano afirma primero que las mujeres proveen fe en el enamorado porque éste ve a través de ellas la excelencia de la creación. Provocan la esperanza porque el enamorado siempre espera algo de la dama, aunque sea el desdén. Por último, fomentan la caridad porque ella es el amor del cual se consume el enamorado. Sin embargo, tanto Cardiana en el *Triunfo de las Donas*, como Leriano en la *Cárcel de amor*, están alabando la excelencia de la mujer en general y dando razones por las que deben ser amadas. La alabanza en la *Sátira* es muy distinta. La Prudencia está excusando a una dama en particular y al hacerlo la está ensalzando por encima del resto de las mujeres. La Prudencia no alaba a la dama para conseguir que el amante la ame, sino para probar que aquél que se atreva a amarla con ánimo de poseerla comete un gran atrevimiento y halla el castigo en su sufrimiento.

La última virtud que es alabada es la honestidad, la cual se considera como la "biva fuente de las virtudes". En la dama, el grado de honestidad llega a tales extremos que toda su personalidad está regida por esta virtud. A continuación y comentando esta virtud, la Prudencia describe el comportamiento de la dama y con él las normas que las jóvenes debían de seguir para protegerse del peligro de las mujeres que, como la antigua Urraca o la futura Celestina, iban a las casas para hacer flojear su honestidad y hacerlas consentir en el amor de sus amadores:

> Refuye to/do so/brado loor, aborresçe los lisonjeros, menosprecia los engaños, los maldisientes de sy aparta, los rebolvedores de escandalos desama, no aprueva las composiçiones del gesto, mas mucho della son apartadas. (*Obras Completas*, 122).

La descripción de la dama en relación con su honestidad es la más interesante de la obra porque, dejando atrás las alabanzas literarias y puramente convencionales, entra el autor en un análisis detallado de lo que era o debería ser una joven de la corte a mediados del siglo XV. Así, informa que una dama que se preciase de honesta, no debía consentir que nadie mirase sus partes más ocultas. Tampoco le estaba permitido mirárselas ella misma. Además debía de alejar de sí los bufones y juglares que en las cortes acostumbran a contar historias poco honestas. Más adelante, el narrador repite las mismas alabanzas que anteriormente había empleado de una manera retórica y convencional sobre el andar, la expresión, el mirar, el hablar y los movimientos y actitudes de la amada. Sin embargo, aquí las alabanzas tienen un carácter más concreto y personal, al mismo tiempo que se pone énfasis de nuevo, en la mesura y moderación como base de todo comportamiento femenino, el cual debe estar regido siempre por la elegancia y la gracia.

Es en este retrato femenino donde el autor se manifiesta más original. A la par que fija un esbozo concreto y pormenizado de la dama y que defiende las razones por las que ella no puede amar al amante, formula un modelo de cortesía y refinamiento. Seguramente, el texto sería leído y emulado por las damas cortesanas de la época. Don Pedro, con estas alabanzas, se anticipa a los retratos literarios del renacimiento tales como el de Melibea en *La Celestina* o el de la dama ideal del *Cortesano* de Castiglione.

El retrato de perfección que se aplica a la dama, se ve reforzado por el empleo, en su denominación, de formas y conceptos que tradicionalmente se aplicaban a la Virgen María, tales como: "templo / de mortal virtud, / honestad muy graciosa, / luzero de iuventud/ y de beldad" (*Obras Completas*, 157), que recuerdan a las letanías marianas del rosario. A veces el autor llega a un exceso de hipérbole a lo divino sincretizando lo religioso y teológico con la tradición del amor cortés. Prorrumpe en exclamaciones que podrían considerarse en algún sentido como blasfemias: "cumbre de la gentilieza, / mi gozo, mi solo Dios, / mi plazer y mi tristeza / de mi vida" (*Obras Completas*, 159). Estas, recuerdan muy cerca las palabras de Calisto en la *Celestina*.

La alegoría en la Sátira.

Ya desde la explicación del título en la carta-prefacio don Pedro apunta la intención de escribir una composición alegórica difícil de comprender:

> Et, por tanto, la fize no autorizada de los grandes e sçientificos varones e, en algunos lugares, escura. (*Obras Completas*, 8).

La alegoría, por tanto, está introducida desde el principio del texto y se mantiene a lo largo de toda la obra, sin que haya intención de interpretarla. Toda la acción es imaginaria y ocurre dentro de la mente del narrador. Este se halla en la soledad meditando sobre su dolor amoroso y creando así un escenario puramente alegórico. Distintas personificaciones tratan de ayudarle a aclarar sus ideas sobre el sentimiento amoroso que le atormenta. (28) Estas personificaciones: la fortuna, su propia discreción, las virtudes que la dama posee, tienen además de un valor ornamental, la dimensión importantísima de servir de personajes esenciales para el desarrollo de la acción y la trama de la ficción novelesca de la *Sátira*.

Es muy posible que don Pedro conociese el *Roman de la Rose* ya que Santillana se lo había mencionado en el *Prohemio e carta*, además de ser una obra bien conocida por los poetas del Cancionero. (29) A pesar de que la *Sátira* trata únicamente del desenlace desafortunado de la pasión amorosa del amante, se asemeja al poema francés en la ayuda que significan los personajes alegóricos para el análisis detallado de las intricadas emociones amorosas del protagonista. Es cierto que las dos obras tienen como antecedentes en sus alegorías de las virtudes, de la fortuna, del amor, a Ovidio, Boecio y Alain de Lille; (30) además coinciden en la decoración del mundo alegórico en que la acción transcurre, especialmente en la creación de figuras alegóricas que ayudan a desarrollar las reacciones psicológicas del amante.

Estos personajes alegóricos son de dos categorías. Unos representan las potencias internas del narrador, como son de voluntad, su discreción, su entendimiento, su deseo, los cuales operan en la obra según las funciones propias de los símbolos que representan y, por lo tanto, producen en el autor emociones antagónicas que le atormentan aún más. La discreción y el entendimiento intentan disuadirle de su desesperado amor, mientras que su deseo y su voluntad le empujan a esperar y a perseverar. Ante estos conflictos, el narrador vive en constantes tormentos inflingidos desde su interior. Las otras personificaciones alegóricas son externas al autor y le sirven de interlocutores en sus diálogos. Por ejemplo, el caso de la fortuna, a la cual acusa de haber sido principio y causa de su pasión amorosa. En cuanto a las virtudes, se le presentan con la intención de alabar y defender a la amada, especialmente la Prudencia y la Piedad. Hay que notar aquí la diferencia que existe entre éstas y las alegorías, Belacceuil, Franchise, Pitié del *Roman de la Rose*, las cuales son expresiones de la personalidad y de la reacción de la dama en el poema. En la *Sátira*, la Piedad y la Prudencia no son la Dama, ni siquiera una expresión de ella, son simplemente virtudes que ella posee en sumo grado. Estas contribuyen a la perfección de la amada y habitan en ella pero no son la alegoría de su persona.

Además de las personificaciones alegóricas, la *Sátira* ofrece temas y motivos alegóricos. El tema central de la obra es el panegírico ofrecido por las virtudes que se unen para alabar a la dama en cuestión, quien se ha distinguido excepcionalmente en las actividades que ellas simbolizan: la honestidad, la paciencia, la fortaleza. Por contraste, también, tal panegírico alcanza la dimensión de debate alegórico entre las potencias internas del narrador, las cuales le muestran la crueldad e indiferencia de la amada, y las virtudes que proclaman la perfección absoluta de ésta.

Otro importante motivo alegórico que aparece bien desarrollado en la *Sátira* es el erótico, donde se aplican los tópicos característicos del género: el amor como cárcel oscura y horrible donde se hallan prisioneros los cinco sentidos:

> Que en la mas perfecta del universo me fizo poner los ojos, e ally, no acatando lo venidero, aprisionar el coraçon e los mis çinco servientes en carçel perpetua colocar. (*Obras Completas*, 4).

En otro lugar desarrolla el tema de la herida de amor:

> Por palabras / que dixiese, queriendo demostrar la fonda e mortal llaga mia, otras menos piadosas que largas resçebia. (*Obras Completas*, 46).

Dentro de la alegoría erótica, el sufrimiento amoroso del narrador es como un fuego y le hace sentirse en forma semejante a los condenados que por sus pecados sufren las penas del infierno. Compara el sufrimiento de amor a un infierno donde penan los enamorados:

Assy que no fallava compañero en tan loco e desvaria-
do desseo, salvo aquellos que en los abismos llenos de
pena, de dolor e miseria afligen, / no çessando punto
ni hora de afligir los a / fligidos. (*Obras Completas*,
34).

También aparece en la *Sátira* el motivo alegórico del viaje
imaginario. En este caso significa un viaje interno en la mente del
narrador. Del infierno amoroso donde se hallaba, ayudado por Entendimiento y Discreción, vislumbra la crueldad de la amada. En
este punto se monta en un portante mágico que lo lleva por caminos misteriosos y desconocidos:

Assy, deseoso, lleno de pensamientos por saber lo que
non sabia, por mas libre aver mi pensar, / fuy de aquella triste posada, a cuyas puestas falle un portante, en
que me paresçio venir my cuydado a la deseada fin; e,
subjugado a la penosa demanda, cay en tan esquivo e
afincado pensar, que de mi mesmo non me recordava;
el manso portante a sua voluntad fasia la via. (*Obras
Completas*, 43-44).

afincado pensar que ami mesmo no me recordava; el
manso portante a su voluntad facia la via (págs.
fol. 16).

Al término de este viaje imaginario es introducido un nuevo
motivo alegórico: el de la visión del "locus amaenus". El narrador,
sin haberse dado cuenta, se halla en un "arboleda bien poblado de
fermosos e fructuosos árboles". Allí contrasta el dolor y desesperación que siente con los alegres cántos de las aves. Alegóricamente
este bosque puede tener un significado semejante al del jardín del
Roman de la Rose, que era la representación de la vida cortés en
donde la gente vivía alegre mientras disfrutaba los placeres de la
corte. También puede significar la vida de la amada que sin tormentos de amor vive despreocupada y alegre como las aves del cielo. Sea lo que fuere, está visión del "locus amaenus", precede la introducción de la visión de las virtudes que vienen a consolarlo e intentan aclararle las dudas que tiene sobre la perfección de su amada.

El interés alegorizante lleva al autor a extender la alegoría hacia el objeto de la dialéctica amorosa, o sea, a la dama portadora de todas las virtudes. Esta, de acuerdo con el elogio que de ella han hecho las personificaciones, aparece como la alegoría de la perfección. El proceso de alegorización de la dama radica en la concepción que el narrador hace de ella. La considera como una forma abstracta en la que se combinan la perfección humana y la crueldad, las cuales se hallan personificadas en un ser que es la causa de su sufrimiento.

En definitiva, la alegoría en la *Sátira* no sirve solamente de vehículo para el desarrollo de la acción, sino que se puede afirmar que, como ocurre en el *Roman de la Rose*, el contenido de la obra es integralmente alegórico. El narrador, único personaje fuera de la alegoría, crea, en su imaginación, un universo de personificaciones y de lugares ficticios por medio de los cuales puede lamentar su dolor a la vez que le ayudan a meditar sobre las causas y matices de sus penas de amor y al mismo tiempo exponer su concepción del ideal femenino.

Elementos renacentistas de la Sátira.

La *Sátira* es, sin lugar a duda, una obra típica del momento histórico social y cultural en que se escribió. Su autor, joven poeta cortesano de la Península Ibérica, escribió primordialmente, con ánimo de entretenerse y de gastar el ocio, pero, a la vez, deseaba divertir a los jóvenes aristócratas, especialmente a las mujeres de las cortes de Castilla y Portugal. (31) Por esta razón los valores estéticos, sociales y éticos presentados en la *Sátira*, pertenecen a este grupo social. Durante la primera mitad del siglo XV la cultura de la corte había experimentado un cambio de expresión, el cual, aún dentro de las formas puramente medievales, apunta hacia conceptos nuevos. Al mismo tiempo, los elementos tradicionales empiezan a cobrar sentidos diferentes.

Esta primera obra del Condestable de Portugal contiene, en efecto, rasgos tradicionales de la época anterior. Uno de ellos es la acumulación y enumeración de ejemplos, empleados para ratificar una teoría o una afirmación con intención didáctica o moralizadora. En las descripciones, los detalles aparecen presentados exhaustivamente, siguiendo la técnica medieval de nombrar autoridades, sin mostrar una perspectiva histórica o estilística en el tratamiento del tema. En otro plano, el yo autobiográfico medieval, aparece cargado de melancolía y desesperación, siguiendo el estilo de los trovadores provenzales cultivadores del amor cortés. Trata de representar alegóricamente ideas abstractas en personajes concretos y visibles. Estos personajes, en compañía del narrador, actúan de un modo personal e individual, sin transcender al mundo colectivo de los demás o al mundo de la naturaleza, a la par que se encuentran encasillados y estáticos dentro de ciertas características y convenciones determinadas. Por ejemplo, el protagonista en su papel de amante frustrado que sufre, la amada en su perfección, indiferencia y crueldad, las virtudes en su misión de alabar a la dama.

Sin embargo, se puede vislumbrar también una mentalidad nueva en la concepción formal y estilística. En primer lugar, el llamar a la obra *Sátira* muestra la intención del autor de incluir en el título una síntesis abstracta que incluya la esencia del contenido de la composición. Al mismo tiempo, al ignorar la tradicional denominación de tratado, el título adquiere un carácter más latinizante y culto que anuncia ya el renacimiento. Lo mismo ocurre con el uso de la alegoría que, aunque coincide con el *Roman de la Rose*, al emplearse sin necesidad de exégesis, en la *Sátira*, no tiene una intención verdaderamente didáctica como la del *Roman*, el cual intentaba guiar al amante al reconocimiento del buen amor a través del matrimonio. La alegoría en la *Sátira* es un recurso novelesco a través del cual se presentan personajes para el diálogo o lugares alegóricos por donde transcurre la acción. La alegoría no está restringida a un plano. La Prudencia no se limita a alabar la virtud que ella representa, sino que juzga y describe distintas cualidades de la dama que son concretas y no alegóricas; el modo de hablar, de andar, de moverse y que no son virtudes morales sino estéticas.

De la misma manera, el autor concibe las virtudes como un mezcla de conceptos éticos cristianos y paganos. Por ejemplo, la Prudencia cristiana aparece explicada como un don de profecía donde la dama es capaz de prevenir el porvenir:

> Porque mas paresçe su sabiduria de aquella grande e
> muy difiçil arte de estronomia o de alguna otra gran-
> de e muy valerosa sçiençia por do las venide / ras co-
> sas se saben que venida por sola discreçion, pruden-
> çia o entendimiento. (*Obras Completas*, 103).

La Fortaleza aparece concebida dentro de la filosofía estoica, como la virtud esencial para defenderse de todos los males, la cual radica principalmente en el ejercicio de la voluntad loable y virtuosa.

También se distingue una nueva actitud en la concepción de la mujer, que se aleja de las ideas tradicionales. Tal es el tratamiento de la deificación de la amada, tan abundantemente empleado en la edad media y en la literatura del amor cortés, en la cual se mezclaban los conceptos feudales y marianos. Don Pedro lo emplea en una forma que puede ser considerada como una anticipación de las teorías que tomarán auge en el renacimiento. La deificación de la dama está impregnada de sexualidad. La amada no es sólo un objeto de vasallaje feudal o de adoración mariana, sino que el narrador aspira a ella como un objeto sexual. La perfección absoluta que le atribuye es la justificación personal de sus propios sentimientos. La deificación no está impuesta para fomentar la adoración desde lejos, sino que sirve como justificación psicológica que evita el desencanto amoroso. La frustración del hombre rechazado, se libera con la acusación de crueldad hacia la amada que, a la vez, empaña su perfección. La obra acaba sin resolver el conflicto, pero muestra dos posturas egocéntricas en pugna, el amor y los deseos del narrador por una parte, y la indiferencia y crueldad de la amada por otra. Estas actitudes anuncian la concepción renacentista del hombre.

Otro elemento renacentista que aparece en la *Sátira*, está en el ideal de belleza que exalta el autor. Para don Pedro la belleza es una síntesis de "gracia y fermosura". La dama debe poseer una armonía entre lo físico y externo y lo interno y moral de las virtudes. La belleza de la dama está concebida en la perfección del término medio. De esta manera, al tratar de sus formas y maneras de comportarse define a estas últimas por medio de la técnica negativa:

> Su andar no es tan rezio que parezca inhonesto, ni tan manso que parezca altivo. Sus cejas abaxandolas o erguien / dolas, / non salen de lo devido, su mirar no es reprochoso, su bollir de manos no es syn causa, su fablas no es agudo o pomposo, no es importuna ni negligente. (*Obras Completas*, 123).

Esta concepción de la belleza, basada en la proporción y en la armonía, coincide, en gran manera, con la definición renancentista del humanista Alberti en su tratado, *De la Arquitectura*, escrito en el siglo XIV:

> Defino la Belleza como una armonía de todas las partes, sea cual fuere el asunto o lugar en que aparezca ensambladas con tal proporción que nada pueda añadirse, disminuirse, concluirse o alterarse 32.

En conclusión, los elementos medievales de que está compuesta la *Sátira* están reorganizados de tal manera que, sin haber experimentado una modificación esencial en las formas tradicionales, anuncian ya unos conceptos distintos de la mentalidad nueva que en el S. XV, está empezando a desarrollarse en la Península Ibérica, y que aún tendrá un largo período de gestación hasta que Garcilaso y Boscán escriban con una mentalidad castellana plenamente renacentista.

(1) Don Pedro Condestable de Portugal, *Satira de Felice e Infelice Vida* en *Opúsculos Literarios de los siglos XIV y XV* (Madrid, SBE, 1892), 47-101. Condestável Dom Pedro, *Satira de infelice e felice vida, Obras Completas.* Introducción diplomática de L. A. Adao da Fonseca. (Fundación Calouste Gulbenkian: Lisboa, 1975), 3-151.

(2) La *Sátira* tiene las características esenciales de las típicas novelas sentimentales: concentración en el análisis emocional y psicológico sin prestar atención a la acción externa. Los personajes dialogan con alegorías o símbolos personificados en un ambiente refinado y cortés. El final es siempre desgraciado a causa del amor frustrado o, si consumado, por la imposibilidad de disfrutarlo. Véase: Carmelo Samoná, *Studi sul romanzo sentimentale e cortese nella letteratura Spagnola del Quattrocento* (Roma, 1960) y J. L. Varela, "Revisión de la novela sentimental", *RFE*, XLVIII (1965), 351-382. Dinko Cvitanovic *La novela sentimental* (Madrid, 1974).

(3) La obra está dedicada a su hermana la reina Isabel de Portugal, y en el prólogo advierte que a su autor no le interesa la amplia lectura de la obra por el público y que, a su vez, desprecia la crítica del vulgo:

> Al cual, con la rodilla fincada en el suelo, suplico que de las caninas e venenosas lenguas, mas habiles a reprehender que a loar, libre, defienda e ampare, e le acresciente titulo de honor y auctoridat, dando lugar a los scientes que la miren e castiguen con ojos amigables e amoroso azote, e atapando las bocas de los simples o ponzoñosos retractores, no osen de la moder llagar de enerboladas llagas (*Obras Completas*, 8).

(4) Ms. de la BNM, 1960, fol. 295 x 210 cm. fols. I LXXIII. Letra cursiva gótica con algunas iniciales iluminadas. Marca de agua Briquet, 3544. Copia de la época en papel con glosas. Véase: *Biblioteca Geral Portuguesa* (Lisboa, 1961), II, 598. Todas las numeraciones en folios están tomadas de este manuscrito. Fue copiado en 1468, dos años después de la muerte de don Pedro. El segundo Mss. perteneció a Ramón d'Alós Moner que lo describe en "Nota sobre un nou manuscrit de la "Satyra de Felice e Infelice Vida" del Condestable de Portugal", *Miscelánea de Estudos em Honra de Carolina Michaëlis de Vasconcellos* (Coimbra, 1938), 442-447.

(5) Seguramente debieron existir más manuscritos, perdidos hoy día. Cabe pensar que la reina Isabel de Portugal, a quien va dirigida la obra, tendría uno y posiblemente existirían otros que habría repartido entre sus amigos los literatos españoles como el Marqués de Santillana. Hay testimonio de que el mismo don Pedro poseía uno que aparece en el inventario de su biblioteca con el No. 29:

Item, altre libre de forma de full, scrit en paper ab tests e glosses, ab posts de fust cubertes de cuyro vermell empremptades, ab quatre escudets dargent daurats, en la una les armes de Portugal, e en l'altre de Portugal de Arago e d'Urgell, en les altres dos lo mot *Sy vos no quiy eu*. Feneix lo test en la penultima carta de *real altessa*. Sta reserva en una cuberta de cuyro negre folrat de blanquet.

Aunque la descripción del códice no indica el título ni el autor de la obra, no es difícil identificarlo ya que en folio antepenúltimo del manuscrito de Madrid aparecen las palabras: Reyna señora mala enemiga *de real alteza"* que responden exactamente a las palabras apuntadas por el copista catalán.

(6) En la carta prefacio a su hermana dice: "Que traydo el testo a la desseada fyn e parte de las glosas en lengua portuguesa acabadas, quise todo trasformar e lo que restava acabar en este castellano ydioma" (fol. 3 Vo., 4, pág. 50). Para fechar la primera versión portuguesa hay que poner atención a las indicaciones que el mismo don Pedro da a este respecto: "veya la triste vida mía passando aquella en el comienço de la tercera edat de mis anios con tan desiguales penas" (pág. 52-53, fol. 4). La glosa que acompaña a este texto explica lo que quiere decir por tercera edad, "la tercera (edat) quiere decir adolescencia, esta floresce de los quince hasta los veinte ocho anios". Cabe recordar aquí que don Pedro fue a Castilla en mayo de 1445 para participar en la batalla de Olmedo y permaneció en la corte de Juan II unos días. Posiblemente allí adquiriría una copia de *El Siervo Libre de Amor* y del *Triunfo de las Donas*, de Juan Rodríguez del Padrón, que le servirían de inspiración para la *Sátira*. Véase: Anna Krause, "La Novela Sentimental (1440-1513)" (Diss. University of Chicago, 1928), 55-71. Así pues, la *Sátira* en portugués se debió de escribir entre 1445 y 1449 cuando salió hacia el exilio a Castilla. En cuanto a la versión castellana, no se pudo escribir después de 1445, año en que su hermana la reina Isabel muere. Tampoco pudo ser posterior a la muerte de don Alvaro de Luna, porque ignora en la *Sátira* este hecho del que hace mención extensa en sus obras posteriore y que debió impresionarle mucho, por el claro paralelismo de lo ocurrido a su padre en Alfarrobeira. La muerte de don Alvaro ocurrió el 2 de junio de 1453. La conclusión posible es deducir que compuso la versión castellana entre 1450, después de recuperarse de la huída y de la desgracia de su familia y antes de la muerte de don Alvaro en 1453.

(7) Domingo García Pérez, *Catálogo razonado biográfico y bibliográfico de los autores portugueses que escribieron en castellano* (Madrid, 1880).

(8) La palabra sátira tenía multitud de significados. El más general, es el que recoge San Isidoro en sus *Etimologías*, en donde ve este género literario como una represión de vicios. Véase: C. A. Van Rooy, *Studies in Classical Satire and Related Literary Theory* (Leiden, 1966).

(9) Marqués de Santillana, *Obras*, ed. J. Amador de los Ríos (Madrid, 1854), 94.

(10) "Satyra es el segundo estilo de escribir, la naturaleza de la cual escriptura y officio suyo es reprehender vicios, del cual Horacio, Persio y Juvenal... e Satyra se puede decir porque reprehende los vicios de los malos y glorifica la gloria de los buenos", Juan de Mena, *La Coronación*, Preámbulo 2 (Anvers, Casa de Juan Stelsio, 1552). La diferen-

cia entre la definición clásica y la de los escritores castellanos es que estos últimos añaden a la reprensión de vicios, la alabanza de virtudes. Esta idea la debieron de tomar de los escritores italianos del siglo XIV, a los que consideraban sus modelos en materia de cánones literarios. Guido da Pisa en el comentario de la *Divina Comedia*, da una definición de sátira que coincide con la de los castellanos de un siglo más tarde: "Quia abundat reprehensione vitii et comendatione virtutis". Véase: L. Jenaro-MacLenan, "The dating of Guido da Pisa's Commentary on the Inferno", *IS*, XXIII (1969), 19-54.

(11) Anna Krause, "El tractado" novelístico de Diego de San Pedro, *BH*, LIV (1952), 245-275.

(12) En toda la literatura del siglo XV castellano hay un gran esfuerzo por superar en forma y contenido las deficiencias técnicas de las que eran conscientes. Por eso adaptaban influencias de formas distintas ya fuesen francesas, catalans y principalmente italianas. Esta tendencia esta implícita en las obras de don Pedro cuando pone tanto cuidado en elegir sus títulos y, sobre todo, al escribirlas en castellano siendo él un portugués.

(13) En este párrafo, Discreción está utilizando un método semejante al que la dama Filosofía empleaba con Boecio en *De Consolatio Philosophiae*. En ambas obras se dan una solución y un consejo de tipo estoico. El dominio de la voluntad y la lucha contra las pasiones humanas conduce a la virtud. Los problemas de la existencia están dentro de uno mismo y luchando contra ellos se alcanza la paz:

> O ombre cativo, desencarçela tu libertad de la tenebrosa e muy amarga carçel: Pelea, pelea con tu voluntad e, otra ves te digo, pelea, e non con otro, synon contigo mesmo, e non seas contento nin seas deseoso de tantas penas sofrir, syn aver piedat de ty e de la triste vida tuya. (*Obras Completas*, 41).

(14) Años más tarde, ya en tiempo de los Reyes Católicos, Diego de San Pedro desarrollará hasta el máximo estas convenciones amorosas en sus obras, dando forma definitiva a la novela sentimental. Como en la *Sátira*, el protagonista de la *Cárcel de Amor*, sufre la tortura de una pasión sin esperanza y al final se deja morir de hambre y de tristeza. Véase: Diego de San Pedro, *Obras*, ed. S. Gili Gaya (Madrid, 1967).

(15) Fernando de Rojas *La Celestina*, ed. Martín de Riquer (Barcelona, 1969), 93.

(16) Sobre los códigos de conducta del siglo XV y su influencia en la novela sentimental, véase: Bruce Wardropper, "El mundo sentimental de la *Cárcel de Amor*", *RFE*, XXXVII (1953), 168-93.

(17) La *Sátira* tiene muchos puntos de contacto con los presupuestos del amor

cortés. En primer lugar, la necesidad de la nobleza de los personajes, tanto la nobleza de nacimiento como la de la conducta. El amor ennoblece no sólo a la amada sino al que ama. Este amor no implica el matrimonio. El único deseo del que ama es ser correspondido, pero al existir presiones de los códigos de conducta, el amor siempre es frustrado o bien porque, como ocurre en la *Sátira*, la consumación es imposible, o bien, porque después de la consumación viene el desastre. El amante debe proclamar su total inferioridad con respecto a la dama. Se suelen emplear imágenes de ideología religiosa para expresar la belleza de la amada o las emociones amorosas del amante. Véase: A. Capellanus, *De amore libri tre.* ed. Amédé Pagés (Castellón de la Plana, 1930). Véase también: J. J. Parry, *The Art of Courtly Love* (Nueva York, 1941); C. S. Lewis, *The Allegory of Love* (Oxford, 1936); J. Denomy, *The Heresy of Courtly Love* (Nueva York, 1947); *The Meaning of Courtly Love*, ed. F. X. Newman (Albany, 1968).

(18) Este mismo conflicto se desarrollará con más detalle en la *Cárcel de Amor* de Diego de San Pedro. Un desenlace feliz entre Leriano Laureola es imposible porque se empeñaría la honra de Laureola si aceptase el amor de Leriano y esto imposibilita el matrimonio aunque éste tenga el beneplácito de todos:

> Pues tanto me quieres antes devrias querer tu pena com mi onrra que tu remedio con mi culpa. No creas que tan samamente biven las gentes, que sabido que te hable juzgasen nuestras limpias intenciones, porque tenemos tiempo tan malo, que antes se afea la bondad que se alaba la virtud (págs. 187-188).

La honra de Laureola como ocurrirá en la comedia del Siglo de Oro, depende de la opinión pública. La de la dama de la *Sátira*, también, incluso la piedad es un sentimiento peligroso que puede mal interpretarse. Véase: Américo Castro, "Algunas observaciones acerca del concepto del honor en los siglos XVI y XVII", *RFE*, III (1916), 1-50, 357, 386.

(19) En la *Cárcel de amor*, la cuestión no es tanto el amor como la consecución feliz de este amor. Laureola ama a Leriano pero las vicisitudes y tragedias que ese amor ha ocasionado, empañan la virtud inocente de Laureola. No solamente no puede unirse a él, sino que su honra no será definitivamente limpia hasta que Leriano muera.

(20) En el elogio de la mujer don Pedro muestra una clara influencia de los grandes escritores italianos. Posiblemente inspirado por la *Vita Nuova* de Dante, en donde también se alternaba la prosa con el verso. Dante desarrollaba la alabanza de Beatriz partiendo de una pasión carnal y culminando en un amor espiritual, casi un concepto divino. Don Pedro, por el contrario, mezcla desde un principio, la tradición mariana de la Virgen con el concepto clásico de ennoblecimiento de la mujer. También se pueden encontrar reminiscencias entre la *Sátira* y los temas de Petrarca en sus poesías amorosas, tales como, la perseverancia en el amor, el serle fiel a la amada aunque no se consiga su amor y aunque se le acuse de crueldad. Así mismo, parece un tema petrarquista, la aplicación de la maldición bíblica para el lamento amoroso, que aparece a menudo en la obra de don Pedro. "Maldito sea el día en que primero ame". Tanto Dante como Petrarca pertenecen a la tradición del amor cortés y fue ésta la que influyó en la novela sentimental más que la influencia directa de ellos. Don Pedro debió seguir las convenciones corteses que se conocían bien en la Península. Véase' Otis H. Green, "Courtly Love in the Spanish Cancioneros", *PMLA*, LXIV (1949), 250.

(21)   Las virtudes cristianas ocupan un lugar destacado en los valores éticos de la novela sentimental. En ellas están basados los códigos del honor y de la virtud. Así pues, entre las causas y razones que Leriano, en la *Cárcel de amor*, da en defensa de las mujeres, dice que es la posesión de las virtudes cardinales y teologales que tienen las mujeres que las hace casi divinas y objeto de reverencia. Véase: Américo Castro, "Algunas observaciones", *art, cit*.

(22)   Don Pedro utiliza aquí la idea estoica de la consecución de la gloria y de la fama a través de la virtud. En ello mezcla dimensiones medievales y renacentistas. Medievales al valorar profundamente la virtud, renacentistas al valorar la gloria del mundo. El tema de la obtención de la gloria a través de la virtud es constante en la literatura de la época. Había sido tratado por Petrarca y continuado hasta el siglo XV por diversos autores. Juan de Mena lo desarrolla en la *Coronación* (1438).

(23)   "Su blancura ofende al muy claro cristal". Esta imagen, que recuerda a la que siglos más tarde utilizaría Gongora, no es original de don Pedro. Imágenes semejantes se empleaban a menudo en las novelas de caballerías. En la versión castellana de Tristán aparecen imágenes semejantes: "tenía la espaciosa frente, blanca e resplandeciente a manera de un fino cristal", *Tristán de Leonís*, ed. A. Bonilla y San Martín (Madrid, 1912), 380. La relación entre la novela sentimental y las novelas de caballerías no ha sido estudiada aún, sin embargo ambas tienen gran comunidad de temas, motivos y formas. Véase: Justina Ruiz de Conde, *El amor y el matrimonio secreto en los libros de caballerías* (Madrid, 1948); Pamela Waley, "Juan deFlores y Tristán de Leonis", *Hisp*., XII (1961), 1-14; Ma. Rosa Lida de Malkiel, "Arthurian Literature in Spain and Portugal" en *Arthurian Literature in the Middle Ages: A Collaborative History*, ed. R. S. Loomis (Oxford, 1959), Cap. 31.

(24)   Las palabras e ideas que don Pedro emplea en este párrafo están posiblemente tomadas del *Triunfo de las Donas* de Juan Rodríguez del Padrón. Véase: J. Rodríguez del Padrón, *Obras Completas*, ed. Paz y Meliá (Madrid, SBE, 1884), Don Pedro escribe en la *Sátira* estas palabras: "Qual Pitagoras, qual Diogenes, qual Platon, qual Aristoteles o qual otro philosopho o Paladio que en el universo floresciesse su sabiduria al saver entendimiento e prudencia desta nuestra soberana señora se podría egualar" (págs. 62-63, fols. 24, 24 Vo.). El *Triunfo de las Donas* dice así: "Et quales siete sabios, o quales epicuros, quales pitagoricos, quales platonicos, quales peripateticos o qual otra secta de antiguos philosophos a la sciencia de las fijas de Pyeride'l'a las donzellas de Lesbo, o a las ninfas del monte Castalia que a las musas de Parnaso vencieron, en sabiduria dignamente se pudo comparar" (pág. 100). También ejerce Rodríguez del Padrón una influencia de temas. La *Sátira* lo mismo que *El siervo libre de amor* (1440) es un análisis autobiográfico de una experiencia amorosa. El siervo pasa por tres épocas, "el tiempo que bien amo y fue amado", "el tiempo que bien amo y fue desamado" y "el tiempo que dejó de amar". Es unicamente el segundo estado el que constituye el núcleo de la obra del Condestable. También coinciden en la representación del lamento amoroso mientras se pasea por el campo, el cual refleja el estado de ánimo del narrador. Son comunes, así mismo, el uso de la alegoría, los recursos retóricos sobre el amor, el amante como prisionero, la crueldad de la dama, el sufrimiento inaguantable. La *Sátira* y la segunda parte de *El siervo*, terminan con la misma nota de incertidumbre, luchando con sus agotadas facultades y llamando a la muerte para que le libere de tanta angustia y desesperación. Entre la *Sátira* y el *Triunfo* también hay semejanza de temas. Ambas están dedicadas a dos reinas, la *Sátira* a la reina de Portugal y el *Triunfo* a la reina de Castilla. En las dos obras los narradores se retiran a un bosquecillo donde escuchan de labios de una mujer la defensa del sexo femenino. En ambas, los ejemplos de las damas de la antigüedad están sacados de la mitología

griega, de la historia romana y bíblica. Como ya se indicó, las dos obras también toman el culto mariano medieval al que se le añade el tema renacentista de la florificación de la mujer.

(25) La deificación de la amada pertenece a la tradición del amor cortés. Don Pedro lo paganiza al compararla con las diosas griegas, las cuales debían ser consideradas como algo intermedio entre deidades y mujeres perfectísimas y que en muchos casos tenían el valor de alegorías.

(26) Seguramente don Pedro se inspiró para los personajes femeninos que nombra en la *Sátira* en la adpatación que don Alvaro de Luna hizo de la obra de Boccaccio, *De claris mulieribus*, en el *Libro de las virtuosas y claras mujeres* (1446). Casi todos los personajes que don Pedro incluye en sus glosas y en el texto se encuentran en la obra de don Alvaro. Por ejemplo de la Biblia, Judic (*Sátira*, fol. 25, *Claras Mujeres*, libro I, cap. V), Esther (*Sátira*, fol. 29 Vo., *Clar. Muj.*, lib. I, cap. VI), Fila de Gepté (*Sátira*, fol. 25 Vo.), *Clar. Muj.*, lib. I, cap. XIII). De las diosas y mujeres de Grecia y Roma, menciona a Vecra (*Sát.*, fol. 35; *Clar. Muj.*, lib. II, cat. III), Tanaquil (*Sát.*, fol. 34; *Clar. Muj.*, lib. II, cap. IV), etc. Todas las alusiones de don Pedro a figuras femeninas están incluidas en la obra de don Alvaro. Sin embargo, algunas glosas de la *Sátira* son originales, por ejemplo, la glosa a una tatarabuela de don Pedro, la reina Santa Isabel. Es la glosa más larga y en ella se cuenta la genealogía de la reina sin dejar de explicar muy explícitamente la relación de parentesco directo que existía entre el autor y la santa. (*Sátira*, fol. 69 Vo., 70, 70 Vo.). Otra glosa interesante es la de Macias al cual coloca "posado y asentado en la corte del infamado fijo de Vulcano en la segunda cadira o silla mas propinca a ese, dexando la primera para mis meritos" (*Sátira*, fol. 12). Para don Alvaro de Luna, véase: Don Alvaro de Luna, *Libro de las virtuosas mujeres*, ed. M. Marcelino Menéndez y Pelayo (Madrid, SBE, 1891). Para las leyendas de Macías, véase: K. H. Venderford, "Macias in Legend and Literature", *MPH*, XXXI (1933-34), 35-64.

(27) María Rosa Lida de Malkiel, "La hipérbole sagrada en la poesía castellana del siglo XV", *RFH*, VIII (1946), 121-130.

(28) Sobre el uso de la alegoría en la edad media y especialmente en España, véase: Chandler R. Post, *Medieval Spanish Allegory*, (Cambridge, Mass., 1915). Véase también: C. S. Lewis. *The Allegory of Love* (Oxford, 1936): Agnus Fletcher, *Allegory, The Theory of a Symbolic Mode* (Ithaca, Nueva York, 1964).

(29) Santillana escribe a don Pedro en el *Prohemio e Carta*: "Maestro Johan Lorris fiço el *Roman de la Rosa* donde como ellos diçen *el arte del amor es toda enclosa*: é acabólo Mestro Johan Copinete natural de la villa de Meun", ed. J. Amador de los Ríos, pág. 8. Para la influencia de *Roman de la Rose* en los cancioneros castellanos del siglo XV, véase: Frederick B. Luqiens, "The *Roman de la Rose and* Medieval Castilian Literature", *RF*, XX (1905), 284-320 k.

(30) E. Langlois, *Origines et sources du Roman de la Rose* (París, 1890). Es posible ver que hay una semejanza entre el escenario alegórico de la *Sátira* y el de *De consola-*

tione está en una cárcel donde se le presentan las musas y la dama Filosofía para consolarlo. El narrador de la *Sátira* está solo y se le presentan varias figuras alegóricas que pretenden también consolarlo.

(31) Esto está claro al dedicar la obra a su joven hermana, la reina de Portugal, con la intención de entretenerla. Sobre la clase aristocrática y ociosa, que tenía por primordial ocupación la dialéctica amorosa, véase: J. A. Maravall, *El mundo social de la Celestina* (Madrid, 1968).

(32) Manuel Durán, "Santillana y el renacimiento", *NRFE*, XV (1961), 343-363.

CAPITULO IV

LAS COPLAS DE CONTEMPTO DEL MUNDO

Manuscritos, ediciones, autor y fecha.

La segunda gran obra de don Pedro, *Las Coplas de Contempto del Mundo*, (1) es un largo poema en el cual el autor se dirige a la humanidad y la exhorta a despreciar los bienes del mundo, mudables y transitorios. Anima al hombre a procurar los bienes eternos y a través del sacrificio y de la práctica de las virtudes, aconseja poner la confianza en el bien soberano y eterno que es Dios.

Las *Coplas* es la única de las tres obras de don Pedro que alcanzó una gran popularidad entre sus contemporáneos, la cual se ha extendido a través de los siglos hasta la época actual. Sólo se conservan dos manuscritos del siglo XV, uno de la Biblioteca Nacional de Madrid y otro en la Biblioteca de El Escorial. (2) Sin embargo, la popularidad fue tan grande que hay referencia de una supuesta edición portuguesa, impresa en los primeros años de la institución de la imprenta en la Península Ibérica. (3) Existe otra edición de 1490 de la casa de Juan Hurus de Zaragoza también llamada edición de Urrea de la que existen ejemplares en varias bibliotecas europeas y americanas. (4) En 1516, las *Coplas* fueron incluidas entre las poesías coleccionadas en el *Cancionero Geral* de García de Resende, publicado en la casa Hermaõ do Campos en Lisboa. (5) En 1734, volvieron a ser editadas en la oficina de José Antonio de Silva de Lisboa por el profesor Joseph Soares da Silva. (6) En 1848, se editó el *Cancionero Geral* en Stutgart por el Dr. E. H. N. Kausler. (7) En 1891, Menéndez Pelayo las incluyó en la *Anto-*

logía de Poetas Líricos Castellanos. (8) En 1904, se editó en Nueva York el *Cancionero* de Resende incluyendo las *Coplas.* (9) volviéndose a editar este mismo en Coimbra en 1910 (10). Otra edición de las *Coplas* es una reproducción facsimil de la edición de Urrea de Zaragoza de 1490, hecha en Sabadell en 1948 (11). Hay además la edición diplomática de Lisboa 1975 que yo sigo en este estudio.

Sin embargo, a pesar de su gran popularidad, las *Coplas* fueron sistemáticamente atribuidas a un autor equivocado. Como los manuscritos y las primeras ediciones no mencionaban explícitamente el nombre del autor, la crítica y los editores posteriores siguieron de forma automática la información dada por García de Resende en su *Cancionero Geral* de 1516. Allí se atribuía al Infante Don Pedro, padre de don Pedro:

> Do Infante dom Pedro Filho de rrey dom Joao da groriosa memoria sobre o menospreço das cousas do mundo em lingoaje castellana, as quaes te grossa (pág. 229).

Tal equivocación parece increíble para todo el que hubiese leído con cierto cuidado el poema. En efecto, hubiera podido descubrir en seguida, que las *Coplas* no podían ser del Infante Don Pedro quien murió en 1499, ya que en ellas se habla clara y detalladamente de la muerte en el cadalso de don Alvaro de Luna en 1453. Sin embargo, sólo fue en 1875 cuando el profesor J. M. Octavio de Toledo denunció este error, el cual había sido repetido por críticos tan ilustres como Amador de los Ríos y Teófilo Braga, fijando en su artículo quien fue el autor, con pruebas irrefutables. (12)

Por otra parte, fuera de los argumentos dados por Octavio de Toledo, en una de las glosas, la del dios Vulcano, el autor mismo se refiere a otra glosa de su obra anterior, la *Sátira de felice e infelice vida:*

> Ja deste Vulcano es fecha relaçion sn la epistola que enbie a la muy perfecta señora la reyna de Portugal, mi soberana señora, en la glosa que comiença: "Muchos aver sehido los Vulcanos se averigua por los

autores e scientificos varones" (*Obras Completas,* 219).

La glosa a Vulcano es la primera de las de la *Sátira* y, efectivamente, empieza con la frase: "Muchos aver seydo los Vulcanos se averigua por los actores e sentificos varones" (*Sátira, Obras Completas,* 5).

Teniendo estos datos en cuenta, es posible deducir la fecha aproximada de la composición de la obra. En primer lugar, hay que admitir que necesariamente tuvo que haberse empezado después de la muerte de don Alvaro de Luna. Esta ocurrió el 3 de junio de 1453 y don Pedro la describe con pormenores y detalles. Sin embargo, es posible pensar que mientras la escribía el rey Juan II de Castilla no había muerto puesto que don Pedro se refiere a él llamándole tío y no alude a su muerte: "Fabla aqui del maestre don Alvaro de Luna grand privado del rey don Johan de Castilla el segundo, mi tio" (copla 13). Juan II murió un año después de don Alvaro, el 21 de julio de 1454. De lo que no cabe lugar a duda, es que las *Coplas* ya estaban acabadas cuando la reina Isabel de Portugal, hermana del Condestable, murió en diciembre de 1455.

En conclusión, cabe pensar que fue después de la muerte de don Alvaro de Luna y, tal vez, a resultas de ella, cuando don Pedro escribió sus *Coplas.* Seguramente, fue esta increíble y espectacular muerte del Condestable de Castilla, defensor de una monarquía en lucha contra los privilegios de la nobleza y precursor de una nueva mentalidad de gobierno, la que serviría de impulso a don Pedro para escribir un poema de *contemptus mundi.*

Algo semejante, aunque de una forma más directa, es lo que hizo Santillana en su *Doctrinal de Privados.* (13) El mismo don Alvaro habla y repasa el excesivo amor por las cosas materiales que tuvo durante su vida y que le condujeron a la perdición y finalmente a la muerte. Fijándose en el modelo del *De casibus* de Boccaccio, Santillana trata de la veleidad de la fortuna, la cual, habiendo exaltado al de Luna hacia lo más alto, hizo más significativa y terrible su caída. En el *Doctrinal,* don Alvaro representa el arquetipo de la humanidad que se ve impulsada por las tendencias de su propia naturaleza hacia las cosas materiales. Sin embargo, también enseña que si se hace uso de las virtudes cristianas, sobre todo de la humildad, aunque sea después de la muerte, el hombre puede alzarse a Dios y pedirle perdón y ayuda. En este sentido la obra del Marqués tiene muchos puntos de contacto en las *Coplas* y podría considerarse también un poema del menosprecio del mundo. En ambas se medita sobre la debilidad de la condición humana y se ve en las virtudes y en Dios la posibilidad de redención.

La latente actitud moralizante que desprecia las cosas del mundo se agudiza en momentos históricos de inseguridad y crisis: tal crisis, expresada en este caso por la muerte del hombre más importante de Castilla, es, por lo general, el resultado de una nueva mentalidad política social y cultural, que reacciona ante el orden establecido. Al chocar la nueva y antigua forma, se produce inestabilidad y desorden. Por tal razón, se origina un sentimiento de terror popular que es expresado por los poetas didácticos con obras de *contemptus mundi* o con elegías que cantan la muerte de las personas y la mudabilidad de la existencia y que aspiran a encontrar tranquilidad y seguridad, despreciando las cosas transitorias del mundo y poniendo toda esperanza e interés en el bien inmutable y constante que es Dios.

Estructura y contenido.

Las *Coplas de contempto del mundo* es un poema de mil versos en ciento veinticinco estrofas de arte mayor en las que se tratan dos temas fundamentales: el desprecio de las cosas terrenas; la consecución del bien perfecto que está en Dios y en la salvación cristiana. Estos dos temas dan la estructura básica de la obra pero se hallan, a su vez, divididos en numerosas partes dentro de la estructura interna del poema.

En primer lugar, el poeta empieza con una corta introducción de ocho coplas por medio de las cuales invoca a Dios y a la diosa Minerva a fin de poder llevar a cabo con éxito su composición (coplas 1, 2). Formula prevenciones a la humanidad, a quien va dirigido el poema, para que no confíe en la engañosa fortuna que trasmuda las cosas del mundo. Sin embargo, considera que la adversa fortuna puede conducir a la virtud, en tanto que la próspera lleva al pecado (coplas, 3-7). En la copla 8, medita sobre cómo el hombre persigue equivocadamente las cosas terrenas, viles y feas, e ignora las espirituales, valiosas y bellas.

El segundo núcleo estructural del poema consta de cincuenta estrofas (coplas, 9-58), en las cuales se enumeran y describen detalladamente las cosas mundanas que deben ser despreciadas: la mundana riqueza (coplas, 9-13), la engañosa fama (14-18), los honores y dignidades no reales (19-22), la dignidad real e imperial (25-26), la privanza (27-30), los placeres (31-49), la fuerza física (50-52), el deseo de una vida larga (53-55), el tener amigos (56-58). Estos apartados técnicos tienen, a su vez, una estructura interna que se repite en todos ellos con escasas variaciones. Así mismo, empieza ya sea dirigiéndose a los hombres y censurándolos por buscar y procurar las cosas terrenas, o bien apelando al vicio o a la cosa que quiere censurar razonando sobre su falso valor. Inmediatamente después, pasa a considerar los malos efectos que los hombres sufren por dejarse llevar por las tentaciones de las cosas terrenas. Para ser más efectivo lo ilustra con ejemplos bíblicos, históricos, mitológicos o simplemente contemporáneos como en el caso de don Alvaro de Luna al hablar de la privanza. Por regla general, termina instando a los hombres a que sigan la virtud opuesta al vicio que censura. Un ejemplo de esta estructura se puede ver en el apartado que trata "De la mundana riqueza" (coplas, 9-13). En la primera copla se acusa al hombre que busca las riquezas terrenas y olvida la verdadera riqueza celestial. En las dos coplas siguientes (10-11), revisa el poco valor de estas riquezas y los males que traen a quienes las alcanzan. En la copla 12, recuerda a Midas y a Craso como ejemplos de personajes ricos que vivieron llenos de preocupaciones y tuvieron un fin nefasto por su excesivo amor al oro. Por último, termina con el consejo de seguir la virtud de la pobreza alegre, simbolizada por la Diosa Diana, la cual está de acuerdo con los deseos divinos (copla 13).

El estilo utilizado por el autor no es descriptivo sino invocativo y directo. Unas veces se dirige a la humanidad en general y otras veces al hombre en particular. También interpela directamente a la cosa mundana que critica, dándole el valor de una personificación a alegoría como en el caso de la fama:

De ti que dire, o bolante fama,
Ya de tus veloçes, e alas fermosas?
Tu siempre engañas aquel qui te ama
Con cosas mas bellas que non provechosas,

(Copla, 14. *Obras Completas*, 199).

El tercer núcleo estructural de las *Coplas* es una pausa de cinco estrofas que sirve de transición para entrar en la segunda parte del poema. En primer lugar se dirige, de nuevo, a la humanidad, instándole a ver en Dios el único camino de salvación (copla, 59). Invoca luego a Dios para que le ayude a tener elocuencia y poder de convicción (copla, 60). Prosigue advirtiendo el peligro que los hombres buenos tienen de buscar el bien por caminos errados y afirma que el verdadero bien está dentro de uno mismo y no en las cosas mundanas (coplas, 61-62). En las otras dos estrofas, inspirándose en Boecio, invoca a la filosofía a la que llama "santa musa" y arremete insultando a las musas del Parnaso. No desea su inspiración en este poema porque como claramente dice de sí mismo "ni soy Omerista nin sigo sus vias" (coplas, 63-64).

En este punto empieza la cuarta parte de la división estructural de las *Coplas*. En ella se enumeran las cosas que deben ser procuradas y practicadas durante la vida para, al final, poder alcanzar el bien soberano y eterno y defenderse de los poderes diabólicos. Esta parta consta de cincuenta y ocho estrofas (coplas, 65-122), en las que se aconseja qué tipo de virtudes se deben seguir: las tres virtudes teologales y las cuatro cardinales (66), juntamente con la pobreza (67-69), el ocio y la soledad del ermitaño (70-73), la humildad (74-76), la continencia y la abstinencia (77-79), la misericordia (80-82), la obediencia (83-85), la paciencia (86-88), la verdad (89-91), la liberalidad (92-94), la constancia (95-97), la clemencia (98-100), el silencio (101-105), el desprecio virtuoso del mundo (106-109), la honestidad (110-113), la libertad (114-117), y por último el temor y amor a Dios (117-121). La estructura interna de estos grupos es semejante a la empleada en la primera parte del poema. A veces, la personificación que hace de las virtudes que alaba es tan clara que las presenta como figuras alegóricas individualizadas con características propias. Por ejemplo, al hablar de la verdad, se refiere a ella como "muy fermosa dueña" y la describe alegorizando sus atributos en imágenes de vestiduras:

> De toda malicia tu eres desnuda,
> Y eres de nobleza ornada, vestida,
> Fuyr tu engaño ya quien lo duda.
> Ca tu de claresa eres revestida.

(Copla, 88. Obras Completas, 281).

Las tres últimas estrofas sirven de conclusión (122-125). En ella vuelve a implorar a la humanidad que ataque los vicios y honre las virtudes, aunque vea que en la tierra triunfan los malos y que los buenos son constantemente humillados. Deben confiar los hombres en que el castigo y el premio están reservados para la vida eterna:

> Porque los perversos, con sus falsos dones,
> Al fin in eterno sosternan tormentos,
> Los buenos, cobrando veros galardones,
> Seran fechos dioses de bienes contentos.

(Copla, 125. Obras Completas, 304)

El desprecio del mundo y de las cosas materiales en las "Coplas".

Por lo general, los poemas de *De contemptu mundi* pertenecen a una tradición ascética que considera el mundo material como fuente de todo mal. El origen de esta actitud pesimista que renació con ímpetu en el siglo XII proviene de los dos sistemas básicos del pensamiento occidental: el greco romano y el judeo cristiano.

Ya desde las primicias de las teorías filosóficas se puede documentar la inseguridad que siente el hombre ante los problemas inherentes a su existencia: el cambio, la decadencia del cuerpo, la muerte, la putrefacción, el olvido. (14) Así mismo, los griegos creían que todas las cosas del universo estaban sujetas a una inevitable destrucción. Estas ideas produjeron una corriente ascética de desprecio del mundo que consideraba todo lo material imperfecto. (15) Con la aparición del cristianismo, las antiguas ideas paganas se combinaron con las bíblicas y con las nuevas de la revelación y del nuevo testamento. El resultado fue la dicotomía entre la transitoriedad, vanidad y falta de valor del mundo material, en contraste con la perfecta felicidad en la gloria después de la muerte. A este principio, se le añadió la creencia de que el mundo y sus cosas materiales fueron la causa de la caída del hombre por ser ellos fuente de tentaciones que llevan al pecado y a la perdición del alma. (16) Así pues, el hombre justo debe huir del mundo y rechazar las cosas de éste. La tensión entre el mundo material y la salvación espiritual del alma es la base del tema del *contemptus mundi* medieval.

Dentro de las múltiples interpretaciones que, en distintas épocas, se le ha dado al tema, las ideas de don Pedro pertenecen a una postura ante el mundo propia del humanismo medieval cristiano. Esta corriente humanista fue formulada por San Agustín y los Padres de la Iglesia y resurgió durante la época que se ha llamado el renacimiento medieval del siglo XII. Partían de la convicción en la dignidad de la naturaleza humana y creían que, a pesar de la caída, el hombre era capaz de desarrollo y perfección en esta vida y que, por lo tanto, podía conseguir una cierta felicidad durante la existencia y una unión con Dios después de la muerte. (17)

Ya desde la primera estrofa de las *Coplas* aparece formulada esta tesis del humanismo cristiano del tratamiento de *contemptus mundi*. El autor reconoce el libre albedrío del hombre y la capacidad de elección que le eleva por encima de las demás criaturas. Dentro de la esencia del hombre está la voluntad libre de elegir o las cosas materiales imperfectas que le llevan al mal o las virtudes permanentes e inmutables que le conducen a Dios:

> Miremos al celso e muy grande Dios,
> Dexemos las cosas caducas e vanas,
> Retener devemos las firmes con nos
> Las utiles, santas, muy buenas e sanas.

> (Copla, 1. *Obras Completas*, 185).

Esta postura humanista cristiana que sigue don Pedro está alejada de la corriente de exarcerbado ascetismo medieval que también alcanzó su máximo esplendor en el siglo XII con la revitalización de las órdenes monásticas. La obra que mejor expresa el espíritu ascético de horror ante el mundo en la edad media es *De miseria humanis conditionis* escrita por el papa Inocencio III cuando era joven. (18) En ella se muestra todo lo doloroso, lo obsceno, lo infame que existe en la vida y en el hombre. De este último dice:

> Formatus de terra, conceptus in culpa,
> natus ad penam, agit prava que non licent, turpia que non expediunt fiet cibus ignis, esca vermis, massa putredinis
> (pág. 7).

La vida terrena sólo es un tránsito para la otra y durante este paso, el hombre está sujeto a enfermedades, guerras, tormentos, sueños terribles, vejez, muerte y al final el infierno. Los escritores ascéticos de los poemas de *De contemptu mundi* del siglo XII poseen una idea pesimista y determinista de la existencia humana y ven como única esperanza la salvación depués de la muerte si se ha pasado una vida de sacrificio y penitencia. Sólo es posible conseguir la gloria eterna si se renuncia a los placeres que ofrece el mundo. (19)

Es indudable que las *Coplas* no son un manual de ascética al estilo de la obra de Inocencio III. El poema de don Pedro está escrito dentro de un tono y mentalidad cortesanos y se debe considerar como un doctrinal o guía de costumbres virtuosas para la gente de palacio. La intención de la obra, muy al contrario de lo que ocurría en los tratados de desprecio del mundo del siglo XII, es demostrar a la humanidad que sí existe la posibilidad de alcanzar la felicidad en esta vida. Lo aparentemente paradójico es que el método que don Pedro ofrece para conseguir la felicidad es el rechazo absoluto de las cosas del mundo:

> A los sin ánimas cuerpos terrestres
> Vos sojudagades, faziendovos viles,

Dexando las altas e cosas çelestes,
Mirays las infimas, non punto gentiles.
Sean vuestras mentes por Dios mas sotiles,
Tras lo perdido perder no querays;
Mirad otramente que non los jentyles
Aquel sumo bien do vos emanays.

(Copla, 9. *Obras Completas*, 194).

Los consejos que da para alcanzar la felicidad terrena recogen la idea estoica que considera la práctica de la virtud el único camino para la paz espiritual. Séneca y Marco Aurelio, menospreciaban el mundo por su determinismo de cambio y transitoriedad, pero creían que a través de la práctica de la virtud, del olvido de las pasiones y del conocimiento profundo del hombre y de la vida, se podían vencer los males materiales. (20) Lo mismo implica don Pedro, cuando al hablar de los males que trae la fortuna, antepone contra ella la virtud:

Sirvamos virtud, burlemos fortuna,
Que nunca da gozo sin duro tormento,
Nin nadi coloca en firme coluna;
Antes nos rebuelve con gran detrimento

(Copla, 3, a-d. *Obras Completas*, 186).

Tanto la filosofía estoica como la platónica creían que el conocimiento y el estudio eran el claro camino para la práctica de la virtud. Platón en la *República* y en el *Fedón*, postulaba que el hombre podía conocer las Ideas por medio de la razón, es decir, podía vislumbrar los arquetipos divinos de donde se deriva la copia borrosa que son las cosas materiales. Tal conocimiento sólo podía conseguirse por medio de la práctica de la virtud, la cual le era necesaria al hombre para alcanzar la inmortalidad del alma. Séneca repite una idea semejante en *De brevitate vitae*, cuando afirma que el estudio y la filosofía puede convertir la vida breve en larga, porque ellos enseñan a saber usarla virtuosamente. Así mismo, los humanistas del XII creían que, el universo entero era materia inteligible de su naturaleza cuando se dedicaba al estudio. A través del estudio del universo se conocía a sí mismo y del conocimiento de uno mismo, nacía el conocimiento de Dios. (21) También don Pedro cree que el conocimiento de la filosofía y el estudio pueden ser los vehículos que ayuden al hombre a comprender y a aceptar el mundo y de esta manera reconocer dónde está la virtud. Así pues, invoca a la diosa Minerva, símbolo de la sabiduría universal, para que le otorgue el conocimiento necesario que le lleve a la virtud:

-O tu, grand Minerva, que siempre emanas
Muy veros preceptos en grand abanstança,
Imploro me muestres tus leyes sobranas
Y fiere mi pecho con tu lengua lança.

Dame tu escudo, claro, cristalino,
Y armarme todo con armas seguras,
Para que contraste al mortal venino
Y ravias caninas, feroçes, muy duras.
Tu, sabia maestra, tu que nos procuras
Sçiençias santas, humanas, divinas,
Arriedra mi seso de mundanas curas,
Distila en mi tus dulçes doctrinas

(Copla, 1, e-h, 2. *Obras Completas* 185-6).

Es cierto que don Pedro usa en sus *Coplas*, los temas y motivos tradicionales de la literatura medieval del *contemptus mundi*: la corrupción de la naturaleza, el cambio de las cosas, la inclinación de los hombres al pecado, el miedo a la muerte, el castigo en la otra vida. Sin embargo, de acuerdo con la corriente estoica y del humanismo cristiano, estos temas están tratados con una visión positiva. Parte don Pedro de la idea de que el mal no está tanto en el mundo o en las cosas materiales, como en el uso que de ellos hace el hombre. (22) Así pues a diferencia de las teorías ascéticas, que abogan por un absoluto desprecio de las cosas mundanas, él tratará de guiar y aconsejar al hombre para que sepa utilizarlas. Un ejemplo de ello es cuando, al hablar del afán de riquezas que obsesiona al hombre, considera que éstas son malas y sin valor, pero que pueden transformarse en buenas si son virtuosamente utilizadas:

> Y solo entonçe se fasen ser bellas,
> Quando a muchos son bien repartidas;
> Pues fazed amigos, por Dios, de aquellas
> Que son como nada, si son retenidas.

(Copla, 11, e-h. *Obras Completas*, 195).

Es evidente que el desprecio a las cosas que aconseja don Pedro no está basado solamente en la esperanza de que después de la muerte encontrará eterna felicidad junto a Dios. Lo primordial es que cree que al despreciarlas el hombre encontrará paz y tranquilidad y también honor. (23) De acuerdo con esto, la razón que da para despreciar las riquezas, no es el castigo eterno sino que, con una cierta ética estética, cree que el que las ama se denigra a sí mismo y a la vez pierde su honor:

> Que valen o prestan sin vos, non lo se,
> Las muchas riquesas de vos deseadas;
> Aquellas sin vos son sin obras fe,
> Vos sin aquellas soys cosas honrradas
> Por vos, si lo son, son ellas preçiadas;
> Vos, no por ellas, soys de mas valor.
> Antes sirviendo cosas denigradas
> Denigrays a vos e vuestro grand honor.

(Copla 10. *Obras Completas*, 194-5).

Don Pedro no amenaza con la condenación eterna a aquellos que deciden amar las cosas mundanas. Al contrario de lo que hacían los tratados ascéticos, él sólo advierte que el mundo y sus cosas materiales nunca producen verdadera satisfacción. Los hombres mundanos viven martirizados por el aumento y la demanda de sus propios deseos. Por ejemplo, al referirse a la fama explica cuan efímeras e incompletas son las satisfacciones que produce:

Rebuelas con alas todol universo,
Y trahes desseos caducos de gloria,
Los rectos asuelas e giras en verso,
Jamas otorgando perfecta victoria
Ser tu no feliçe es cosa notoria,
Pues que tu don es don terminado;
Ffenesçe por tiempo la clara memoria,
Nin sera çesar por siempre loado.

(Copla, 15. *Obras Completas*, 200).

Aunque, de acuerdo con las ideas ascéticas, el autor admite que la naturaleza es imperfecta, sin embargo no la ve como perteneciente a un orden inferior de la realidad. (24) Tampoco cree que el mero amor a la naturaleza sea un pecado, ya que ésta, por haber sido creada por Dios, es esencialmente buena. Su conclusión es que el que ama en demasía las cosas propias de la naturaleza, la belleza, la fuerza corporal, la vida misma, encuentra el propio castigo al darse cuenta de la brevedad y mudabilidad a la que estas cosas están sujetas. Por fuerza, esta reflexión produce ensatisfacción e inseguridad en el hombre. (25) Estas ideas aparecen desarrolladas al hablar de la hermosura cuando el poeta usa los temas tradicionales de las flores y del sol:

Tu que te piensas ser muy eminente.
Cayes mas ayna que las verdes flores,
Si retorna presto Ffebo al poniente
Tan presto fenescen todos tus favores.

(Copla, 38, e-h. *Obras Completas*, 228).

Las repite al hablar de la fuerza corporal que rápidamente sucumbe ante la vejez y la muerte:

> Ffenesçe la fuerça ante que la vida,
> Y a todas las fuerças se fuerça la muerte.

(Copla, 50, g-h. Obras Completas, 243).

Así mismo, aplica la idea de brevedad y transitoriedad al hablar del deseo que tiene el hombre de vivir muchos años:

> La vida es breve por luenga que seya,
> Y quanto mas dura mas dolores siente,
> El luengo dolor la muerte dessea,
> Bevir es morir en hedad cayente.

(Copla, 53, e-h. Obras Completas, 246).

No se puede decir, sin embargo, que estas ideas entrañen una concepción pesimista de la existencia humana. Don Pedro se limita a recordar las limitaciones de la naturaleza y de las cosas que, aunque preciadas y deseadas por todos, a la larga sólo producen insatisfacciones, tristeza y desesperación al no poder conservarlas intactas. Por otra parte, los escritores ascéticos no consideraban la naturaleza limitada o imperfecta sino que la veían corrompida por el pecado original. Creían que, a causa del pecado, el hombre estaba sujeto al dolor, a las enfermedades y a toda clase de desgracias durante los tres períodos de su vida: ingressus o el nacimiento, progressus o el transcurrir de la vida, egressus o la forma de morir. (26) Don Pedro, sin embargo, ve esta misma naturaleza caída hecha a imagen de Dios y cree que, a pesar del pecado original y la consecuente desilusión de la propia miseria, el hombre conserva la posibilidad de bondad y salvación a través de la razón y el conocimiento. Así mismo, ve que parte de la bondad infinita de Dios es inherente al hombre, pero advierte que éste sólo podrá descubrir su participación en la divinidad si se aparta de las cosas mundanas. Estipula que la búsqueda de la divinidad debe empezar en el interior de uno mismo, pues es únicamente en lo más íntimo de nuestro ser donde se puede hallar la imagen de Dios. (27)

> Quien busca pescados e belvas marinas,
> No busca los montes, mas busca los mares;
> Pues menos se buscan las cosas divinas
> En los tenebrosos e fondos lugares.
> A la bien andança, tu, si la buscares,
> Buscala dentro en tu alma mera.
> Con esta te goza si bien la fallares,
> De las otras burla como de chimera.

(Copla, 62. *Obras Completas*. 255).

En cuanto a la vida práctica que el hombre debía llevar, los ascéticos creían que, si uno quería salvarse, debía de soportar los males del mundo con paciencia, rezando, ayunando y absteniéndose de toda clase de placeres y de cosas mundanas. (28) La postura de don Pedro en este asunto es también más positiva y optimista. Cree que el hombre está capacitado para ejercer su libre voluntad y por medio de la razón y el conocimiento elegir el camino de la virtud. Trata de convencer de que la práctica de la virtud conducirá al hombre a hacer el bien en el mundo y consecuentemente a ser feliz durante esta vida y a alcanzar la gloria eterna en la otra:

> Amad la fe santa, amad Sperança,
> Amad Caridat con grande femençia,
> Amad Ffortalesa, e amad Templança,
> Amad a Justicia, e amad a Prudençia,
> Amad al grand Dios, temed su potençia,
> Ffased buenas obras, fuyd de las malas,
> Durad en aquesto, seguid mi sentençia,
> E ires al çielo, bolando sin alas./

(Copla, 66. *Obras Completas*, 257-8).

En definitiva, la gran diferencia entre la postura ascética y la que mantiene don Pedro es que la primera considera que la naturaleza del hombre y del mundo son esencialmente malas. Don Pedro, por el contrario, de acuerdo con el humanismo cristiano del siglo XII, cree que el hombre es la criatura más noble creada por dios por lo tanto, sólo ve la maldad en la elección equivocada. (29) Cree que el mal lo determina la voluntad con su libre albedrío que le permite elegir o el mundo y sus insatisfacciones o la virtud. Esta idea resume la tesis e intención de la obra. El autor ha intentado con ella guiar al hombre para que elija el bien y rechace las tentaciones del mundo. A la par que acepta que el libre albedrío es el que, en última instancia, determina la salvación, don Pedro está exaltando los temas primordiales de la humanidad, la libertad y la defensa de la dignidad del hombre.

Es interesante precisar aquí el paralelismo temático que existe entre las *Coplas* de don Pedro y el *Bias contra Fortuna* de Santillana. (30) La tesis de las dos obras es esencialmente la misma. Ambas muestran el poder de la virtud como el único método para evitar los males y desgracias que pueden originar en el hombre el amor a las cosas materiales. Santillana recrea en Bias el arquetipo humano de la impertubabilidad estoica ante los males que trae a la vida la caprichosa fortuna. Así mismo, don Pedro desea que sus *Coplas* ayuden al lector a alcanzar esa imperturbabilidad. La fuerza de Bias contra la fortuna procede de la razón, el conocimiento y la aceptación de la naturaleza humana. El método que utiliza es una postura de resignación y tranquilidad ante todos los avatares de la existencia. Don Pedro formula principios semejantes para superar las adversidades por las que pasa el hombre que vive dependiente de las cosas materiales.

Por otra parte, tanto el *Bias* como las *Coplas*, se inspiran en las obras estoicas de Séneca y en el *De remediis utriusque fortunae* de Petrarca. Todas las calamidades con las que el personaje Fortuna amenaza a Bias, están incluídas en la obra de Petrarca. Lo mismo ocurre con los sinsabores y desgracias que don Pedro pronostica para los que aman las cosas del mundo.

En el *Bias*, Santillana pretende hacer una exposición de la moral estoica y llega incluso a sostener ideas paganas contrarias al dogma cristiano. Por ejemplo, en el pasaje del suicidio de Catón o en el pasaje del castigo de las culpas y la gloria de los justos. Don Pedro no llega a tanto, y aunque en su obra hay una gran influencia pagana, se mantiene dentro de la ortodoxia propia del humanismo cristiano. Ambas obras contienen ideas que adelantan el espíritu español del siglo siguiente y que fueron ampliamente desarrolladas en el renacimiento italiano.

La dignidad del hombre y el problema del libre albedrío en las "Coplas".

Se podría considerar como antecedente medieval de las *Coplas*, el *Libro de las consolaciones de la vida humana* de Pedro de Luna, el famoso anti-papa Benedicto XIII. (31) Sin embargo, esta obra es más bien un tratado consolatorio en prosa, que una diatriba contra el mundo y sus cosas materiales, aunque también se anteponen en él, el consuelo de las virtudes cristianas contra las miserias y los peligros que ofrece la vida. La originalidad de don Pedro radica en que, a pesar de escribir un poema de desprecio del mundo al estilo medieval, trata temas eminentemente humanistas en los que se ·combinan las ideas patrísticas con las clásicas. Estas ideas, que sólo se insinúan en el siglo XV castellano, tuvieron su máximo desarrollo entre los filósofos humanistas italianos del XV.

En las páginas precedentes se ha tratado de la corriente latente en el pensamiento y cultura occidental que cree que el hombre está capacitado, por medio de su propia voluntad, para perfeccionarse y mejorar su existencia. Al poder elegir libremente la virtud, el hombre está afirmando la dignidad de su naturaleza. Quienes sostenían esta tesis aceptaban la idea de progreso y creían en la evolución del mundo y de la civilización como un penoso crecimiento de expansión hacia la perfección del hombre y del mundo.

En cuanto a la concepción del hombre, ya los griegos veían a este último como un pequño microcosmos y lo alababan como inventor de las artes. Platón consideraba el alma como algo intermedio entre el mundo material de las cosas y el mundo intangible de las ideas. La Biblia, por su parte, indicaba la superioridad del hombre sobre las otras criaturas. El cristianismo reforzó todas estas ideas con la creencia en la salvación del género humano y la encarnación humana de Dios en Cristo. Durante los primeros siglos, Padres de la Iglesia como Lactancio y San Agustín, desarrollaron en sus tratados teológicos la concepción implícita de la dignidad del hombre. (32) Sin embargo, no es hasta el humanismo renacentista, iniciado por Petrarca, y sus complementarios filosóficos el platonismo y el aristotelismo renacentistas, cuando la defensa de la dignidad del hombre alcanza un enfoque sistemático. Estas doctrinas parten de un interés en el estudio de la literatura griega y latina y primordialmente acentúan el aspecto humano de las ciencias, a la vez que revalorizan la posición central del hombre en el universo. (33)

No hay dúda de que don Pedro conocía la obra de Petrarca que trataba del tema de *contemptus mundi*. Hay pruebas textuales en las *Coplas* de este conocimiento, ya que el autor usa los títulos de los capítulos de *De remediis utriusque fortuna*, (34) como base de los temas y asuntos que trata en su obra. Por ejemplo, en el capítulo I, Petrarca habla "Dell'etade fiorita e della speranza della lunga vita". Don Pedro usa este mismo título para sus coplas, 53-55, "Del desseo sobrado de largo vivir". Petrarca trata en el capítulo II, "Della belleza del corpo", Don Pedro, "Della fermosura" en las coplas, 38-40. Todos los temas tratados por don Pedro en la primera parte de las *Coplas* están incluídos en el primer libro del *De remediis* de Petrarca. Además de esta influencia textual, la intención de las dos obras es semejante. El *De remediis* es un largo inventario de las alegrías y dolores que se presentan en la vida del hombre, contra los cuales la razón ofrece el remedio y enseña a superarlas. Básicamente esa es la misma tesis de las *Coplas* en las cuales don Pedro expone las cosas materiales que producen la infelicidad y la perdición del hombre. También se da el consejo de una vida virtuosa y se afirma, siguiendo a Cicerón, Lactancio, Séneca y San Agustín, que la vida retirada, el silencio, la pobreza y la voluntad de elegir el bien, pueden vencer los males del mundo. En definitiva, las *Coplas* lo mismo que el *De remediis* son una guía espiritual de comportamiento moral y estoico.

Posiblemente también conocía don Pedro las otras obras devotas de Petrarca, *De otio religioso* y *De vita solitaria.* En ellas, se desarrolla la alabanza a la vida religiosa y monástica en la cual el hombre puede vivir entregado al estudio de los clásicos y de las obras de filosofía. Petrarca cree que el deber principal del hombre es conocerse a sí mismo y ve que el único camino para conseguirlo es alejarse de la vida desordenada. La verdadera vida solitaria aparta de las preocupaciones terrenas y facilita al hombre, el ser más perfecto de la tierra, un coloquio con Dios su creador. (35)

Don Pedro repite la misma idea cuando aconseja la búsqueda del ocio y la soledad virtuosa. Cree que el hombre debe alejarse de la multitud y así evitar muchas cosas desagradables:

> Abraçad el oçio, amad soledad,
> Ffuyd múltitud, fuyd sus rumores,
> Aquella es madre de grand santidad,
> La otra de graves e grandes dolores;
> Con Dios la primera tiene sus amores,
> Ama la segunda lo vil e dañoso;
> Aquella no cura de muchos señores,
> Esta lo difforme la sembla fermoso.

> (Copla, 70. *Obras Completas*, 260).

En esta estrofa, don Pedro, lo mismo que Petrarca, está abogando por una postura individualista que aleje al hombre de sus semejantes. Todo hombre está capacitado para distinguirse de los demás por medio de la razón, de la inteligencia y de la práctica de las virtudes, sin embargo, pocos lo hacen. Aquí está implícita la promesa de que el que elija la vida solitaria conseguirá la felicidad y la seguridad en el mundo y la salvación en la otra vida. Don Pedro, con un dato autobiográfico, recuerda la felicidad de la vida tranquila que llevaba cuando era joven y estaba libre de toda preocupación:

> Con lo neçesario eras abastada,
> Por cosas sobradas jamas sospiravas,
> En duelos e fraudes no te deleytas,

Ni preçiavas la triste moneda,
Las guerras e muertes no las procuravas,
Por tanto loarte no se como pueda.

(Copla, 72. *Obras Completas*, 263).

La actitud de don Pedro en esta copla está más en consonancia con la alabanza de la *vita rustica* horaciana que con la negación del mundo de los escritores ascéticos medievales.

Es cierto que don Pedro y los literatos más avanzados en la Península, como Santillana y Cartagena, estaban culturalmente atrasados con respecto a los procesos filológicos, literarios y filosóficos que se realizaban en Italia. (36) Sin embargo, es interesante notar que en las *Coplas* aparecen algunas ideas sobre el hombre, su dignidad y su posición en el mundo que recuerdan en forma desordenada y poco sistemática, las teorías que sobre los mismos temas formularían, unos años más tarde, los filósofos renacentistas italianos.

En Italia, durante la primera mitad del siglo XV, se estaba dando un nuevo énfasis a este concepto de la dignidad del hombre que había sido formulado por los humanistas del XII y que Petrarca había redescubierto en la famosa *Subida al monte Ventoso*. (37) Un siglo más tarde, hacia 1440, el humanista Gianozzo Manetti compuso un tratado, *De dignitate et excellentia hominis*, en donde, basándose en Cicerón y Lactancio, contradecía el tratado de Inocencio III sobre la condición miserable del hombre. (38) Igual que don Pedro, Manetti veía la vida virtuosa como la única posibilidad que el hombre tiene para encontrar la felicidad en la vida terrena. Don Pedro postulaba la dignidad excelsa del hombre al afirmar que la humildad, por ejemplo, servía para ayudarse en la vida y para ganar el cielo:

Con esta la gloria eterna se gana.
Esta es çimiento de todas virtudes,

Esta el enfermo guaresçe e sana,
De lo que te digo, leyente, no dubdes.

(Copla, 72, e-h. *Obras Completas*, 267)

En otro lugar, cuando don Pedro afirma que la meta del hombre es llegar a conseguir una identificación con el bien inmutable y eterno, se está anticipando, un poco confusamente, a las ideas platónicas que, años más tarde, sistematizaría el filósofo Marsilio Ficino en su *Theologia Platonica* (1474). Ficino se basa en los recién descubiertos diálogos platónicos en el original, para sus teorías, en las cuales expone que la actividad constante del hombre es la búsqueda de Dios. Prosigue esta idea básica, llevándola hacia sus últimas consecuencias, para demostrar la inmortalidad del alma del hombre por medio de argumentos racionales. Reconoce, como Platón, que la visión de Dios en la tierra es incompleta y borrosa. Sin embargo, cree que el hombre virtuoso puede alcanzar el conocimiento perfecto de Dios y consecuentemente participar de la esencia divina que es eterna. (39)

Don Pedro, por su parte, ve también que el hombre tiende a buscar el bien perfecto. Admite, como hará Ficino, que esta búsqueda es imperfecta y difícil en la vida terrena, pero cree que el hombre con su raciocinio puede ejercer su voluntad y libertad y de esta manera conseguirlo:

Vosotros buscades muy profundamente
El bien soberano por diversas vias,
Buscays en tiniebras la lus eminente,
E perdeys el tiempo tras cosas baldias,
Consumis las horas en vanas porfias,
Errays y, errando, rresçebis pasion
No trabajeys siempre en contraversias,
Lo uno e lo bueno una cosa son./

(Copla, 61. *Obras Completas*, 254).

En la copla final, don Pedro expresa la idea de la participación de la esencia divina por el hombre virtuoso después de la muerte:

> Si veyes a los malos ser muy enxalçados,
> Y a los buenos venir aflicciones,
> Ni por aqueso sed vos apartados,
> De guiar al bien vuestros coraçones;
> Porque los perversos, con sus falsos dones,
> Al fin in eterno sosternan tormentos,
> Los buenos cobrando veros galardones,
> Seran fechos dioses de bienes contentos.

(Copla, 125. *Obras Completas*, 304).

También podemos extraer de las ideas expresadas en las *Coplas* un atisbo de la otra teoría filosófica renacentista que se ocupa del tema de la dignidad del hombre en Italia a finales del siglo XV. El aristotélico Pietro Pomponazzi (1462-1525), utilizando la lógica del filósofo griego, e inspirándose en el estoicismo, ve al hombre como poseedor de una naturaleza múltiple y ambigua. Su ser, formado de cuerpo y alma, es algo intermedio entre las cosas materiales y el bien inmutable y perfecto de la divinidad. A diferencia de Ficino, Pomponazzi no cree que la inmortalidad del hombre se pueda demostrar por argumentos racionales, pero cree que la excelencia de la dignidad de la naturaleza humana se manifiesta en la vida terrena a través de la práctica de la virtud individual. (40)

Don Pedro expresa ideas similares cuando da a entender que el hombre se siente arrastrado por las dos naturalezas que forman su ser. La naturaleza material del cuerpo le inclina hacia las cosas del mundo alejadas de la virtud. La espiritual del alma le empuja hacia Dios:

> A los sin animas cuerpos terrestres
> Vos sujudgades, faziendovos viles,
> Dexando las altas e cosas çelestes,

Mirays las infimas, non punto gentiles.
Sean vuestras mentes por Dios mas sotiles,
Tras lo perdido perder no querays;
Mirad otramente que non los jentyles
Aquel sumo bien do vos emanays.

(Copla, 9. *Obras Completas*, 194).

Otra idea que don Pedro expresa y que en muchos aspectos anticipa las teorías de Pomponazzi y que ambos han recogido de los estoicos, es la de basar la dignidad humana en la capacidad de alcanzar la virtud. El premio o el castigo radican en esta práctica. El que va contra la virtud sufre porque sólo en la vida virtuosa hay felicidad. Esta es, en esencia, la tesis constante de las *Coplas*. Un ejemplo de los múltiples que hay en la obra se encuentra cuando habla de la paciencia.

La obra perfecta esta virtud faze,
Quita el desseo de toda venegança,
Justa o injusta, qualquier le desplaze,
Nunca retroçede, mas siempre avança,
En Dios esta pone la su confiança,
Quita la tristeza que es exçesiva,
De adversitades es fiel folgança,
Quito el odio, e la yra priva.

(Copla, 87. *Obras Completas*, 279).

Otro problema que don Pedro apunta en las *Coplas* es el de la libertad y el libre albedrío. Es decir, la decisión que el hombre debe tomar, o bien para pecar, o bien para evitar el pecado. El conflicto nace de los distintos intereses de la vida que apoyan cosas opuestas: por un lado, lo ético, lo moral, lo espiritual, por otro, lo económico, lo práctico y lo material. El problema, que estaba latente desde los Padres de la Iglesia como Agustín y Boecio, se hizo popular y general en el siglo XII. Durante este siglo hubo un renacer político y económico de la sociedad europea que dio lugar a que quedaran patentes las grandes disparidades existentes entre el interés del hombre en salvar su vida eterna y las exigencias materiales, políticas y sociales de la vida terrena. El hombre del siglo XII trató de resolver este conflicto tomando posturas ambiguas cuya reacción dio lugar a dos teorías antagónicas: la reacción ascética y la reacción humanista medieval. Ante la vitalidad y dinamismo político y social que aparece en este siglo, resulta una confusión moral que da lugar a una crisis y a sus consecuentes reformas. El temor a una apertura de ideas que llevaría a la relajación de costumbres hizo que muchos se alejaran de toda clase de placeres y se volcaran a pensar en la muerte y en los castigos del infierno dando lugar a los poemas de menosprecio del mundo. Otros, concentrándose en el estudio del hombre con la intención de conocer mejor a Dios, desarrollaron un profundo sentido de la dignidad humana al creer que el hombre podía comprender racionalmente el universo en su totalidad. Ambas posturas mantenían que el hombre podía elegir entre las cosas materiales o la negación de ellas. Sin embargo, la diferencia consistía en que los humanistas no veían pecado en la elección adecuada de las cosas materiales y los ascéticos sólo veían la santidad en la total renunciación.

Petrarca, siglos más tarde, trató este problema del libre albedrío en su obra, *Secretum meum*. La obra es un diálogo alegórico del autor con San Agustín. Este último le da consejos para que abandone su apasionado amor por el mundo. Le insta a contemplar la muerte y la miseria constante que el hombre sufre en la vida. El autor, por su parte, le responde que desgraciadamente en él no hay suficiente fuerza de voluntad para abandonar su amor por la belleza de la naturaleza y el arte, para despreciar su afán de fama y para superar la envidia que siente por los éxitos de los demás. Afirma que tampoco puede dejar de sentir odio por sí mismo cuando no puede combatir las frustraciones y los desengaños de este mundo. (41) Petrarca no quiere negar el libre albedrío, pero duda que la vida ascética y la contemplación de la miseria humana sirvan del todo para alejar al hombre de las cosas del mundo. Reconoce que no encuentra en sí mismo la suficiente fuerza de voluntad y que, por lo tanto, continuará con sus defectos de siempre.

Don Pedro, en el prólogo a su rey Alfonso V, admite para sí una limitación personal parecida a la de Petrarca. Comenta que, por desgracia, los buenos consejos que él da en la obra, no son siempre seguidos por él mismo: "E asy yo a los leyentes suplyco, requyero e ruego que oyan las myas no como aquel que a sy ha emendado e reprehendido, mas como aquel que dessea ver emendado e reprehendido, mas como aquel que dessea ver emendado a sy e a los otros". (42) Don Pedro está denunciando con sus palabras la presencia de la ambigüedad de la existencia y de las acciones de los hombres. A la vez que reconoce que, aunque provistos de la razón y el conocimiento que les facilitan ejercer su libre albedrío, éstos parecen no tener poder ante la fuerza de algunas de las cosas materiales. No niega la libertad del hombre, pero admite la dificultad que tiene de utilizarla correctamente siempre. Esta duda es constante en el hombre del siglo XV. La causa radica en el cambio que se estaba efectuando de un sistema feudal a una nueva forma mental de la vida que naturalmente producía grandes crisis morales en el hombre.

Sin embargo, la postura literaria sobre la libertad humana que don Pedro da en sus *Coplas* es una defensa absoluta y sin cualificaciones. En muchos aspectos, recuerda vagamente la teoría que en la segunda mitad del siglo XV formuló el platónico Pico della Mirandola en su tratado *De hominis dignitate*. (43) En él, el filósofo italiano partía de la idea de su maestro Marsilio Ficino, la cual, como ya se dijo, proclamaba una gran confianza en la capacidad del hombre en todos los planos. Pico cree que el hombre no es verdaderamente el centro del universo, como creía Ficino, sino que es independiente de las series de cosas existentes en el universo. Considera que el hombre es el único ser de la creación cuya vida no está determinada por su naturaleza, sino por la elección libre de sus actos. Sin embargo, concluye, es por causa de esta misma libertad de elección y por la dignidad de la naturaleza humana, por lo que el hombre debe despreciar las cosas mundanas y procurar, por medio del estudio de la filosofía, llegar al conocimiento de las cosas divinas y, a través de éstas, conseguir la paz y la gloria eterna.

En cuanto a don Pedro, ya vimos cómo especula, a lo largo de toda su obra, con esta idea de la libertad. La gran paradoja que se le presenta, es semejante a la que formula della Mirandola. Por un lado, el hombre se siente arrastrado a amar las cosas materiales, pero por otro, al poseer la libertad debida a su dignidad, tiene en sí mismo la posibilidad de rechazar el mundo y elegir la virtud. Por lo tanto, asumiendo que el único medio que tiene el hombre para ser feliz en esta vida y alcanzar la gloria en la otra, es rechazar las cosas del mundo, debe convencerse voluntariamente de ello y someterse a las enseñanzas de la moral y la religión cristiana. Es decir, que para ser verdaderamente libre hay que limitar la libertad por medio de la voluntad y elegir una cosa en oposición a otra. En definitiva, ésta es la misión de los poemas de *contemptus mundi*, escritos a través de los siglos. Naturalmente aquí radica uno de los grandes conflictos de la moral cristiana y social. El ser humano en su dignidad de ser, por una parte material y por otra la imagen de Dios, debe rechazar la parte material de su ser y elegir la otra. Este es el gran problema de la filosofía universal y que, a pesar de las infinitas teorías y explicaciones, no tiene solución. El hombre, por ser excelente, está rodeado de otros hombres excelentes que, así mismo, son entidades opuestas y contradictorias. Los problemas e inseguridades que aporta el mundo son eternos y, es por eso por lo que, a lo largo de los siglos, el tema del desprecio del mundo puede encontrar lectores que disfruten y saquen enseñanzas positivas de su lectura.

(1) Condestável Dom Pedro; *Coplas del menesprecio e contempto de las cosas fermosas del mundo,* en *Obras Completas* (Fundación Calouste Gulbenkian: Lisboa, 1975), XIV-XIX; 179-304. En el presente trabajo se aludirá a esta obra como, *Las Coplas de contempto del mundo.*

(2) Mss. de Madrid, 3994, con fecha de 1457, fol. 280 x 210; (I), LXX fols. Letra cursiva gótica de mitad del siglo XV, con algunas iluminaciones. Marca de agua Briquet, 3544. Faltan los folios 34 y 67. Faltan estrofas 119, 120, 125. Las estrofas aparecen escritas en el centro y las glosas al margen.
Mss. de El Escorial, Q-II-24, fol. 303 x 215; I-LXXVIII fols. Incluye la carta de despedida a doña Juana. Letra gótica del último tercio del siglo XV. No falta ninguna estrofa ni ningún folio. Las referencias en folios son de este manuscrito.

(3) Se cree que esta edición fue hecha seis o nueve años después de que fuese descubierta la imprenta en Alemania Véase: Américo Cortez Pinto, *Da Famosa Arte da Imprimassao* (Lisboa, 1948), 261-263.

(4) Se conservan seis ejemplares: dos en la BNM; uno en BNL; uno en la BNP; uno en la BM; uno en la HSNY. Véase: Vindel, *El arte tipográfico en España durante el siglo XV* (Madrid, 1949), IV, 101-109.

(5) García de Resende las incluyó en el *Cancionero Geral,* atribuyéndolas al Infante Don Pedro, padre del Condestable. De esta primera edición de 1516 se conservan: tres ejemplares en la BNL; uno en la BA; uno en la BPE; uno en la BUC; otro en la Huntington Library de Harvard University.

(6) J. J. Soares da Silva, *Collecçao dos documentos, comque se authorizam as memorias para a vida del Rey D. Joao I* (Lisboa, 1734), IV, 465-506.

(7) *Cancionero Geral,* Alte Portugiesiche Liedersamlung des edeln. Garcia de Resende, ed. Dr. E. H. N. Kausler (Stutgart, 1848), II, 73-108.

(8)   M. Menéndez y Pelayo, *Antología de poetas líricos castellanos* (Madrid, 1891), II, 263-293.

(9)   Edición facsimil de la edición de Urrea del ejemplar de Huntington (Nueva York, 1904).

(10)   Ed. A. J. Gonçalves Guimarais.

(11)   Palau y Dulcet, Antonio. *Manual del librero hispano-americano*. 24 vols. Barcelona: Librería anticuaria, 1948-72.

(12)   J. M. Octavio de Toledo, "El duque de Coimbra y su hijo el Condestable don Pedro" en *Revista Occidental*. El (1875), 1o. año, 294-315. Además de la referencia a don Alvaro, Octavio de Toledo apunta que el Condestable habla de don Juan II como de su tío. Juan II era primo del regente de Portugal y por lo tanto tío de don Pedro. Otra referencia decisiva a la que no alude el profesor Octavio de Toledo se halla en la glosa a la copla, 13, Diana: "E Diana por deesa de la castidad e de los oficios venaticos de lo qual dixe en la mi Sátira". (*Obras Completas*, 199).

(13)   Santillana, *Doctrinal de Privados* en *Obras*, ed. J. Amador de los Ríos (Madrid, 1852), 221-239.

(14)   A la mentalidad griega le era insoportable aceptar la idea de cambio y de modificación del mundo. No poseían el concepto moderno de progreso que cree en la evolución del mundo y de la civilización como un penoso crecimiento de expansión. Para ellos cualquier idea de desarrollo se anulaba ante la creencia de que el mundo material estaba condenado a una destrucción prescrita por la misma naturaleza del universo. Véase: J. B. Bury, *The Idea of Progress* (Nueva York, 1955), 7-13.

(15)   J. W. Swain, *The Hellenic Origins of Christian Asceticism* (Nueva York, 1916).

(16)   Según los tratados morales el pecado se cometía a través de un proceso psicológico de sugestión, delectación y consentimiento que el hombre sentía ante las cosas del mundo. Los moralistas cristianos veían el "mundus" como un enemigo del ama que aparta del bien y que debía ser despreciado. Véase: D. R. Howard, *Man in Search of the World* (Princeton, 1966), 43.

(17)   R. W. Southern, "Medieval Humanism", *Medieval Humanism and Other Studies* (Oxford, 1970), 29-60. Southern distingue dos significados a la palabra humanismo:

(1) el que se ocupa de los intereses humanos y de la raza humana en general, es decir, limita lo sobrenatural en los asuntos humanos; (2) la idea académica del renacimiento italiano, es decir, el estudio de la literatura griega y latina antigua. En cuanto a don Pedro, sólo interesa el significado primero.

(18) Lothari Cardinalis (Innocentii III), *De miseria humane conditionis*, ed. Michele Macarrone (Lucano, 1955). Un buen análisis sobre el libro de Inocencio puede verse en Antonio Viscardi, *Saggio sulla letteratura religiosa del Medio Evo romanzo* (Padua, 1932), 63.

(19) Willian Farnham, *The Medieval Heritage of Elizabethan Tragedy* (Berkeley, 1936), 31-67. Los escritores ascéticos que tratan del tema de *contemptus mundi* en el siglo XII son abundantísimos, los más interesantes son, San Pedro Damián, *Apologeticum de contemptu saeculi* y *San Anselmo de Canterbury, Carmen de Contemptu mundi*, Patrología Latina. CLVIII, 689-700. Véase: D. R. Howard, "The Contempt of the World" (Diss. Univ. of Florida, 1954), 113-141; Joseph J. Mogan, *Chaucer and the Theme of Mutability* (La Haya, 1969), 52.

(20) Los estoicos vencían la angustia que suponía la percepción de la caducidad del mundo, a través de un profundo dominio de su ser. Conseguían la disciplina y el control de las pasiones con la práctica de la virtud. La virtud estoica se basaba en vivir de acuerdo con la naturaleza, aceptando el mundo y sus cosas como bueno o indiferente. Séneca, *De Vita Beata* en *Moral Essays*, tr. J. W. Bassore (LCL, Cambridge, Mass., 1965), II, 98-180.

(21) Para Platón, véase: Edouard Zeller, *Outlines of the History of Greek Philosophy* (13 ed., Nueva York, 1931), 32, 34, 54. Para Séneca, *De brevitate Vitae, Moral Essays*, II, 284. Así mismo Boecio es aconsejado por la dama Filosofía a que abandone las cosas del mundo que le hacen desgraciado y que se dedique al estudio y al cultivo de la virtud. Véase: Boecio, *De Consolatione Philosphiae*, tra. I. T. (1609), revisada por H. F. Stewart (Cambridge, Mass., 1968), Libro I, 128, 171.

(22) Esta actitud naturalista fue adaptada al cristianismo por san Agustín, el cual consideraba la naturaleza del universo buena por haber sido creada por Dios buena. Admite que hay naturalezas viciadas pero afirma que ellas son malas, en cuanto que la mala voluntad las hace malas, pero son buenas, en cuanto que son naturalezas. Prosigue diciendo que fue la caída del hombre por el pecado lo que le inclinó a pecar, no su naturaleza. Véase: San Agustín, *The City of God*, tr. John Healey (Londres, 1945), I, libro XI, 17, y libro II, 3.

(23) Esta idea también coexistía en el siglo XII con los tratados ascéticos. Por ejemplo Bernard Silvestris, *De Mundi Universitate*, reconoce la excelencia de la naturaleza humana. Véase: Bernard Silvestris, *De Mundi Universitate*, ed. C. S. Barach y J. Wrobel (Insbruck, 1876).

(24) Inocencio III, en su tratado *De miseria humanis conditione*, recoge la idea

aristotélica de que todo lo que existe bajo la luna es imperfecto y sujeto a corrupción, mientras que más allá de la luna todo es estable y perfecto. Los Padres de la Iglesia en los primeros siglos del cristianismo adaptaron esta idea a su creencia que la gloria estaba en el cielo. La teoría sublunar de Aristóteles se encuentra en su tratado, *De Mundo*, ed. tr. D. J. Furley (LCL, Cambridge, Mass., 1953).

(25) Boecio en *De Consolatione*, desarrolla ampliamente esta idea de la infelicidad y desgracia que sufre el hombre que se preocupa por los bienes transitorios: las riquezas, la fama, el poder. Sólo la confianza en el bien supremo permanente e inmutable que es Dios, puede dar la felicidad. Véase: *De Consolatione*, libro III.

(26) La mayoría de los tratados de *contemptus mundi*, entre ellos el de Inocencio, estaban estructurados con esta división que incluía los temas y motivos propios de la tradición del de *contemptus mundi*: la corrupción, la mudabilidad, la inestabilidad del orden natural, la triple división del pecado, el juicio final y la vida después de la muerte. Véase: D. Howard, *The Contempt of the World*, 146-154.

(27) Boecio, en el libro III de la *De Consolatione*, desarrolla esta misma idea. Afirma que el hombre puede alcanzar la divinidad si participa del bien y de la virtud, ya que estos son expresión de la esencia divina en el mundo. Véase: *De Consolatione Philosophiae*, libro III, prosa X, 266, 274.

(28) Una de las intenciones de los tratados ascéticos de *de contemptu mundi* era suprimir el orgullo y la soberbia del hombre, ya que consideraban estos vicios los más perniciosos. Trataban de describir y mostrar la vileza de la condición humana, para así convencer al hombre de su pequeñez.

(29) Esta idea también aparece clara en el libro de Boecio. Las cosas son indiferentes, ni buenas ni malas. Sin embargo, como son objetos de tentación, la voluntad debe despreciarlas y elegir la virtud que conducirá a la felicidad en este mundo y después a la gloria eterna. Véase: libro III, prosa 2, 227-233.

(30) Ed. Amador de los Ríos en *Obras de don Íñigo López de Mendoza* (Madrid, 1852), 145-220.

(31) Pedro de Luna, *Libro de las consolaciones de la vida humana*, en *Escritores en prosa anteriores al siglo XV*, ed. Pascual de Gayangos (Madrid, BAE, LI, 1860), 563-602.

(32) G. Garin, "La 'dignitas hominis' e la letteratura patristica", *La Rinascita*, I, No. 4 (1939), 102-146.

(33) P. O. Kristeller, "The Philosophy of Man in the Italian Renaissance", *Renaissance Thought*, (Nueva York, 1961), 120-139.

(34)   Francesco Petrarca, *De Rimedii dell'una e dell'altra Fortuna*, tr. Giovanni Dassaminato (Bolonia, 1867).

(35)   Jacob Zitlin, *The Life of Solitude by Francis Petrarch* (Urbana, 1927).

(36)   Ottavio di Camillo, "Spanish Humanism in the Fifteenth Century", (Diss. Yale University, 1972).

(37)   Petrarca descubre al leer las *Confesiones* de San Agustín, que sólo el alma del hombre es grandiosa. Ante la excelencia de la humanidad, las demás cosas no valen nada. Véase: F. Petrarca, *Ascent of Mont Ventoux* en *The Renaissance Philosophy of Man*, eds. E. Cassirer, P. O. Kristeller, J. H. Randall (Chicago, 1969), 36-46.

(38)   G. Gentile, "Il concetto dell'uomo del Rinascimento" en *Il pensiero italiano del Rinascimento* (Florencia, 1940), 90.

(39)   P. O. Kristeller, *The Philosophy of Marsilio Ficino* (Nueva York, 1943), 324; P. O. Kristeller, *Il pensiero filosofico di Marsilio Ficino* (Florencia, 1953), 350.

(40)   P. O. Dristeller, "Ficino and Pomponazzi on the Place of Man the Universe" en *Renaissance Thought II* (Nueva York, 1965), 107. El tratado de Pomponazzi está traducido por Henry Hay en *Renaissance Philosophy of Man*, ed. E. Cassirer y P. O. Kristeller y J. H. Randall, Jr. (Chicago, 1969), 280-381.

(41)   *De secreto conflictu curarum mearum*, tr. W. H. Draper, *Petrarch's Secret or the Soul's Conflict with Passion* (Londres, 1911), 192. En una edición de 1475, se le dio el título de *Diálogos sobre el desprecio del mundo*, por lo que adquirió gran popularidad.

(42)   Mss. del Escorial, Q-II-24, fol. 14

(43)   G. Pico della Mirandola, *De Hominis Dignitate*, tr. E. L. Forbes, *Oration on the Dignity of Man* en *The Renaissance Philosophy of Man*, 223-254.

CAPITULO V

LA TRAGEDIA DE LA INSIGNE REYNA DOÑA YSABEL

Forma literaria.

La tercera y más ambiciosa obra de don Pedro fue escrita en Portugal a finales de 1457, poco después del fin de su exilio en Castilla. Lleva el título de *Tragedia de la Insigne Reyna Doña Ysabel*. (1) Es una composición de compleja elaboración, concebida bajo el modelo de la *Comedieta de Ponça* (1436) (2) del Marqués de Santillana y basada en su estructura y forma en el *De consolatione Philosophiae* de Boecio. (3)

El tema de la *Tragedia* es el lamento del poeta por la muerte de su hermana Isabel, esposa de Alfonso V de Portugal. El desarrollo de la acción es engañosamente sencillo. Don Pedro, después de un sueño que, como un presagio, le anunciaba el sufrimiento de su querida hermana, se va a pasear al campo para calmar, en medio de la soledad, sus pensamientos melancólicos. Un mensajero se le aproxima de repente, quien le da malas noticias anunciándole al final la muerte de su hermana. Otro mensajero aparece luego, después de partir el primero, quien le ratifica lo anunciado. El poeta desgarrado por el dolor piensa en el suicidio. Mientras se lamenta, se ha aproximado a él un viejo coronado con una guirnalda de laurel, (4) quien le anima a reconciliarse con su desgracia y finalmente le conforta con la reflexión de que el conocimiento de la filosofía, la práctica de las virtudes estoicas y la resignación cristiana, le ayudarán a soportar alegremente los avatares que le depara la adversa fortuna.

La composición termina con la tradicional idea de la resignación estoica y puede considerarse, a primera vista, como un ejemplo característico del género consolatorio. (5) Sin embargo, no fue un accidente que don Pedro eligiera el título de *Tragedia* para esta sobria y melancólica obra. La elección fue deliberada y se relaciona, sin duda, con el título que Santillana dio a su *Comedieta de Ponça*. En el prefacio de esta obra, que debía ser bien conocida por don Pedro, Santillana, al tratar de explicar su preferencia por el término *comedieta*, ofrece en efecto una definición del término *tragedia*, tal como ésta era entendida en el círculo literario de la Castilla de Juan II. Dicha definición de tragedia, lo mismo que las de *comedia* y *sátira* que también se dan allí, se aparta mucho de las teorías poéticas de los escritores de la antiguedad clásica. Los nuevos conceptos que Santillana recoge se hicieron vigentes hacia el final de la edad media, en virtud de la concepción que de ellos tuvieron los escritores italianos tales como Dante en su *Commedia* y Bocaccio en su *De casibus virorum illustrium*. (6) Santillana derivó su propia definición de tragedia de estos últimos autores:

> Tragedia es aquella que contiene en sí caydas de grandes reyes é príncipes, asy como de Hércoles, Priamo, é Agamenon, é otros atales, cuyos nascimentos é vidas alegremente se començaron, é grand tiempo se continuaron, é despues tristemente cayeron. E del fablar destos usó Séneca, el mançebo, sobrino del otro Séneca en las sus "Tragedias" é Johan Bocacio en el libro "De casibus virorum illustrium". (7)

Esta concepción sería la que don Pedro adaptaría para el título de su obra. Sin embargo, un análisis detenido en la *Tragedia* del Condestable sugiere que este último añadió nuevas dimensiones al concepto trágico de su maestro, asistido por un cuidadoso estudio de Boecio y también por el conocimiento directo de Boccaccio y así mismo, por una mayor familiaridad con las recién importadas tragedias de Séneca. (8) Veinte años después de la definición dada por Santillana, don Pedro realizó una adaptación personal de la idea de *tragedia* que, aunque permaneciendo en los límites medievales, era más sofisticada y libre que la idea que el Marqués había tenido de ella.

La idea que escritores como Santillana, Juan de Mena, (9) o un poco antes, Enrique de Villena, (10) tuvieron del género trágico en el siglo XV, comprendía cualquier poema largo que tratara, en forma explícita o implícita, de la caída de príncipes o grandes hombres, y debía estar escrita en un elaborado estilo con intención moral. De acuerdo con estas ideas, se aplicaba el término *tragedia* a obras tan diversas como la *Ilíada* de Homero, las *Metamorfosis* de Ovidio, la *Eneida* de Virgilio, la *Farsalia* de Lucano y la *Tebaida* de Estacio. (11) Todos estos poemas se hallaban escritos en versos regulares, en la misma forma en que lo había hecho Santillana al escribir su *Comedieta* en uniformes octavas reales, queriendo seguir el ejemplo de la uniformidad métrica dada por Dante a su *Commedia*. Es significativo que don Pedro no siguiera este ejemplo. Con obvia deliberación empleó alternativamente la prosa y el verso, variando el metro y el ritmo con la intención de crear una tensión dramática que reflejase los cambios anímicos del narrador. Esta técnica probablemente tiene su deuda inmediata en Boecio, pero también puede deberse al descubrimiento que hicieron los pre-humanistas de Padua del siglo XIV, quienes exploraron las implicaciones dramáticas de la variedad métrica aplicada a los estados emocionales de las *dramatis personae* de las tragedias de Séneca. (12) No hay duda de que don Pedro intentaba conseguir un efecto similar, tanto si la influencia la tomó de Boecio o de Séneca. A partir del quinto grupo métrico, en efecto, el narrador-actor altera la métrica y el ritmo en concordancia con sus sentimientos de angustia y ansiedad. (13)

Hay otro aspecto de la *Tragedia* que también pudo derivarse directamente de Séneca, aunque aparece así mismo en Boecio. Se trata del tema de la tranquilidad purgativa que surge de la aceptación de la propia desgracia. La obra de don Pedro sigue en esto la definición de tragedia dada por Santillana, o sea la de cantar la caída de príncipes (en este caso la propia familia del protagonista), desde un alto estado de éxito y felicidad a uno bajo de miseria. En la *Tragedia*, parte de las desgracias a las que se alude ya han ocurrido antes de que empiece el poema: entre otras, la muerte del Infante Don Pedro, la persecución de su esposa e hijos, el exilio del Condestable. Estas se ven reforzadas por el anuncio de la muerte de la reina Isabel de Portugal, lo cual hace que la obra empiece desde un principio en una situación triste y desafortunada. Sin embargo, después del llanto y las lamentaciones, el poema da expresión a un nuevo sentimiento de serenidad y aceptación, a medida que el narrador, aprende a mirar su desgracia con una resignación cristiana y estoica, para terminar con un final relativamente feliz. Esta fórmula, más parecida a la definición de comedia que a la de tragedia, se puede encontrar en las tragedias de Séneca. Estas empiezan, con frecuencia, cuando los personajes ya han pasado por experiencias nefastas y a través de la acción resurgen liberados de los sufrimientos gracias a su aceptación de la moralidad estoica. (14)

Boecio, por su parte, imitando a Séneca en su *De consolatione Philosophiae*, empieza con un destino trágico ya fijado y termina con la reconciliación y resignación del autor ante su destino. No se puede dudar de la influencia directa de Boecio en don Pedro. De todos modos, dejando a un lado la cuestión de las influencias, se plantean otros interrogantes importantes. ¿Qué pretendía escribir don Pedro cuando empezó la Tragedia? ¿Trataba de emular a Boecio en el género consolatorio para dar forma literaria al dolor e inseguridad que las contínuas desgracias de su familia habían producido en él? ¿O prentendía, simplemente, escribir una tragedia, siguiendo la definición de Santillana, que cantase la caída de su familia, desde la muerte de su padre hasta la prematura e inesperada muerte de su hermano y hermana? ¿O aspiró, sencillamente, a escribir una elaborada elegía en honor a la reina muerta, que incluyese también referencias a las otras dos muertes? El desarrollo del poema sugiere que su intención fue la de incluir todos estos objetivos simultáneamente. El resultado fue una compleja y refinada obra que dio pie a exponer las múltiples facetas de la cultura literaria de un príncipe que para su tiempo y circunstancia poseía un gran desarrollo intelectual y literario.

La "Tragedia" como elegía y el tema de la muerte.

Además de una tragedia al estilo medieval, la *Tragedia* es, en primer lugar una elegía, es decir, un lamento o "planto" por la muerte de un familiar querido. (15) Posiblemente, al escribir su obra, don Pedro quiso seguir la moda literaria que, desde principios del siglo, había dado lugar a varios poemas elegíacos y que, en última instancia, produciría la obra maestra del género, las *Coplas* de Jorge Manrique. (16) La originalidad de la *Tragedia* radica, como ya se ha indicado, en la complicada y ambigua estructura que mezcla varios estilos literarios con la intención de lamentar, llorar y justificar la muerte de varios miembros de la familia de la Casa de Coimbra. El autor alude a tres muertes diferentes ocurridas en tres épocas distintas. Considerando que la acción de la obra trascurre en el presente, con el anuncio de la muerte de la reina de Portugal, hay una referencia al pasado cuando uno de los mensajeros trae el recuerdo entrañable de las hazañas, personalidad y muerte del Infante Don Pedro, duque de Coimbra. Así mismo, hay una proyección hacia el futuro, utilizando la fórmula de la profecía, al augurar la muerte de don João de Coimbra, rey de Antioquía y hermano menor de don Pedro. Es interesante notar que el autor intenta en su obra hacer una triple elegía de su padre, hermana y hermano. Dicha intención está simbólicamente indicada en la representación gráfica de la figura alegórica del viejo, el cual llevaba en la mano derecha tres frutos que representaban los tres tiempos:

> En la diestra mano tres pomos tenía por donde tres tiempos eran demostrados.

> (*Obras Completas*, 318).

Esto indica que la consolación ofrecida por el viejo en la segunda parte de la obra, está elaborada por el autor con la intención de que sirva como bálsamo, no de una, sino de las tres muertes.

Toda elegía desarrolla las ideas básicas del lamento y la consolación. El lamento se inicia inmediatamente después del anuncio de la muerte y resulta de la expresión de la respuesta instintiva e irracional ante el dolor. Siguiendo al lamento o algunas veces precediéndolo, se introducen los panegíricos que sirven de consolación directa que, por lo general, incluye argumentos filosóficos sobre la vida y el hombre. (17) Teniendo estos elementos básicos en cuenta, la *Tragedia* los emplea armónicamente dando una unidad compacta a la composición. Como las muertes a la que alude son tres, hay tres panegíricos. Sin embargo sólo hay un planto que como un sentimiento espontáneo se origina por la muerte anunciada en el presente. Así mismo, hay una sóla consolación, la cual se refiere a las tres muertes, puesto que la tristeza y desesperación del narrador es sólo una y la consolación, si es efectiva, sólo es necesaria una vez.

El primer panegírico se introduce en las primeras páginas cuando, después de los presagios, el primer mensajero prepara al autor para la mala noticia de la muerte de su hermana, recordándole los grandes hechos, virtudes e injusta muerte de su padre el Infante Don Pedro (foos. 9-12, págs. 311-313). El segundo panegírico, el central de la obra, aunque retóricamente el menos elaborado, está dedicado a la hermana. No se halla expuesto en un párrafo único como el anterior, sino que se va ampliando en distintos puntos del texto. Primero lo expone el mensajero al anunciarle la noticia (fols. 15-15 Vo., pág. 314). Más tarde, en el "planto", el narrador recuerda las virtudes de la reina (fol. 18, pág. 316). De nuevo, en la parte consolatoria, el viejo alaba y describe su santa muerte (fol. 25 Vo., pág. 320). El tercer panegírico lo introduce el viejo como si fuera una profecía al final de la obra (18) (fols. 78 Vo., 79, pág. 347). Como en el caso del panegírico del Infante Don Pedro, se habla de don Joao de Coimbra haciendo una pequeña biografía.

Al analizar estos panegíricos de personas, es interesante notar que don Pedro está utilizando convenciones de la retórica antigua. Por ejemplo, cuando desarrolla la alabanza sigue los cánones y tópicos prescritos para ella (19). En primer lugar recuerda los antepasados de la persona alabada en términos hiperbólicos con la intención que éstos se apliquen a dicha persona igualmente. En el caso del Infante Don Pedro, su padre era un héroe invencible y su madre una santa:

> La muerte del tu muy noble e muy valeroso padre fijo
> segundo d'aquel glorioso rey que la su espada tan du-
> ramente fiso sentir a los Castellanos, e los sus grandes
> exercitos passo en las partes de Africa, ganando a los
> Ysmaelitas la noble çibdat de Cepta, e fijo de aquella
> santa reyna inglesa que tanto plugo al señor, que cla-
> ros miraglos se recuentan de ella (fol. 9 Vo., pág. 311)

Este tópico no está utilizado en el caso del panegírico de la reina,
más aparece esbozado al tratar del joven João de Coimbra:

> El que salio, muerto el padre, fuyendo de casa de la
> muy devota e muy virtuosa infante su madre, solo e
> menguado niño assi como Orestes (fol. 78 Vo., pág.
> 347).

También utiliza el tópico de la alabanza de las hazañas hechas
durante los períodos cronológicos de la vida de la persona muerta.
Del Infante dice:

> Aquel que passando la grande Bretaña y las galicas y
> germanicas regiones a las de Ungria, de Boemia e de
> Rosia partes previno, guerreando contra los exerçitos
> del grand Turco por tiempos estovo, e retornando por
> la maravillosa cibdat de Veneçia, venido a las ytalicas
> o esperias provincias, escodriño e vido las insignes e
> magnificas cosas, e llegando a çibdat de Querino tanjo
> las sacras reliquias, reportando honor e grandissma
> gloria de todos los principes e reynos que vido (fol.
> 10, pág. 312).

Sin embargo, habla de la vida de la reina su hermana sin detenerse
en tantos detalles:

E despues desto se recordava del su fazedor, e que la vida, el grande estado, las riquesas, las pompas y aparatos reales, el virtuoso e alto marido, de la liberal mano de dios los avia rescebido, lo cual le tornava, referiendo las gracias que dello avia usado, e como dexando claros fijos se partia, dada la desseada sepultura a los huessos del su caro padre (fol. 26 Vo., pág. 320-21).

Al hablar de don Joao de Coimbra vuelve a ampliar más las referencias biográficas:

E despues estovo en Castilla contigo, e lo embiaste para la corte del rey de Francia donde honorablemente fue resçebido a casa de aquella muy noble princesa su tía, duquesa de Bregoña, ado esta (fol. 78 Vo., pág. 347).

Dentro de la alabanza de las hazañas, pasa al segundo estado cronológico de los muertos y alaba los hechos llevados a cabo durante la madurez. De su padre el Infante dice:

Cierto, loado fue con grand maravilla e servido de los pequeños, e con grande amor e acatamiento honrado por los mayores, e avido en grande e alta reputaçion cerca de los doctos e peritos hombres (fol. 10, pág. 312).

Continúa luego describiendo su cultura y sus importantes hechos políticos hasta que la fortuna y los crueles fados le hicieron morir.

Con su hermano, utiliza la misma técnica cuando describe, en forma de profecía, los últimos meses de su vida:

Sabe que en breve sera prínçipe de Antiochia, casado con la princesa de Chipre, aquella isla antiguamente nombrada çitharea. E passando alli con grande honor avra el regimiento del reyno: e passados pocos dias morira con amargoso venino segund otros muchos prínçipes han fenesçido (fol. 78., pág. 347).

Así mismo, utiliza otros tópicos propios de la alabanza personales utilizados tradicionalmente en la elegía antigua, en la cual el tema central se desarrolla a través del llamado elogio superlativo. Así pues, al describir la personalidad del Infante Don Pedro en términos tales como, "cuyas virtudes tanto esclaresçian que divinas mas que humanas resemblavan" (fol. 9, pág. 312), y "que era regla de prínçipes e doctrina de los virtuosos, espejo o miralle de los bien acostumbrados" (fol. 11 Vo., pág. 312). O al hablar de la reina su hermana dice que era "colunna de la su prosapia", "amparo e proteccion de los suyos", "consolacion de los desconsolados", "mas perfecta princesa" (fol. 15, pág. 314). La hipérbole llega casi a ser sagrada, ya que estos términos recuerdan a las letanías de la Virgen María. Describe a su hermano don Joaõ, como "un mancebo a toda virtud dado, de spiritu e persona dispuesta a grandes cosas" (fol. 78, pág. 347). Con este método, los muertos aparecen como un dechado de toda suerte de virtudes. También usa la enumeración para presentar sus personalidades sin parangón posible. Por ejemplo, en el panegírico más elaborado, el del Infante Don Pedro, dice: "Aquel tu señor que tanto era amado del padre suyo, que tanto era preciado de su hermano e señor, e que a el sobre todos amado hermano era e maestro suyo ser lo dezia" (fol. 10 Vo., pág. 312). Otra técnica usada por don Pedro es la de dar a entender que la buena opinión sobre las personas alabadas es sentida por todo el mundo sin excepción. Del Infante dice: "Aquel que era amado de todos los buenos e temido de todos los malos, cuyas limosnas todos los religiosos y menesterosos sintieron" (fol. 11 V 2, pág. 312).

Las fórmulas empleadas en estos panegíricos son a la vez abarcadoras, en cuanto que las personas poseen todas las virtudes posibles, y fragmentarias, en cuanto que se presenta al muerto con cualidades expresadas desde distintos puntos de vista. En el caso del Infante se le refiere desde la opinión tenida por su padre, su hermano, los doctos y peritos hombres, a fin de que no solamente haya una exaltación superlativa en las afirmaciones universales tales como, "gloria de todos los principes y reynos que sido", sino que se pueda añadir al mismo tiempo, la suma de cualidades fragmentarias que engrandezcan más la personalidad de los muertos.

Con la misma intención exaltadora, también usa don Pedro el elogio comparativo, al comparar la desgracia y muerte de sus familiares con los sufrimientos que padecieron personajes de la historia o de la mitología antigua:

> Lo qual espantar no te deve, reduziendo a la memoria tuya las diversas caydas e muertes que esta ciega dueña desde el comienço del mundo ha fecho con los mortales, començando en el primero padre derribandolo del parayso de la vida a la tierra de la miseria e despues en Nenbrot, e Cadmo rey de Thebas faziendo lo viejo morir en destierro, e al viejo Tiestes con nueva manera de tormento fizo comer sus propios fijos, sostenidas luengas penas e destierro (fols. 12-12 Vo., págs. 312-313).

Dentro de la estructura de la elegía en general, al anuncio de la muerte de la persona y al panegírico que le sigue, suele introducirse el "planto" o lamento propiamente dicho (20). En el caso de la *Tragedia*, ya se dijo que sólo había un planto que cubría la tristeza de las tres muertes. Por otra parte, el caracter culto y humanista de la obra determina un lamento brevísimo en contraposición con la extensa consolación que le sigue. La inserción del "planto" representa la dimensión popular en una obra, que por forma y contenido, es eminentemente culta. Sin embargo, el "planto" expresa el grito de dolor del narrador como un sentimiento primitivo y puro no controlado por la razón, que así mismo, le sirve al autor para contraponerlo a la consolación y hacer ésta más literariamente efectiva. En efecto, don Pedro sigue, con conciencia literaria, los tópicos y convenciones tradicionales de los plantos populares.

En primer lugar, expresa la incredulidad ante la muerte y la necesidad de rechazar la muerte creyéndola imposible:

Calla! no digas ni fables tal cosa,
la qual dios defienda ver yo en mi vida,
que la mas insigne e mas virtuosa
prinçesa del mundo sea fallesçida!
Calla tal nueva triste dolorosa,
e no pronostiques mi total cayda!
Bastar a ty deve mi vida llorosa:
ferir mas no quieras de mortal ferida
con tu cruel boca e boz espantosa!

(fol. 15 Vo., pág. 314).

A la incredulidad, le sigue el desmayo o una muerte aparente que pretende remadar la muerte que se llora:

Bien como despues de l'anima parte del
humano cuerpo do fizo morada, mover
no se puede a ninguna parte
la carne mesquina, syn fuerças dexada,
assi dessentido quede por tal arte,
creyda la nueva tan dessaventurada,
de mi a la hora no sabiendo parte,
bien como persona del todo finada
que ya de la vida no le fazen parte

(fol. 17, pág. 315).

Al recobrarse el protagonista reacciona rompiéndose las ropas y arañándose la cara:

Por largo espacio estove trasportado
como estatua que algo no siente,
mas desque mi seso fue retornado
vi los circunstantes llorar agramente,
e luego mis ropas romper fuy membrado;
feriendo mi rostro inhumanamente
comienço mi planto tan desesperado

que yo me quisiera matar prestamente,
mas fuy de tal caso por dios reservado

(fol. 17 Vo., pág. 316).

De esta manera, el autor sigue las formas de las endechas populares donde los que velaban al muerto,se arrastraban por el suelo
y se golpeaban el rostro con desesperación. Le sucede un nuevo
desmayo y llora en silencio, recapitulando sobre el alcance de su
desgracia. La segunda reacción es el grito despavorido, el dar voces
que mitiguen el dolor inaguantable:

Mas tanto que pudo mi boca fablar
gride como hombre sin todo conorte

(fol. 18 Vo., pág. 316).

Otro tópico del lamento popular utilizado por don Pedro es el deseo inmediato de morir por no poder soportar la muerte del ser
querido:

Comienço mi planto tan desesperado
que yo me quisiera matar prestamente

(fol. 17 Vo., pág. 316).

o caros amigos queredme matar
o tu paciente dios pio i forte
fas tu mis dolores con dolor cessar.
Morir sera vida i vida es morte.

(fol. 18 Vo., pág. 698)

Don Pedro, sin embargo, no usa el tópico, corriente en los
"plantos" populares, de la interrogación retórica en donde se pregunta sin esperar respuesta. Su técnica es maldecir lleno de rabia y
desesperación como si quisiese destruir el universo entero que ha

permitido tal muerte. En su maldición va, de lo ambiguo y general de las cosas materiales, tales como las riquezas, dignidades, honor, vanos poderes, a la maldición de las cosas más particulares y concretas, los médicos y su medicina inútil, la tierra, la casa donde la dama murió. Al mismo tiempo, hace responsable a la naturaleza, a la vida, a la muerte y por último a sí mismo, por esta muerte innecesaria (fols. 19-20, pág. 317-18).

El dolor le lleva a considerar la injusticia de la muerte que se lleva a los buenos y más necesarios y deja a los malvados que para nada sirven (fol. 20 Vo., pág. 318). Su protesta ante la muerte es personal, casi egoísta. La muerte le ha dejado sólo en su terrible dolor en frente del universo y le ha llevado a maldecir su destino y su existencia que le permiten sufrir tan gran dolor. Es decir, al sentimiento de pérdida de la persona querida se une el sentimiento egoísta de compasión por sí mismo:

ningund mal al mio pueden comparar
ni suerte mesquina a mi triste sorte
ni jamas se puede mi mal reparar

(fol. 18 Vo., pág. 316).

Es interesante notar que, a diferencia de los "plantos" medievales populares, el "planto" de la *Tragedia* no tiene en cuenta los signos externos de la muerte o la descripción realista ante la visión del cadáver o el dolor del entierro. (21) Parece que para don Pedro, tal vez por refinamiento elegante, el cadáver o incluso la muerte real de las personas careciese de importancia dramática. La desesperación está producida por el sentimiento de pérdida irremediable. En este sentido, la *Tragedia* toma una dimensión más amplia. No sólo tiene la intención de alabar y ensalzar a la persona muerta, y a la vez conseguir un consuelo filosófico para un espíritu atribulado. También tiene una intención catártica y un deseo de ennoblecer y hacer trascendental el sentimiento agonizante producido en el autor, al contemplar las desgracias de su destino irremediablemente nefasto Teniendo esto en cuenta, el lector va percibiendo más claramente el poema en su significado ambiguo de tragedia.

El "planto" es la parte central de la obra. En él se plantea el tema principal. El narrador no pregunta la razón de la muerte, que en cualquier caso considera injusta. Su tormento está originado por la falta de fe en la vida. Pone en duda la obra entera de Dios, ya que sin poder hallar una explicación a la muerte, ve en Dios su enemigo personal, no puede soportarlo y por eso implora la muerte. En este sentido la *Tragedia* es una obra teológica, ya que en ella se discute la existencia del mal que ha sido creado y permitido por Dios. Estos y otros problemas filosóficos y morales son las cuestiones que se discuten en la consolación que sigue a continuación que dará valor y originalidad a esta obra, única en su estilo, que es la *Tragedia* de don Pedro.

La "Tragedia" como poema consolatorio.

Don Pedro dice en la carta-prefacio a su hermano don Jaime, Cardenal de San Eustacio, que uno de los propósitos al escribir la *Tragedia* fue el encontrar consuelo a su dolor por la muerte de su hermana. (22) Con esta intención concibió el poema dentro de las estructuras del género consolatorio y trató de combinar en él elementos de distinta significación.

En primer lugar, utilizando la alternacia de prosa y verso, (23) se centra la idea consolatoria en el diálogo filosófico y escatológico entre un maestro que consuela y la víctima de un destino desgraciado. En la *Tragedia*, el primero se halla representado por la figura alegórica de un famoso poeta que consuela la tristeza del autor-narrador-actor. (24) Este, a su vez, halla alivio y consuelo al meditar sobre Dios y sus designios inexcrutables en la vida y la muerte de los hombres, haciendo uso de la fe y la razón.

Obras de tema consolatorio habían sido escritas desde la época clásica. Sin embargo, desde este punto de vista, el antecedente directo de la *Tragedia* debe encontrarse en la obra de Boecio, *De Consolatione Philosophiae*. (25) Ambos poemas tienen, en efecto, como característica primordial la consolación directa. Es decir, en el diálogo es el propio autor quien encarna el papel de personaje que recibe el consuelo. Este método es muy distinto al empleado por Séneca en las epístolas consolatorias. En la *Tragedia*, en vez de la voz impersonal del maestro que con sus argumentos trata de consolar a una tercera persona que se halla fuera del texto, el lector oye la propia voz del autor que, angustiada, pide consuelo. Es el mismo autor el que crea una figura alegórica con la que poder dialogar y que así mismo tiene la misión de servirle de consuelo. El autor proyecta en la figura alegórica los argumentos teológicos y morales arquetípicos, con los cuales espera conseguir consuelo para sí y para la humanidad en general, creando así una efectiva fórmula consolatoria. Es interesante notar que los argumentos son eminentemente psicológicos y pedagógicos y que pretenden convencer intelectualmente a través del uso virtuoso de la razón. Tal dimensión educativa es un elemento esencial para la concepción de la *Tragedia*. En ésta, los argumentos filosóficos que tratan de la inevitabilidad de la muerte, del sentido de una vida virtuosa o depravada, de la libertad del hombre frente a la fortuna y la Providencia, y otros más, están expuestos con la intención de educar al autor y, a través de él, al lector. Hay que tener en cuenta que en la *Tragedia* este proceso de aprendizaje no lo adquiere el narrador de una manera empírica a través de la experiencia, sino que la conversión final es puramente intelectual y proviene de la aceptación racional de los argumentos filosóficos presentados.

La *Tragedia*, en tanto que obra consolatoria se ajusta a las características generales de la retórica latina propias del género de la *consolatio*. De acuerdo con ellas, comienza con la llegada de la figura alegórica. (26) Se trata de un viejo de tal prestancia y belleza que el autor impresionado no sabe si es divino o humano. Este va espléndidamente vestido y en la mano derecha tiene tres frutos que representan los tres tiempos, el pasado, el presente y el futuro. En la cabeza lleva una corona de laurel. Durante un largo rato el viejo escucha en silencio, con ternura y asombro, el lamento del narrador. Al terminar este último sus versos, el viejo le increpa con algunos argumentos consolatorios: el hombre nace para morir; es mejor morir cuando uno es joven porque aún no ha habido tiempo para pecar; después de la muerte, está la salvación eterna ya que Dios ha reservado "las vagantes cadiras perdidas por Lucifer" para los hombres justos. La vida es una prisión si se la compara con las glorias eternas. Una vez que han sido expuestos estos tópicos consolatorios, el viejo describe la muerte santa de la reina y finalmente se dirige ásperamente al consolado instándole a que no se deje llevar por los caprichos de la fortuna. Sobre todo no debe ofender a Dios buscando la muerte, entre otras cosas, porque él mismo no es sólo responsable de su vida, sino que la vida de muchos hombres dependen de él y su muerte les dejaría desamparados (fols. 23-30).

Con este proceso inductivo de los varios niveles de consolación, el autor lleva a cabo un profundo análisis de la circunstancia humana del dolor. Hasta ahora la obra se había desarrollado dentro de los elementos elegíacos con énfasis en la desesperación del autor llegando casi al suicidio. La intervención de la figura alegórica cambia el tono y la intención de la obra, puesto que introduce argumentos que alejan al autor de la obsesión de su dolor. Del nivel subjetivo en que se hallaba, el viejo le ha llevado a mirar los hechos desde un punto de vista objetivo. Le ha hecho ser partícipe de la condición en la que su hermana se hallaba en el momento de la muerte. Si la reina ha aceptado su destino, como lo prueba su piadosa muerte, don Pedro no debe sentir un dolor tan grande por su muerte. La motivación de esta actitud es egoísta porque está producida por una preocupación en el propio dolor no por el reconocimiento de la feliz muerte de su hermana. Ante estos certeros argumentos, don Pedro trata de excusarse de sus lloros que habían sido una reacción espontánea e irracional ante el dolor. Para ello da ejemplos de personajes bíblicos que lloraron en la misma forma que él. Nombra a David quien lloró por su hijo Absalón y a Jesús que lo hizo por su amigo Lázaro. De esta manera afirma que su postura ante la muerte, incluso si es egoísta, pertenece a la condición humana (fols. 30 Vo.- 33). Este toque de meditación racional por parte del narrador después de un dolor desmedido, le permite al viejo explayarse en otro tipo de argumentos que podían denominarse remedios suaves según los preceptos de las retóricas del género consolatorio. (27)

En la segunda parte de la *Tragedia*, en tanto que obra consolatoria, el autor no desea exponer argumentos definitivos para su consolación, sino más bien desarrollar reflexiones de tipo moral y ético que vayan a enriquecer más la concepción filosófica de la obra. Ante las respuestas del narrador, el viejo asume que el dolor y la lástima que siente por sí mismo impiden a aquel aceptar las doctrinas que él viene a comunicarle: "La tu dolencia non te deja sentir e juzgar las cosas segund las devías e aquellas te fase aborresçer los utiles beravajos e purgas". El primer punto que acomete el viejo, dentro de la secuencia de los remedios suaves, es el de la brevedad de la vida y el de la inevitabilidad de la muerte. El llanto por la muerte es innecesario ya que por mucho que se llore no se podrá evitar. Más vale llorar por nuestros pecados por que ésos sí pueden ser evitados. El segundo argumento se centra en lo absurdo del suicidio. Para qué buscar la muerte cuando se sabe que ésta llega más pronto de lo que uno se piensa. Más importante que la muerte es el estado del alma en la vida pues de ello dependerá la salvación o la muerte eterna. Hacer bien durante la vida es lo único que puede procurar la salvación. El tercer argumento está basado en el admitir que los caminos de Dios son imprevisibles. Tal vez en las desgracias que el Todopoderoso inflinge a don Pedro está la expresión de su gloria. Le antepone los ejemplos de Sócrates, Platón, Boecio, que supieron aceptar alegremente la muerte (fols. 33 Vo., 44) (28).

Don Pedro vuelve a admitir la validez de estos argumentos, pero continúa afirmando que es mejor morir cuando uno no espera nada de la vida. Los bienes futuros no le tientan, sólo desea ser aliviado del sentimiento de soledad y tristeza que le embarga. El contemplar su vida pasada le llena de dolor (fols. 44 Vo.- 48). Al parecer, los remedios suaves no han hecho impacto en la mente del autor que persiste en su tristeza. No rechaza los argumentos del viejo pero éstos no son suficientes para convencerle.

La obra prosigue introduciendo otra serie de argumentos con la intención de procurar remedios más fuertes que definitivamente curen al autor. El viejo admite con pesar que el corazón de don Pedro está más enfermo de lo que al principio temía. Utiliza un argumento indirecto con el que le increpa por no haber sabido utilizar las enseñanzas de las doctrinas filosóficas como debiera. De qué le sirven todas las horas que ha pasado adquiriendo ciencia y sabiduría si, cuando más las necesita, no las puede emplear. Le aconseja que recuerde las teorías estoicas de Séneca, que se inspire en la vida de los cínicos Diógenes y Estilbón, que se guíe por la conducta del apóstol Pablo y del ermitaño Jerónimo. Le insta a que se conozca a sí mismo profundamente, porque la verdadera ciencia es la que se encuentra en el interior de uno mismo. La sabiduría está al alcance de aquellos que la buscan. Los bienes materiales son inútiles: poder, fama, riquezas no son nada para el hombre que tiene puesta su confianza en Dios. Le aconseja que busque las verdaderas virtudes, sabiduría, piedad, justicia, fortaleza, porque ellas no pueden ser destruídas ni por la muerte ni por la fortuna (fols. 48-60).

Don Pedro acepta estos consejos casi convencido ya, pero sin embargo, le embarga la duda de ver que la masa en el mundo no sigue estos consejos tan buenos y verdaderos (29) (fol. 60 Vo.) El viejo admite la objeción y explica que en el mundo hay dos grupos de personas, las que ven la vida sólo desde el punto de vista material y los que la perciben a través del conocimiento de la filosofía y de la práctica de las virtudes. Estos últimos se dan cuenta de que las cosas materiales sólo son una fuente de sufrimiento. Los virtuosos aunque parecen pobres y desamparados no lo son porque poseen riquezas más valiosas que las materiales. Aquí el viejo está utilizando el argumento, propio de la filosofía estoica, de que el mal no puede tocar nunca a la virtud. Las cosas materiales representan el mal y deben ser negadas por aquellos que aspiran a la gloria eterna. (30)

El autor está casi totalmente consolado por los argumentos expuestos por la figura alegórica, pero todavía necesita curarse de la tristeza que lo posee. Se da cuenta que su desesperación no tiene razón de ser, pero continúa triste y desea superarlo (fols. 66 Vo.- 69 Vo.). El viejo lo ve casi curado y en el camino de la verdad. Le menciona de nuevo a Boecio y por último le da consejos prácticos de gran significación psicológica que curarán su tristeza: debe evitar los pensamientos tristes, leer buenos y virtuosos libros, evitar las compañias vanas y superficiales y el afán de poder, ya que a través de ellos penetra la desgracia. Por último, termina con el consejo de que debe poner todo su interés en la práctica de la virtud para así poder vivir feliz en esta vida y esperar la gloria eterna en la otra.

Se puede deducir que la mayor parte de las ideas filosóficas y expuestas en la *Tragedia* parten de las ideas estoicas de Séneca y Boecio. Es natural que así fuese porque son estos dos moralistas latinos los que más influyeron durante la edad media en la mentalidad cristiana. (31) Ya indicamos anteriormente que en varios lugares de la *Tragedia*, don Pedro traspone directamente frases de Séneca:

> Non te amonesto por la boca de Séneca disiendo "Quando mas es dubdoso el alto estado, tanto tu deves estar mas fuerte con tu constante passo, canon es virtud dar las espaldas a la contraria fortuna." (fol. 51 Vo., pág. 334).

En otro lugar parafrasea y glosa sus ideas:

> Otros son los que comiendo temen el venino, e fazen mil salvas e mil diligencias por guardarse de la osadia e de la maldad de los mortales, avisados de lo que dice Seneca, que en el oro se beve la ponçoña (fol. 54 Vo., pág. 335).

Don Pedro insiste en la idea estoica senequista de que el bien supremo del hombre es vivir de acuerdo con la naturaleza. Sin embargo, su actitud es la de un hombre cristiano y medieval en el albor de un humanismo renacentista que asocia la esencia perfecta de Dios con la de la naturaleza. A la frase de Séneca, "Solemus dicere sumum bonum secundum naturam vivere" (*De Otio*, 5, 1), don Pedro exclama:

> Si tu eres formado de la natura humana, tu dessearas el bien y aborreceras el mal, e si con aquella conformarte quisieres, seguiras la verdad, e aborreceras la mentira, ca dios, que es la mesma natura, al hombre fizo derecho, y el se mesclo en diversas questiones. (fol. 71 Vo., pág. 728).

También adopta la idea estoica de que la desgracia y los desastres dan oportunidad para el desarrollo de la virtud. Séneca, así mismo decía: "Calamitas virtutis est" (*De providentia*, 4, 6). La figura alegórica, a su vez, aconseja el autor:

> E faras como cuerdo e sabio hombre, e parescera que reconosçes el castigo de Dios, e que le eres grato e bien agradecido del amor que te tiene. E que en este açote tan duro que tu agora oviste se muestra que el te ama, el mesmo lo testifica dixiendo "Aquellos que amo corrigo e castigo" (fol. 40, pág. 327).

En otro lugar el Condestable, lo mismo que dijo Séneca "Potest beatus dicit qui nec timet beneficio rationis" (*De Beata Vita*, 5, 1), exclama:

> Non se te recuerda de Bias al qual llamamos Estilbon, como echado de su çibdad llevo una sola vestidura, preguntando por que no levaba mas de sus bienes, respondio: "todos mis bienes comigo llevo" juzgando los bienes de la fortuna no ser bienes, e solo ser bienes aquellos que son fixos en el animo, sobre los quales la fortuna, ni los principes, ni aun la muerte no tiene poder (*Tragedia*, fol. 59-59 Vo., pág. 337).

Don Pedro se halla imbuido del fatalismo estoico que juzga el destino como algo inflexible e inmutable para todos, tanto dioses como hombres. Séneca en la misma tradición trágica de Grecia dice: "Irrevocabilis humana pariter ac divina cursus venit" (*De Providentia*, 5, 8,). Don Pedro da la misma idea:

> A grande locura se deve imputar contristar se ombre por las cosas que siempre fueron e han de ser, por aquellas digo que no se pueden evitar ni refuyr en ninguna manera. (fol. 35, pág. 324).

También se perciben semejanzas textuales entre la *Tragedia* y el *De consolatione Philosophiae* de Boecio, fuera de las influencias de estructura y tema de las que ya hablamos. Una de ellas es la imagen de tener niebla en los ojos que impide ver el camino de la verdad. La dama Filosofía decía a Boecio:

> Te has olvidado un poco de tí mismo, pero volverás a ser lo que eras cuando me reconozcas. Para volverte a tus sentidos, limpiaré rapidamente las tinieblas de las cosas mortales que cubren tus ojos. Entonces secó mis ojos húmedos con un pliegue de su manto. (32)

El viejo de la *Tragedia* utiliza, poco más o menos, las mismas palabras, al ver que la niebla de la ofuscación por el dolor, en el narrador, va desapareciendo y va dando paso al recto pensar:

> Bien veo yo, por lo que has declarado que tu dulçe canto, que alguna cosa se ha quitado la niebla delante de tus ojos, e que con viso mas agudo te esfuerças mirar la derecha senda, la qual, como dezia philososophia a Boecio, ni dubdes te levara a tu patria (fols. 69 Vo., 70, pág. 343).

En otro pasaje la Filosofía anima a Boecio a que no piense que su mal es único ya que antes que él hubo precedentes famosos que también fueron perseguidos por defender la verdad y la filosofía:

> Tal vez tu no has oido hablar de la destrucción de Anaxagoras, del envenenamiento de Socrates, de los tormentos de Zeno, porque estos hombres eran lejanos a tí. Pero probablemente habrás oído acerca de Canius, Séneca y Soranus, porque su fama es reciente y bien conocida. Cayeron en desgracia sólo porque habían sido iniciados en mis estudios y por lo tanto resultaban insoportables para los hombres malos. (33)

De la misma manera, el viejo recrimina al narrador de la *Tragedia* cuando ve la lástima que se tiene a sí mismo. Nombra ejemplos de hombres justos y buenos que al sufrir duras persecuciones reaccionaron resignadamente:

> Por ventura no fue Boecio varon santo e noble sin toda justiçia desterrado e muerto, e assi mesmo, Cipion el mayor e otros infinitos de aquel tiempo? (fol. 76, pág. 730).

Don Pedro, a través de la figura alegórica del viejo, asume la concepción ética y moral del estoicismo cristiano. Su conclusión es que para vencer los avatares de la fortuna, sólo existe el camino de profundizar en el conocimiento de uno mismo a través del estudio de la filosofía y dominar las pasiones por medio de la paciencia y la resignación. La muerte no es de temer porque es un descanso, un refugio de felicidad que espera a los justos después de la dureza y las penas que la despiadada vida brinda a todos los hombres. Sin embargo, la vida por dura que sea, es el único medio que tiene el hombre para poder servir a Dios y ganar el premio que le está reservado. Así pues, don Pedro combina, en su obra consolatoria, la idea pagana de los estoicos que no esperan nada más que la paz después de la muerte, con el deseo de una vida virtuosa con vistas a la gloria eterna prometida por el cristianismo.

Es posible ver que la actitud que toma el narrador en la *Tragedia*, es la nueva del hombre pre-renacentista. La fe ya no le sirve para explicar los problemas existenciales que la complicada vida de la época le depara. En consecuencia, no sólo siente horror y tristeza por sus penas, sino que se desespera y clama contra Dios pidiéndole cuentas por la condición humana que considera injusta. La duda le atormenta y al no encontrar ninguna esperanza quiere suicidarse. En esta actitud se anuncia la postura del hombre moderno y su desesperación al encontrarse solo en el universo. Sin embargo, el autor, todavía medieval, no se atreve a llevar estas ideas hasta el extremo e introduce la alegoría del viejo quien da argumentos escolásticos y estoicos basados en la aceptación, la resignación y la paciencia, con la esperanza en la otra vida, tal como los moralistas habían enunciado a lo largo de la edad media. El autor vislumbra la rebelión y la ruptura de normas, pero la tradición medieval es aún fuerte y acaba aceptándola aunque sea de una manera convencional y poco convincente.

El papel de la fortuna en la Tragedia.

Una de las preguntas que tácitamente atormentan al lector a lo largo de esta obra es la causa o razón que ha producido, en primer lugar, la caída en desgracia de la Casa de Coimbra y después la muerte de personas inocentes y jóvenes como son la reina Isabel y el príncipe de Antioquía. Después de leer los panegíricos, donde las virtudes de los muertos se consideran casi divinas, no cabe pensar la explicación de que la desgracia les viene por errores cometidos por ellos mismos como, por ejemplo, el de una excesiva ambición o una falta de percepción política o un exceso de confianza en los demás. La glorificación que la convención literaria impone en los personajes de la Tragedia, hace incomprensible la muerte violenta de las personas lloradas. (34) El autor busca una justificación a este dilema y lo halla en la dimensión trágica que la fortuna imprime en la vida de algunos hombres. (35) En principio, el narrador identifica la fortuna con una fuerza negativa productora de todas las desgracias que le han ocurrido a su familia. La ve como el enemigo personal que le ha perseguido durante toda su vida:

> Sabe que la raviosa fortuna, non contenta de la muerte del tu muy noble e muy valeroso padre... Sabe que la fortuna e los crueles fados no fueron contentos de este tan claro principe haver fecho morir cruamente... Antes agora augmenta los males de la miserable familia, lo cual no te deve de espantar, reduziendo a la memoria tuya las diversas caydas y muertes que esta ciega dueña desde el comienço del mundo ha fecho con los mortales, començando en el primero padre... e a otros syn cuento principes muy valerosos del todo aterrar e lo que mas sus caras famas. (fols. 9-13, págs.

311-13). (Subrayado).

En un punto introduce el concepto de "fado" o destino que aliado con la fortuna, es también la causa de todas las desgracias. Para don Pedro, el "fado" determina el tipo de fortuna que va a regir en una determinada vida. Este implica un destino inexorable que no se puede cambiar. El Condestable ve su "fado" personal como una influencia nefasta en su existencia y en consecuencia cree que está condenado a sufrir constantemente:

> E luego la culpa mas grande tornava
> a mi *maladicha* e *desaventura*
> ser *causa* de toda mi grave tristura.
> Aquesto mi mente me certificava
> por lo qual maldixe a *mi triste signo*
> que tantos dolores e plagas causava;
> maldixe *mi fado maldito mesquino*
> que tantos pesares a mi demostrava.

(fol. 21, pág. 318)
(El subrayado es mío.)

Identifica su destino como un aliado de la adversa fortuna que aparentemente se ha propuesto destruirlo a él y a toda su familia. Esta creencia le hace sentirse culpable, como si fuese su mala estrella la causa de todo. Su pesimismo es total cuando el primer mensajero, antes que el viejo trate de consolarle dándole remedios contra la adversa fortuna, le anuncia las malas nuevas instándole a que le escuche atentamente y no confíe en la voluble fortuna:

> Sy tu das fe a mis amonestamientos, tu no te confiaras jamas por alegres muestras que aquella ciega dueña te faga la qual de su propia naturalesa es movible e a menudo acostumbra mudar las cosas tristes en alegres y las alegres en tristes (fol. 15., pág. 315).

Como ya se dijo anteriormente, la mayoría de los remedios

que el viejo le procura en la consolación son de caracter estoico. La mejor postura contra la fortuna es el estudio de la filosofía y la práctica de sus enseñanzas, porque sólo ellas pueden reportarle fortaleza contra los reveses de la mala fortuna

> Rememora sus dichos e veras que en los tiempos pasados, una de las principales cosas que te amonestava assi era: que te armasses contra la triste fortuna (fol. 51 Vo., pág. 315).

Continúa el viejo diciéndole que sólo con la práctica constante de las virtudes estoicas podrá hacerle superar las tristezas que la fortuna inflinge:

> Non te amonesto por boca de Séneca disiendo "quanto mas es dudoso el alto estado, tanto deves estar mas fuerte con tu constante passo, ca non es virtud dar las espaldas a la contraria fortuna". E aun por exemplo de la vida de Diogenes e de Estilbon te lo confirmo, que los bienes mundanos tovieron en ninguna extima. (fol. 51 Vo., pág. 334).

Más adelante, le aconseja que desprecie las cosas materiales porque es entre las cosas mundanas donde la fortuna ejerce más poder. Si uno desprecia los bienes del mundo, nada ni nadie podrá humillarle.

> No se te recuerda de Bias, al quall llamamos Estilbon, como echado de su çibdad llevo una sola vestidura. Preguntado por que no levaba mas de sus bienes, respondio: Todos mis bienes comigo lle/yo; juzgando los bienes de la fortuna no ser bienes, e solo aquellos ser bienes que son fixos en el animo, sobre los quales la fortuna, ni los principes, ni aun la muerte no tiene poder. (fols. 58 Vo., 59, pág. 337).

Otro consejo que le da es que refuerce sus virtudes, sobre todo la fortaleza, en contra de la fortuna, porque ella con sus malas artes no es digna de vencerle:

> E que demuestres ya quanto querer luchar o entrar en campo con la triste fortuna, e no ser del todo caydo por sus mañas e por sus fuerças, que solo/ a los flacos e invirtuosos vençen e derriban. (fols. 37-37 Vo., pág. 325).

Don Pedro, tal como lo hizo Boecio en su *De consolatione Philosophiae*, ve que sólo el uso de las virtudes tales como la prudencia, la fortaleza, y el razonamiento justo, pueden ser herramientas útiles para luchar contra el poder de la adversa fortuna. Estas virtudes son imperecederas y nada ni nadie las puede destruir y son ellas las que le conducirán a la gloria eterna:

> Esfuérçate a virtuosamente bevir trabajate de pasar este corto viaje honesta y virilmente. Edifica en los cielos morada firme y perpetua, e alli pon tu confiança, tu renta e tu thesoro, adonde carcoma no lo consume ni traça, ni lo gasta, ni ladrones no lo furtan, ni traydores lo roban, ni rey, ni principe, ni tirano, ni aun la çiega fortuna con todo su vano poder lo pueden quitar (fol. 80 Vo., pág. 348).

En definitiva, el mejor remedio para vencer las penas y tristezas que la volubilidad de la fortuna trae al hombre es la paciencia y la entereza de ánimo. Si el hombre se mantiene indiferente habrá ganado la batalla:

> Las ondas e tempestuosos rebuelcos de la fortuna fieran en nuestro pecho, mas non nos turben, e que nos turben, no ayan ni reporten de nos la victoria. No hay mal tan grande que no pueda ser sofrido (fol. 29, pág. 322).

Estos remedios, basados en la paciencia y la resignación estoica, (36) parecen implicar una concepción pagana de la fortuna como diosa todopoderosa regidora del destino de los hombres. Sin embargo, lo que en realidad estaba haciendo don Pedro, era identificar la fortuna con la Providencia divina. En su manera de tratar el tema parece como si intentara encontrar un acuerdo entre el poder de Dios y el poder de la fortuna. Pone a ambos en situaciones paralelas y en algunos momentos llega a culpar a Dios de las mismas cosas que en otros lugares culpaba a la fortuna. Por ejemplo, al hacer a la fortuna responsable de la muerte de su hermana, la reina, dice: "maldixe fortuna que tal consintiera" (fol. 19, pág. 699). Así mismo, viendo a Dios detrás de todos los acontecimientos de la vida, también llega a culparle:

> Maldixe la causa tanto peregrina,
> de manos tyranas e cruas compuesta
> por do fue sañosa la mente divina.

> (fol. 20 Vo., pág. 317).

En otro lugar denuncia a la fortuna por ayudar al triunfo de los que viven en el mal y, por el contrario, perseguir con su crueldad a los buenos:

> Estos tales (los malos) con tales costumbres son avidos por discretos, porque paresce que la fortuna que a muchos derriba no tiene poder sobre ellos, ante caen siempre de pies como el gato o el ximio, e medran e valen entre los rebuelcos de la fortuna e son privados e allegados al rey e al principe, e alcançan aquellos bienes que los ombres dessean alcançar. (fol. 62 Vo., pág. 338-39).

Paradójicamente el autor reconoce esta misma actitud en la Providencia y por esto exclama:

> Despues me quexaba e redarguya
> los siglos presentes llenos de pecados

e de tales viçios, por lo qual creya
los buenos con muerte ser arrebatados
e quedar en vida, segund se veya
los viles protervos e turpes malvados
con grandes riquezas, con grand señoria
de todos servidos, de todos honrados
como providencia de dios permitia.

                    (fol. 20 Vo., pág. 317-18).
                    (El subrayado es mío.)

Dios y la fortuna van juntos y parecen ser la misma cosa. En otro lugar, el autor muestra que ambos tienen poderes semjantes. Sobre la acción de la fortuna dice:

> Porque tu conoscas e veas claramente las varias muta-çiones de la bolante fortuna, reguardes como ella jue-ga e trasmuda con las cosas mundanas abaxando las celsas a ser infimas e las infimas levantando a las estre-llas. (fol. 14 Vo., pág. 314).

Esta misma idea la repite aplicándosela a Dios:

> Assi que te contrista la perdida e abaxamiento que por esta muerte oviste, no lo deves fazer. Con tanto es a dios levantar al miserable a las estrellas como abaxar el poderoso a los mas fondos abismos (fol. 41, pág. 327).

Esta identificación de Dios y fortuna trae consigo peligrosas implicaciones. Tal vez podemos ver a la perversa fortuna y al Dios perfecto aliados en la protección de los malos y los injustos. Sin embargo, se trata sólo de una apariencia. Don Pedro se halla situado dentro de la tradición cristiana que considera la existencia del mal en el mundo como un beneficio dado por Dios para la salva-ción de los buenos a fin de que a través del sufrimiento ganen la gloria eterna:

> A menudo y mucho a menudo dios da la pena e dolor
> en este mundo por tal que purgado todo pecado sea-
> mos libres de las eternales penas (fol. 56 Vo., pág.
> 336).

La intención de don Pedro es mostrar que Dios y la fortuna
se unen para probar de una manera más dura a los más dichosos y
afortunados para que superándose tengan derecho de poseer la gloria eterna:

> Assi lo quiso dios y la fortuna, que por la mayor parte
> la real celsitud e grand señoria tengan mas cuydados e
> gemidos que el estado baxo o pobre (fol. 42, pág.
> 334).

Esta teoría de un aparente castigo a los justos para que, a través de
los sufrimientos en la tierra, alcancen la gloria eterna, se puede remontar a las enseñanzas de la Biblia en el *Libro de Job*. (37) El
problema en ambas obras es semejante. En forma parecida a Job,
el Condestable, por su parte, se pregunta: ¿por qué el hombre justo sufre grandes penalidades en su vida, a veces muchas más que el
hombre malo? ¿Es porque ha pecado involutariamente, sin intención, o es porque se le tiene reservada una vida mejor donde le se-
rán premiadas su honestidad y bondad? Con estas preguntas queda
formulado el problema de la justicia de Dios y de la retribución divina al bien y al mal. La solución, que el viejo de la *Tragedia* da, es
la misma del *Libro de Job*; ambas obras afirman que el mal en el
mundo es sólo aparente. Este mal lo manda Dios para probar a los
hombres, los cuales, al vencerlo, ganan la gloria eterna. Los argumentos que don Pedro usa para probar esta idea los da ejemplifi-
cados en la historia del Libro de Job:

> Enxuga los ojos, alimpia las mexillas, levanta las ma-
> nos al señor y dy con Job: "El señor me lo dio, el se-
> ñor me lo quito; sea el nombre del señor bendito" E

faras como cuerdo e sabio ombre, e parescera que reconosçes el castigo de dios, e que le eres grato e bien agradescido del amor que te tiene. E que en este açote tan duro que tu agora aviste se muestra que el te ama, el mesmo lo testifica diziendo "Aquellos que amo corrigo e castigo" (fol. 40, pág. 327).

Siguiendo dicha idea se puede aceptar la existencia de la fortuna, tanto la buena como la mala, como algo enviado por Dios en la tierra, a fin de que por sus bienes o por sus dolores los hombres sepan ganar la salvación. El viejo continúa diciendo en su consolación:

Aparejate que aun dios e la fortuna quiere que veas mayores dolores por tu salud y tu correçión (fol. 78, pág. 347).

Es evidente que, en definitiva, don Pedro identifica la fortuna con la Providencia en un esfuerzo de reconciliación cristiana. De esta manera soluciona el problema teológico de la existencia del mal en el mundo, negando la existencia real de ese mal. Sólo existe un mal aparente y ese es dado por Dios para que los elegidos puedan vencerlo y así ganar la gloria prometida.

Por otra parte, don Pedro hace una síntesis de su actitud ante la fortuna en la primera estrofa del poema cuando en la introducción exclama: "la ciega fortuna no quieras blasmar" (fol. 5, pág. 691). En esta frase acepta los altibajos de la vida y da como remedio la práctica de las virtudes estoicas. La rabia y desesperación del planto por la muerte de los seres queridos de su familia, se va calmando, y al igual que Boecio, al final halla la tranquilidad. Como ocurría en las tragedias de Séneca, después de los tormentos y las angustias purificadoras, el protagonista alcanza la paz al final de la obra. En la *Tragedia de la Insigne Reyna Doña Ysabel*, de don Pedro de Portugal, esta paz ésta expresada a través de la esperanza cristiana de la salvación eterna:

Edifica en los cielos morada firme y perpetua, e alli

pon tu confianza, tu renta e tu thesoro, adonde carco-
ma no lo consume, ni traça no lo gasta, ni ladrones no
lo furtan, ny traidores lo roban, ni rey, ni prinçipe, ni
tirano, ni aun la ciega fortuna con todo su vano poder
lo pueden quitar (fol. 80, pág. 732).

Esta tercera obra de don Pedro, compuesta de varios géneros
—trágico, elegíaco y consolatorio— puede considerarse como una
síntesis de las otras dos. En efecto, ya hemos visto como en ella se
repiten de una manera más perfecta y desarrollada los temas y argumentos filosóficos esbozados en las anteriores. A la par que aparece de una manera más clara la idea central que atormenta a don
Pedro y de la cual las tres obras son expresiones distintas. Dicha
idea tiene por base el sentimiento de impotencia que embarga al
autor al enfrentarse con el amor, la fortuna y la muerte. En la primera obra, la *Sátira*, el desenlace es la desesperación y la muerte
por un amor no correspondido. La segunda, las *Coplas*, son el resultado del afán que tiene el autor de anular los efectos de la fortuna, rechazando las cosas materiales. En la *Tragedia*, los problemas
planteados en las anteriores se agudizan en la expresión del dolor
ante la muerte de los seres muy queridos. Sin embargo, al final de
esta última, el autor trata de proyectar una actitud optimista, man-
tenida por su necesidad vital de sobrevivir más allá de las desgracias
y por un deseo de proseguir en la afirmación personal de su propio
ser. Así pues, halla en la filosofía estoica y en la esperanza de la
doctrina cristiana, el impulso para soportar y justificar su propia
existencia ajustándose así a la nueva moralidad que nacía entonces
en la España del siglo XV.

No podemos menos de especular sobre qué tipo de obras hubiera escrito don Pedro después de la *Tragedia*. Es cierto que, a diferencia de Santillana, su vena literaria parece limitada a una dimensión artística más moralista y didáctica que verdaderamente
poética. Sin embargo, cabe pensar que si su destino histórico hubiera permanecido más al margen de las vicisitudes políticas de la
época, tal vez hubiera continuado experimentando con las adaptaciones originales de géneros antiguos que pretenden ser sus obras.
Sea como fuere, la obra y personalidad de don Pedro se presenta a

través de sus tres obras conocidas con un gran interés. No hay duda de que por su situación familiar, política y literaria se encuentra en el centro de los cambios y avances culturales que durante estos años experimenta la Península Ibérica y como tal, resulta una figura clave para comprender más claramente y con mayor profundidad la mentalidad y complejidad del siglo XV español.

(1)   Condestável Dom Pedro, *Tragedia de la Insigne Reina Doña Isabel*, en *Obras Completas*. Introducción y edición diplomática, L. A. Adao da Fonseca. (Fundación Calouste Gulbenkian: Lisboa, 1975), XX-XXII; 307-348. La numeración de las citas alude a esta edición.

(2)   Iñigo López de Mendoza, Marqués de Santillana, *La Comedieta de Ponça*, en *Obras*, ed. J. Amador de los Ríos (Madrid, 1852), 93-144. Véase: Rafael Lapesa, "Sobre la fecha de la 'Comedieta de Ponça' ". *Archivum*, IV (1954), 81-86.

(3)   Técnicamente la *Tragedia* lo mismo que *De consolatione Philosophiae* alternaba la prosa y el verso al estilo de las *Sátiras Menipeas*. Para una escueta historia de las *Sátiras Menipeas* y su influencia en Boecio véase: H. F. Stewart, *Boethius, An Essay* (Londres, 1891), 74-76. Para la influencia de Boecio en la literatura medieval, véase: H. R. Patch, *The Tradition of Boethius* (Nueva York, 1935); Pierre Courcelle, *La Consolation de la Philosophie dans la Tradition Littéraire, Antécédents et Postérité de Boèce* (París, 1967).

(4)   Es difícil identificar con certeza la personalidad del viejo de la *Tragedia*; sin embargo, personalmente me inclino a pensar que es Petrarca. La descripción que don Pedro da de él es la siguiente:

(fol. 21 Vo.)

En esto estando ahe vos vino,
un hombre antigo de grand estatura,
que bien resemblava de honor muy digno
segund denotava la su catadura.
E por quanto subito sobre mi pervino,
por tanto me fizo su grand fermosura
dubdar sy humano era o divino,
mas assy oppresso me tovo tristura
que fablar no pude al tal peregrino.

DESCRIVE QUAL ROPA VESTIA

(fol. 22)

Esplendida ropa e rica cobria,
bordada de ojos que fueron obrados
por la gran Minerva con tal maestria,
que jamas despiertos serian fallados.
En la diestra mano tres pomos tenia,
por donde tres tiempos eran demostrados:

— 175 —

muy passo a passo sus passos movia,
segund fazer suelen los bien enseñados;
de laureo verde guirlanda traya.

(pág. 318-19)

Este pasaje de don Pedro tiene una gran semejanza con la descripción que Boccaccio hace en el *De casibus virorum illustrium* de la visita soñada que le hizo su amigo Petrarca. El *De casibus* influyó, sin ninguna duda, en la *Tragedia* y es posible que en este caso también haya un influyo directo de Boccaccio. El texto castellano del *De casibus* dice así: "E yo fablando conmigo assy como hombre vencido del todo alce mi cabeça sufriendome sobre mis codos, y abaxandola otra vez pusola sobre el cabeçal con mucho canzancio; y ahe que me parescio no se de que parte venia un hombre muy fermoso de rostro e honrado acatamiento muy plazible y gracioso: en la cabeça una corona de ramos de laurel y el vulto de su onorable cuerpo cubierto de una vestidura real; al qual como yo catasse no me fallo alguna cosa y yo abri mis ojos apartando a mi todo sueño y pereza con mayor diligencia lo torne a mirar por ver quien era, y estando asi entre mi pensando conosci que era Francisco Petrarca mi señor y amigo y maestro; El cual siempre me castigo y amonesto y enseño todas buenas costumbres y obras de sciencia y doctrina muy virtuosa." (*Caydas*, libro VIII, cap. I, fol. CI), tr. Pero López de Ayala, ed. J. A. de Zamora y A. García (Alcalá de Henares, 1552). La presentación de una figura alegórica servía para instruir al narrador y representaba, en última in;tancia, la mente humana llevada a la perfección. Los antecedentes son muchísimos. Don Pedro se pudo inspirar en la misma dama Filosofía de Boecio, en el Virgilio de Dante o en la figura de Boccaccio que Santillana introduce en la *Comedieta*.

(5) El género consolatorio había sido usado abundantemente en la época romana por autores tales como Cicerón y Séneca. Fue en esta época cuando se fijaron las características esenciales del género. Sin embargo, como veremos más adelante, *De consolatione* y su descendiente la *Tragedia*, varían en estructura e intención con sus predecesores latinos. Para la *consolatio* latina véase: Sister Mary Edmond Fern, "The Latin Consolatio as a Literary Type" (Ph. D. diss., St. Louis University, 1931); Constant Martha, "Les Consolations dans l'Antiquité" en *Etudes Morales sur l'Antiquité* (4a. ed., Paris, 1905), 135-189.

(6) Para Dante la *tragedia* y la *comedia* eran opuestos complementarios cuya diferencia consistía en que una trataba de asuntos desgraciados y la segunda de asuntos felices. A la vez, según su definición, el principio de la tragedia se podía identificar con la comedia y el principio de la comedia con la tragedia. La definición de Dante que aparece en la *Carta al Can Grande de la Scala* fue recogida por Boccaccio y más tarde por Santillana. Véase: Charles A. Dinsmore, *Aids to the Study of Dante* (Boston, 1903), 269-270. Para la influencia de Dante en Santillana, véase: E. Webber, "Santillana's Dantesque Comedy", *BHS* (1967), 37-40.

(7) Santillana, *Comedieta*, ed. Amador de los Ríos, 94. Es lógico que Santillana nombre a Boccaccio. El fue quien basándose en la definición de Dante dio una forma definitiva a la vaga concepción medieval de *tragedia*. En el *De casibus*, Boccaccio es visitado por una multitud de fantasmas que desean que su historia sea incluída en el libro que éste iba a empezar a escribir. La historia de las caídas de estos hombres y mujeres ilustres da lugar a la exposición de pequeñas tragedias. Santillana recoge esta misma idea en la parte trágica de si *Comedieta* en donde la aparición de Boccaccio promete que incluirá los acontecimientos de Ponza en su libro (est. 20). Para el valor del *De casibus* como tra-

gedia véase: William Farnham, *The Medieval Heritage of Elizabethan Tragedy* (Berkeley, 1936), 69-128.

(8) El Marqués de Santillana poseía un manuscrito italiano de las *Tragedias* de Séneca y las mandó traducir al castellano según da testimonio en la carta que le escribió a su hijo, don Pedro González de Mendoza, cuando estaba en Salamanca por el año 1452. Véase: *Obras*, ed. Amador de los Ríos, 482. Para un estudio detallado sobre las versiones de Séneca en España, véase: Nicholas G. Round, "Las versiones medievales catalanas y castellanas de las tragedias de Séneca", *AEM*, en prensa.

(9) Juan de Mena dice sobre la tragedia: "Tragedia es dicha la escritura que fabla de altos fechos, y por bravo y sobervio y alto estilo. La qual manera siguieron Homero, Virgilio, Lucano y Stacio por la escritura tragedica: puesto que comença en muy altos principios e su manera es acabar en muy tristes e desastrosos fines." (Preámbulo II). Véase: *La Coronación compuesta y glosada por el famoso Juan de Mena* (Amberes, Casa de Juan Stelsio, 1552).

(10) Villena dice así: "Tragedia es estilo alto superbo que tracta de estorias nobles como batallas de principes, destruyçion de reynos y cibdades." Véase: María Rosa Lida, *Juan de Mena*, págs. 160-162. La profesora Lida da esta referencia sin decir de dónde la ha sacado.

(11) En la *Divina Commedia*, Virgilio dice refiriéndose a su obra, la *Eneida*: "Euripilo ebbe nome, e cosi'l canta / l'alta mia tragedia in alcun loco: / ben lo sai tu che la sai tuta quanta." Véase: Dante Alighieri, *La Divina Comedia. Inferno*, Canto XX, 112, 113, 114, ed. Claudio Scarpati (Milán, 1969), 192.

(12) A principios del siglo XIV, los prehumanistas de Padua descubrieron un codice con la tragedia *Etrusco* de Séneca. Este manuscrito tenía anotaciones marginales que comentaban los distintos metros y rimas empleados en los versos. De esto dedujeron que se aplicaban distintas técnicas estilísticas a los versos que expresaban los conflictos anímicos de los personajes. Esta técnica también la empleó Boecio en la *De consolatione* pero fueron los estudiosos de Padua los primeros que lo relacionaron con un significado artístico. Véase: Manlio Pastore-Sttochi, "Un Chapitre d'Histoire Littéraire aux XIV et XV Siècles: Seneca Poeta Tragicus" en *Les Tragédies de Senèque et le Thèatre de la Renaissance*, ed. Jean Jeacquot (París, 1964), 11-36.

(13) A partir del Metro V de la *Tragedia* el estilo cambia. De las estrofas de arte mayor se pasa a las de arte menor de rima y métrica más variada. Se emplean formas métricas especiales que intentan representar el atribulado espíritu del poeta.

(14) Las tragedias de Séneca empiezan cuando ya han ocurrido algunos sucesos trágicos. Por ejemplo, en las *Mujeres Troyanas*, Hécuba y Andromaca, viudas después de la destrucción de Troya, esperan desesperadas la condena a muerte de sus hijos Polixena y Astianax. En el *Tiestes*, la escena primera empieza con el fantasma de Tántalo, eternamente condenado a ver comida sin poderla alcanzar, que se lamenta de su destino. Véase: *Séneca: Four Tragedies and Octavia*, tr. E. F. Watling (Baltimore, 1970).

(15) El género elegíaco en España se puede remontar a la época greco-romana. Se conserva un "planctus" latino de la época romana. Véase: J. Amador de los Ríos, *Historia crítica de la literatura española* (Madrid, 1861-1865), II, 334 y ss. De la época medieval literaria se encuentra otra elegía en el *Cantar de Roncesvalles* (S. XIII), ed. R. Menéndez Pidal, *RFE*, IV, (1917), 105-204. También hay elegías en el siglo XIV, por ejemplo en el *Libro de Buen Amor* de Juan Ruiz. Véase: ed. Julio Cejador (Madrid, 1913), estrofas, (1520-1578). Para una definición extensa de la elegía y sus modalidades, véase: E. Camacho Guizado, *La elegía funeral en la poesía española* (Madrid, 1969), 9-24.

(16) La elegía literaria resurgió con un nuevo ímpetu en la corte castellana en los primeros años del siglo XV, a través de una serie de poemas conservados en los cancioneros de la época. Pérez de Guzmán, Villasandino, Sánchez de Talavera, Santillana, Juan de Mena, Gómez Manrique y otros, prepararon el camino a las magníficas *Coplas* de Jorge Manrique. Véase: Anna Krause, *Jorge Manrique and the Cult of Death in the Cuatrocientos* (Los Angeles, 1937); Pedro Salinas, *Jorge Manrique, tradición y originalidad* (Buenos Aires, 1947). Estos estudios no mencionan la obra de don Pedro.

(17) Esta estructura podría llamarse "ideal". Existen elegías en donde estos elementos están incompletos o intercambiados. María Rosa Lida decía que "la convención retórica exigía tres partes en el poema fúnebre: consideraciones sobre la muerte, lamento de los supervivientes y alabanzas del difunto". Véase: *Libro del Buen Amor del Arcipreste de Hita* (Buenos Aires, 1941), 159. Sin embargo, estas tres partes se pueden reducir a dos más amplias y exactas: lamento y consolación. Véase: Camacho Guizado, 17-21.

(18) El uso de la profecía para traer al texto cosas conocidas por el autor que han ocurrido después del tiempo convencional en que transcurre la acción de la obra, ya había sido utilizada, con una intención semejante, en la *Comedieta de Ponça* de Santillana. La diferencia entre una y otra radica en que la *Comedieta*, por ser una comedia, anuncia hechos grandes y felices. En la *Tragedia*, por el contrario, se anuncia otra muerte.

(19) Ernest Robert Curtius, *European Literatures and the Latin Middle Ages*, (Nueva York, 1952), Cap. V, págs. 79-105.

(20) La diferencia más notable que se encuentra entre una elegía popular y una elegía culta depende principalmente de la extensión o brevedad del lamento o "planctus". Cuanto a más lamento desesperado, la elegía es más popular. cuanto a más consolación, más culta. La lamentación popular no literaria, en la edad media, se llamaba *endecha*. En el texto de la *Tragedia*, el viejo recrimina al narrador por su excesivo llanto, al cual compara despectivamente con las endechas de tipo popular y judío: "...quiero que

templadamente tomes el tal sentimiento e que no resembles de todo en todo, seyendo varon, a las delicadas mugeres, ni arremedes e sigas las endechas e maneras de los suzios e viles judios" (fol. 37, pág. 325). Para las endechas populares véase: Manuel Alvar, *Endechas judeo-españolas* (Granada, 1953); José Pérez Vidal, *Endechas populares en trístrofos monorrimos* (La Laguna, 1952); J. Filgueira Valverde, "El 'planto' en la historia de la literatura gallega", *CEG*, IV (1945), 525-580. Por otra parte, el Marqués de Santillana en la definición que sobre elegía escribió en el *Prohemio e carta*, no distingue la endecha de la elegía y dice así: "En otros tiempos á las çeniças é defunçiones de los muertos, metros elegíacos se cantavan; é aun agora en algunas partes dura, los quales son llamados endechas. En esta forma Jeremias cantó la destruyçion de Hierusalem." Véase: *Obras*, ed. Amador de los Ríos, pág. 6.

(21) La *Tragedia*, a diferencia de otros poemas de la época sobre la muete, no tiene nada de truculento. La única mención a un duelo verdadero es ésta: "Ya el insigne e glorioso cuerpo de la reyna tu señora y hermana, a Santa Maria de la Victoria era llevado; ya los lloros y plantos resonavan por todas las cibdades e villas y aun todos los caminos ya eran llenos de doloroas bozes" (fol. 17 Vo., pág. 315).

(22) "Y por aquesto ya muy aquexado me retraxe al mejor remedio de los graves dolores. E invoque al inmortal dios, e puse en mis manos algunos buenos libros, reveyendo si fallaria mal al mio egual. E asy mesmo tome la pendola por esplanar mi anxia e mi congoxa, e juntando mis males con los agenos, a menudo los retexia en la secreta camara de mi pensamiento, mirando sy tenya razon de tanta querella, cuya frecuentada remenbrança alguna consolaçion me dava e no syn causa." (fol. 3, pág. 308).

(23) Además de la obra de Boecio, *De Consolatione Philosophiae*, que es la más famosa, hay otras obras medievales que también usan la alternancia de prosa y verso. Entre ellas el popularísimo tratado de Martianus Capella, *De Nuptiis Philologiae et Mercuri*. Véase: P. Courcelle, *La Consolation de la Philosophie dans la tradition Littéraire* (París, 1967), 18.

(24) La *Tragedia* es una obra autobiográfica; además, el autor es el narrador y el actor de la tragedia. Leo Spitzer llamó la atención de que, en la literatura medieval, el narrador habla como representante del género humano, además de ser un personaje histórico e individual. Véase: Leo Spitzer, "Note on the Poetic and Empiric, 'I' in Medieval Authors", *Romanische Literaturstudien, 1936-1950* (Tubingen, 1959), 100-112.

(25) La *Tragedia*, al igual que la obra de Boecio, está compuesta de la combinación de distintas formas literarias de variada significación dentro del texto: 1) diálogo filosófico; 2) alegoría; 3) apocalipsis; 4) consolación; 5) teodicea. La consolación y el apocalipsis son los elementos esenciales, ya que los otros se supeditan a ellos. Conviene aclarar aquí lo que se entiende por obra apocalíptica ya que, por lo general, se aplica este término a las obras de caracter bíblico. Sin embargo, toda obra que incluya una revelación efectuada por Dios o por un mensajero de Dios, a un hombre que se encuentra en un estado de ignorancia y de sufrimiento y que después de la revelación queda aliviado, se puede denominar como obra apocalíptica. Es indudable que la *Tragedia* se ajusta a esta definición. Véase: Michael H. Means, *The Consolation Genre in Medieval English Literature* (Gainesville, 1972), 10-11; A. K. Rand, "On the Composition of Boethius, *Consolatio Philosophiae*", *HSCPH*, XV (1904), 1-28.

(26) Estas características consistían en: 1) exposición de tópicos filosóficos de naturaleza consolatoria; 2) combinar éstos con un sistema retórico apropiado; 3) citar ejemplos de personajes históricos o mitológicos que hubieran sufrido con valor todas sus desgracias. El fin estaba en aplicar estos elementos a una composición que consolase a un individuo que había sufrido una gran desgracia, normalmente, la muerte de un familiar o de un amigo. Don Pedro, imita la *De consolatione* en el diálogo de dos personajes, uno alegórico y otro, el mismo autor, y así pues hace uso de estas mismas reglas. Para la *consolatio* latina véase: Mary Edmond Fern, "Latin Consolatio as a Literary Type" (Ph. D. diss., St. Louis University, 1931), 223-236.

(27) Estos remedios habían sido fijados por Cicerón en las *Tusculans Disputations*: "El primer remedio para dar consuelo será mostrar que no hay mal en el hecho, y si lo hay, que éste es muy pequeño. El segundo será discutir el significado general de la vida y de las características especiales del que llora, y cualquier otra cosa que necesite ser discutida. El tercero es mostrar que es inutil dejarse abatir por el dolor cuando uno se da cuenta que no hay remedio ni ventaja posible en ello.: Véase para el texto latino: Cicero, *Tusculan Disputations*, tr. J. E. King (Cambridge, Mass., LCL, 1964), III, XXII, 77. La traducción al español es mía.

(28) También sigue aquí don Pedro los principios retóricos fijados por Ciceron, quien determina que la segunda fase de la consolación debe ser la cita de personajes históricos y mitológicos para que, como ejemplo, sirvan para aliviar el dolor. Véase: *Tusculan Disputations*, IV, XXIX, 63.

(29) Este argumento es similar al que Boecio emplea en *De consolatione Philosophiae*, cuando el narrador le recuerda a la dama Filosofía cómo ella misma y sus ideas son tratadas injustamente por algunas gentes. Véase: Boecio, *De Consolatione Philosophiae*, tra. I. T. (1609), revisada por H. F. Stewart (Cambridge, Mass., LCL, 1968), I, prosa III, verso IV.

(30) Boecio daba un argumento muy parecido cuando decía que la felicidad de los poderosos y malos era solamente aparente. Por otra parte, el hombre justo era el verdaderamente feliz porque poseía la verdad de la vida y le estaba reservada la gloria eterna. Véase: *De Consolatione*, I, prosa IV.

(31) R. R. Bolgar, *The Classical Heritage* (Nueva York, 1968), pág. 280.

(32) El texto latino de Boecio es el siguiente: "Quod ut possit paulisper lumina eius mortalium rerum nube caligantia tergamus. Haec dixit oculosque meos fletibus undantes contraota in rugam ueste siccarit". *De Consolatione*, I, prosa, 2. La traducción es mía.

(33) "Quod si nec Anaxagoras fugam nec Socratis venenum nec Zenonis tormenta quoniam sunt peregrina nouisti, at Canios, at Senecas, at Soranos quorum nec perve-

tusta nec incelebris memoria est, scire potuiti. Quos nihil aliud in cladem detraxit nisi quod nostris moribus instituti studiis improborum dissimillimi videbantur". *De consolatione*, I, prosa, 3. La traducción es mía.

(34) El infante Don Pedro murió acribillado a flechazos en la batalla de Alfarrobeira (1429). La reina Isabel de Portugal murió a los 22 años bajos sospechas de envenenamiento (1455). El joven don Joaõ de Coimbra murió (envenenado) en Chipre en 1457.

(35) La fortuna era considerada por los hombres de la edad media como la fuerza que con su cambio constante trae la desgracia de los poderosos y afortunados. Don Pedro ve en ella el móvil trágico que produjo la desgracia de su familia. Sobre la idea de la fortuna como tema trágico, véase: H. R. Patch, *The Goddess Fortuna in Medieval Literature* (Cambridge, Mass., 1927), 67. Para una revisión somera de las ideas medievales sobre la fortuna en la literatura española, véase: Erna R. Berndt, *Amor, Fortuna y Muerte en la Celestina* (Madrid, 1963), 117-156.

(36) Son los mismos que Petrarca daba en su obra, *De remediis utriusque fortunae* (1354-1366). Tal vez tuviera en cuenta don Pedro esta obra que también utilizó al escribir sus *Coplas*. Véase: A. Farinelli, "Petrarca en Spagna nell'Eta Media", *Italia e Spagna* (Turín, 1929), I, págs. 3-38.

(37) Véase: *Exposición de Libro de Job de Fray Luis de León*, en *Escritores del siglo XVI*, ed. P. de Gayangos, BAE, XXXVII (Madrid, 1885), 300-320. Se pueden percibir paralelismos textuales entre el *Libro de Job* y la *Tragedia*. Job decía: "Perezca el dia en que yo naciera y la noche que dijo: Condebido varon, aquel día sea obscuridad" (III, 2). Don Pedro dice: "Maldixe mi mesmo e la vida mia / maldixe el punto en que yo naciera / maldixe la tierra que me sostenia" (fol. 19 Vo., pág. 317). Los protagonistas de las dos obras buscan la muerte porque sólo ésta les puede liberar de la horrible desgracia en que viven. Job dice: "Para que se dara al desastrado luz y vida al amargo de corazón. A los que esperan la muerte y no ella ¿buscáronla más que tesoro?" Don Pedro razona de una manera semejante: "Ca fenescer es mejor / sin retardar / que no esquivo dolor / largo mirar / Las grandes tribulaciones / causan pena muy mas fuerte / que non la terrible muerte / sofrida sin dilaciones." (fols. 45-45 Vo., pág. 329).

CAPÍTULO VI

ELEMENTOS DE ESTILO

La teoría poética de don Pedro.

En la primera mitad del siglo XV estaba en vías de desarrollarse en la Península Ibérica una actitud estética nueva. Entre los escritores de la época hubo algunos que reaccionaron en contra de ciertas corrientes literarias medievales por considerarlas insuficientes para expresar nuevas ideas. Dichas ideas se habían originado a través de un conocimiento más profundo de los clásicos y de la literatura italiana. Esta actitud produjo, en efecto, un menosprecio hacia las formas estilísticas medievales por ser consideradas arcaicas y elementales. El origen de estas reacciones estaba en el impulso dado por un grupo de ilustres estudiosos, Villena, Cartagena y Mena, los cuales, agrupados alrededor de la figura clave de Santillana, podrían considerarse como la primera generación literaria en España.

Si nos basamos en el *Prohemio e carta* que Santillana escribe a don Pedro, poco antes de 1449, también se le puede incluir a él dentro de esta generación de las letras castellanas:

> Vos quiero çertificar me plaçe mucho que todas cosas que entre o anden só esta regla de poetal canto, vos plegan: de lo qual me façen çierto asy vuestras graçiosas demandas, como algunas gentiles cosas de tales que yo he visto compuestas de vuestra prudencia. (II) (1)

En las líneas siguientes, Santillana va a comunicarle a son Pedro su idea de la poesía. Su intención primordial es justificar y elevar la idea de poesía hacia una dignidad no alcanzada hasta entonces. Ve la poesía como un reflejo de la divinidad. El poeta es como un sacerdote que sirve de eslabón entre la perfección casi divina de la poesía y la realidad. Tan insigne labor, sólo puede ser llevada a cabo por seres especiales y superiores:

> Como es çierto este sea un çelo çeleste, una affection divina, un insaçiable çibo del ánimo: el qual, asy como la materia busca la forma é lo imperffeto la perffection, nunca esta sçiencia de poesia é gaya sçiencia se fallaron si non en los ánimos gentiles é elevados espíritus. (II).

Luego procede Santillana a dar una definición específica de la poesía:

> E qué cosa es la poesía (que en nuestro vulgar gaya sçiencia llamamos), sinon un fingimiento de cosas útiles, cubiertas o veladas con muy fermosa cobertura, compuestas, distinguidas é scandidas por çierto cuento, pesso é medida? (III)

La fuente de esta definición en la que se admite la teoría de Horacio de la función de la poesía debe ser *dulce et utile*, no está, como se había tradicionalmente buscado, en el libro X de la *Genealogía de los Dioses* de Boccaccio. Los primeros apartados del *Prohemio e carta* son una clara paráfrasis del *De oratore* de Cicerón, cuyo manuscrito Santillana poseía en su biblioteca. (2) Basándose en lo que Cicerón dice sobre el orador y la oratoria, Santillana lo aplica al poeta y a la poesía. Esto hace que Santillana pueda superar la etapa medieval que identificaba poesía con teología. Sin embargo, su cultura y conocimientos limitados no le permitían llegar a la etapa poética renacentista que identificaba poesía con filología. (3) En la misma forma en que Cicerón afirmaba de la oratoria que abarcaba todas las ciencias, así Santillana lo cree de la poesía. No sólo comprende las cosas vanas y superficiales, sino también las más profundas y oscuras en donde se hallan todas las posibilidades del saber:

> E çiertamente, muy virtuoso Señor, yerran aquellos que penssar quieren ó decir que solamente las tales cosas consistan ó tiendan á cosas vanas é lasçivas: que bien como los fructíferos huertos abundan é dan convinientes fructos para todos los tiempos del año, asy los omes bien nasçidos é dottos, á quien estas sçiencias de arriba son ínfusas, usan d'aquellas é de tal exerçicio, segunt las edades. E si por ventura las sçiencias son desables, asy como Tullio quiere, ¿quál de todas es mas extensa á todas espeçies de humanidat? Ca las escuridades é çerramientos dellas ¿quién las abre, quién las esclareçe, quién las demuestra é façe patentes *sinon la eloquençia dulce é fermosa fabla, sea metro, sea prosa?*... (III) (El subrayado es mío).

La identificación de la composición en verso o en prosa con una especie de elocuencia la compartía con Santillana su amigo Alfonso de Cartagena. Existe de ello la prueba en la respuesta que hace este último a la *Question fecha por el Marqués*, en la cual le dice a don Iñigo refiriéndose a su forma de escribir: "Ver vuestra lucida eloquencia en nuestra lengua vulgar, donde menos acostumbrase suele que en la latina, en que escribieron los oradores passados." (5) Esta misma idea también fue aceptada por don Pedro, el cual imitó a Santillana principalmente en el estilo y ajustó así mismo sus obras a las formas retóricas indicadas por Cicerón en sus tratados de oratoria.

Por otra parte, el hecho de que Santillana hubiera formulado su precisa y extensa definición de la poesía en una carta al joven Condestable es especialmente significativo para comprender la mentalidad y la obra de don Pedro. Las dotes naturales de ánimo gentil y elevado espíritu que, sin duda, poseía don Pedro y la extensa formación cultural que había adquirido a través de sus estudios, le hacen un claro representante del concepto de poeta que tenía Santillana.

Analizando las palabras dichas por don Pedro en sus glosas, es posible deducir que éste (lo mismo que Santillana) consideraba la poesía como un fingimiento de cosas útiles. Así lo da a entender, en efecto, en una referencia a Virgilio, a quien considera el poeta por excelencia entre los latinos y a quien interpreta que finge la historia al hablar de Dido: "E por fuyr el corrumpimiento de su verdadera castidad, fecho grand fuego, viva se dexo morir en las llamas, segund quieren los verdaderos estoriografos e abtores haun que Virgilio haya fingido otra cosa" (Copla, 79, glosa Dido). (6)

También aplica don Pedro a sus obras el mismo énfasis que Santillana daba a la utilidad científica y moral que debe poseer el uso de la verdadera poesía. Sin embargo, se puede notar que en el *Prohemio e carta*, Santillana hace una distinción entre dos tipos de poesía: uno didáctico en el que se formulan cosas útiles y morales y que se identifica con la elocuencia, y otro de pasatiempo litera- rio en donde el fingimiento y la hermosa cobertura sólo sirven para entretener. Santillana mismo admite que había compuesto poesías de entretenimiento en distintos períodos de su vida, las cuales con- sideraba poco dignas de valor:

> De parte vuestra, Señor, me rogó que los decires é canciones mias enviasse á la vuestra manificiencia. En verdat, Señor, en otros fechos de mas importancia, aunque á mí mas trabajosos, quisiera yo complacer á la vuestra nobleça; porque estas obras ó a lo menos la mas dellas, non son de tales materias, nin así forma- das é artifiçadas que de memorable registro dinas pa- rescan. (I)

En las *Coplas* se halla una distinción semejante entre los dos tipos de poesía. Don Pedro antepone la poesía de caracter filosófico y moral a la poesía de inspiración y entretenimiento, por no parecer- le, esta última, digna de guiar al hombre hacia el verdadero camino de la salvación. Así pues, invoca a la "santa musa" que identifica con la filosofía y rechaza a las musas poéticas:

Cantan santa musa en coplas e versos
Resuenen tus boses, fieran los oydos
De todos los omens buenos e perversos.
Busca armonia de dulçes sonidos,
E sean remedios aqui pervenidos,
Por que no prevenga la desesperaçion.
Demuestra los bienes que son infinidos,
Fas tu patente nuestra salvaçion.

(Copla, 63, *Obras Completas*, 255-56).

Ydvos daqui, musas, vos que en Pernaso,
Segund los poetas, fesistes morada,
Ydvos muy allende del monte Caucaso,
Pues no sodes dignas daquesta jornada.
Nin vuestra ponçoña sera derramada
Con la su dulçesa en las venas mias,
Ca ser no me plaze de vuestra mesnada,
Ni soy Omerita, nin sigo sus vias.

(Copla 64, *Obras Completas*, 256).

Es indudable que don Pedro está aquí parafrasenado el texto de *De consolatione Philosophiae* de Boecio, cuando la dama Filosofía expulsa a las musas que quieren consolar al atribulado poeta. (8) Sin embargo, hay en estos versos una diferenciación entre dos niveles distintos de poesía, uno superior por su valor útil y moral y otro inferior cuyo único propósito es entretener. En su idea de poesía Santillana y don Pedro están aún lejos del concepto poético del renacimiento, ya que no perciben la poesía como expresión de la belleza que se comunica a través de las palabras e imágenes y que posee un fin estético, válido en sí mismo. Para ellos la verdadera poesía debía tener siempre un fin moral y útil.

Es posible deducir, por lo tanto, que esta carta de Santillana marca un hito claro en la producción literaria de don Pedro. El Marqués había mostrado cierto menosprecio hacia las poesías corteses que le solicitaba don Pedro:

> Ca estas cosas elgres e jocosas andan e concurren con el tiempo de la nueva edat de juventud; es de saber: con el vestir, con el justar, con el dançar, e con otros tales cortesanos exercicios. E asy, Señor, muchas co-

Naturalmente la inmediata reacción del joven Condestable, que gustaba de los poemas cortesanos, fue dudar de sus primeras composiciones. En el prólogo de la *Sátira*, escrito varios años después de acabar la primera versión portuguesa en 1448, confiesa:

> Assy que escriviendo, muchas vegadas propuse de me retraher de lo començado e, retraydo, al dios Ulcano lo sacrificar. (*Sátira*, pág. 5).

Por esta causa abandona el estilo cortés y caballeresco de la *Sátira* y en sus otras dos obras, las *Coplas* y la *Tragedia*, se ajusta a la definición dada por Santillana. En ellas, la elocución, ya sea en verso o en verso y prosa, cubre, con hermosa cobertura de imágenes, alegorías y figuras del lenguaje retórico, una intención útil, didáctica y moral.

Los usos retóricos en la obra de don Pedro.

Al estructurar sus obras, don Pedro no se contenta con hacer adaptaciones y paráfrasis al estilo medieval, sino que tiene en cuenta los elementos básicos de la retórica clásica, la *inventio* y la *dispositio*. En esto, el Condestable sigue la trayectoria que Santillana había fijado en sus escritos, los cuales siempre tendían a buscar una "nueva manera" de escribir distinta a la medieval. (9) El nuevo estilo estaba relacionado con la identificación de la poesía con la elocuencia, tal como el Marqués lo había expuesto en su definición. La "fermosa cobertura" de "cosas utiles" debía estar sujeta a un cierto "cuento, pesso y medida". Al mismo tiempo, la expresión debía ajustarse a las reglas determinadas por los tratados de la retórica clásica. El *De inventione* de Cicerón y la *Rhetorica ad C. Herennium*, habían sido conocidos durante la edad media, pero no es hasta el siglo XV, con el descubrimiento de los textos originales y la influencia del humanismo italiano, cuando son aplicados con entusiasmo a las composiciones poéticas.

El análisis de las dos últimas obras de don Pedro, las *Coplas* y la *Tragedia*, destaca la aplicación de unas reglas semejantes a las que Santillana había utilizado cuando investigaba una nueva forma de escribir. Estas normas no sólo alcanzaban la medida justa y ordenada de las estrofas sino que comprendían la composición y disposición de los poemas de acuerdo con el orden y los principios de la retórica clásica. Así, Don Pedro ajusta la composición de sus escritos a los principios dados para la exposición del discurso: exordium, narratio, confirmatio, epilogus.

Iniciaba la obra el exordio que servía para llamar la atención del público y prepararlo para que escuchase con gusto y benevolencia. Los recursos retóricos normales eran la *periphrasis* y la *invocatio* (10). En el exordio que don Pedro utiliza en la parte elegíaca de la *Tragedia*, la perifrasis intenta despertar el interés del lector insinuándole en pocas palabras el contenido de lo que va a seguir (11). Esto lo hace por medio de una apóstrofe directa a distintas partes de su cuerpo, los ojos, las manos, la lengua. Todos ellos expresan dolor e insinúan, sin precisar, la muerte de un ser querido:

> O vos ojos mios, dexad de llorar
> e tu, mano triste, la pluma acierta
> o tu rude lengua, dexa de gridar
> pues sabe que es çierto no ser cosa çierta

> (fol. 5, pág. 309)

También dentro de la perífrasis, el autor declina ser el único que cante la desgracia. Quiere que la fama le acompañe. Este recurso insinúa que el tema del que va a hablar es muy importante:

> Recuenta llorando o bolante fama
> di e pregona con boz eloquente (12)
> Con alas veloçes tus nuevas derrama,
> e faz mi mal grande a todos patente.
> Abraça trigança, pereza desama,
> resuenen tus gridas delante la gente
> e todas naçiones llora y reclama
> retiene mis dichos e mis quexas siente,
> de los maldizientes amata su flama! (13)

(fol. 5 Vo., pág. 309)

La invocación que sigue, servía para evitar la sospecha de arrogancia por parte del lector y del oyente, a la vez que con ella pretendía ganar la simpatía del público. En la *Tragedia*, se recoge la fórmula pagana crisitianizándola. En vez de ser las musas poéticas, el protector a quien don Pedro invoca es Dios omnipotente: (14)

> A ty de los grandes muy grande señor
> a ty soberano convoco e llamo,
> a ty no factura, mas sumo factor,
> a ty las mis preçes e rruegos derramo
> que de mi viage seas guiador.
> A ty dios eterno en alta boz clamo
> a ty de los flacos fuerte protector,
> a ty no demando el dorado ramo
> mas solo te pido tu sacro favor

(fol. 6, pág. 309-10)

Sigue al *exordium*, la *narratio* que consiste en la exposición de los hechos. La narración literaria que emplea don Pedro corresponde al tipo que la retórica clásica denominaba *narratio aperta*.

(15) Consistía en expresar una idea a través de la ordenación y encadenación causal de los elementos que componían la narración. Estos elementos podían expresar diversas personas, cosas, tiempos, lugares, etc. En la *Tragedia* se puede encontrar una ordenación de la cadena de los seres del mundo, los sentimientos, el tiempo. En la primera parte, por tratarse de una elegía o un planto, resalta el luto y el dolor que siente el universo entero por la muerte de la reina Isabel. Para ello el poeta elabora un mundo sacudido por la desgracia a través de las visiones que se le presentan:

los vientos:	*"las bozes d'Eolo muy fuertes bramaron"*
la energía:	*"e fuera de madre los rios salieron"*
los astros:	*"Apollo e Febo ambos se eclipsarón"*
la tierra:	*"las circunvezinas planuras tremieron"*
animales de tierra:	*"los domados canes todos aullaron"*
animales de aire:	*"las aves bolantes sus pechos firieron"*

(fol. 8, pág. 311)

alegoría:	*"la bolante e parlera fama te lo denunciara"*

(fol. 16, pág. 315)

criados:	*"ya todos eran cubiertos de la blanca e triste librea"*

ciudadanos:	*"ya los lloros e plantos resonavan por todas las ciudades y villas"*
caminantes:	*"y aun todos los caminos ya eran .llenos de dolorosas bozes"*

(fol. 16 Vo., pág. 315)

Más adelante, después de reaccionar desesperadamente maldiciendo la existencia que permite la muerte prematura de seres inocentes, el poeta se enfrenta intimamente con su propio dolor. Va expresando una serie de tristes estados de ánimo por los que pasa su alma, utilizando la *narratio aperta* en la ordenación de elementos que se refieren a sus sentimientos:

> E luego la *culpa* mas grande tornava
> a mi *maladicha* e *desaventura*
> la qual ciertamente punto no dubdava
> ser causa de toda mi *grave tristura*
> Aquesto mi *mente* me certificava
> por lo qual maldixe a mi *triste signo*
> que tantos *dolores* e plagas causava
> maldixe mi *fado maldito mesquino*
> que tantos *pesares* a mi demostrava.

(fol. 20 Vo., pág. 318)
(El subrayado es mío.)

Los recursos retóricos de la *narratio aperta* se concentran en la *Tragedia* también para expresar la temporalidad. A través de este recurso se trata de representar el proceso de acomodación que el poeta debe sufrir para poder aceptar la noticia de la desgracia. Se muestra la sucesión del sueño a la vigilia, de la oscuridad a la luz, del presentimiento a la certidumbre, de la duda a la realidad. La noche significa la suspensión del hecho, la luz la comprobación:

modo:	dormiendo primero me fueron mostrados

(fol. 6, Vo., pág. 310)

tiempo:	la medrosa noche del todo passada
modo:	la qual sossegado avia dormido la luz diuturna avia llegado
tiempo:	mas Febo no era aun pervenido (18)

(fol. 7, pág. 310)

También aparece la forma *adiuncta narratione* en la primera prosa de la *Tragedia*. En ella se da el tiempo: "ya el primero invierno con sus esquivos fríos nos combatía... ya las aves nocturnas la deseada hora de caçar esperavan". El modo: "al punto que yo sin ventura". El lugar: "retornado de los verdes campos". La causa y el estado

> antes creed syn dubda que mis grandes malles dormiendo primero me fueron mostrados

(fol. 6 Vo., pág. 310)

Al salir de la inconsciencia del sueño, el presentimiento de la muerte se hace más claro:

> La medrosa noche del todo passada
> la qual sossegado avia dormido
> la luz diuturna avia llegado
> mas Febo no era aun pervenido

(fol. 7, pág. 310)

Es en el pleno día cuando la evidencia de la muerte es del todo palpable:

> El dia siguiente se me demostraron
> muy grandes señales que mis ojos vieron

(fol. 8, pág. 311)

Aparte de estos usos de la *narratio aperta*, la retórica dividí la narración literaria en *initium, amplificatio, trnasitus*. (16). En la *Tragedia*, el *initium* o comienzo de la acción que se va a contar está expresado en la forma *adiuncta narratione,* (17) que precisa de una forma más o menos vaga, la causa, el modo, el tiempo en que transcurre la narración y el estado de ánimo en que se encuentra el poeta:

modo: Syn claras visiones no creays mortales

causa: que mis cruos daños quedaron celados ante
                creed syn dubda que mis grandes malles

de ánimo: "a los quales por deportar e aliviar mi tristeza fuera salido" (fols. 8 Vo., pág. 311).

Al *initium* sucede la *amplificatio* que refuerza la información dada hasta entonces. En la parte de verso de la *Tragedia*, la amplificación trata de las señales que se presentan para presagiar la muerte de la reina (fol. 8, pág. 311). En la de prosa, la amplificación toma la forma de una *digressio*, (19) en donde se alude a la vida d padre de don Pedro, el Infante Don Pedro (fols. 9-12, págs. 311-13) que, a su vez, precede la confirmación definitiva de la muerte que se había insinuado en el *initium* (fol. 15, 15 Vo., pág. 314)

El *transitus* sirve para hacer la transición entre la *narratio* y la *confirmatio*. En la *Tragedia*, esta transición se efectúa a través de una sola estrofa que expresa la reacción violenta del protagonista contra la noticia recibida:

Calla! no digas ni fables tal cosa,
la qual dios defienda ver yo en mi vida,
que la mas insigne e mas virtuosa
prinçesa del mundo sea fallesçida!
Calla tal nueva triste dolorosa,
e no pronostiques mi total cayda!
Bastar a ty deve mi vida llorosa:
ferir mas no quieras de mortal ferida
con tu cruel boca e boz espantosa.

(fol. 15 Vo., pág. 314)

La *confirmatio* ratificaba lo expuesto con anterioridad, dándole autoridad y firmeza (20). En la *Tragedia* la confirmación está dramáticamente delineada. La llegada de otro mensajero confirma lo presentado en el exordio y la narración: la muerte de la reina. Se dan detalles precisos del duelo y del lloro de los que ya conocían el suceso. Para ello se usa otra técnica retórica, la *ratiocinatio*, en donde se recapitula sobre las circunstancias que rodeaban la acción, empleando figuras como la anáfora y la acumulación, que por lo repetitivas sirven para convencer:

Ave por cosa çierta, que ante de la mi partida de Evora, ya todos eran cubiertos de la blanca e triste librea; ya el insigne e glorioso cuerpo de la reyna, tu señora y hermana, a santa Maria de la Victoria era llevado; ya los lloros y plantos resonavan por todas las çibdades y villas, y aun todos los caminos ya eran llenos de dolorosas bozes" (fol. 16 Vo., pág. 315)

Entre la *confirmatio* y el *epilogus*, hay otra transición. En ella, el poeta aparece sumido en la inconsciencia que la noticia de la muerte de su hermana le ha postrado. Reacciona y trata de recobrar el sentido:

Bien como despues que l'anima parte

del humano cuerpo do fizo morada,
mover no se puede a ninguna parte
la carne mesquina, syn fuerças dexada,
assi dessentido quede por tal arte,
creyda la nueva tan dessaventurada,
de mi a la hora no sabiendo parte,
bien como persona del todo finada
que ya de la vida no le fazen parte

(fol. 17, pág. 315)

El *epilogus* en la retórica clásica servía para, al final de lo expuesto, conmover los sentimientos del público (21). En la *Tragedia*, el poeta pretende que sus lectores le acompañen en su dolor. Así pues, trata de despertar su compasión, al mismo tiempo que muestra la maldad de su adversario que en este caso es la muerte. Se vale de varios recursos retóricos como son la *conquestio* y la *indignatio*, (22) en donde se insulta y maldice el mundo y la muerte:

Entonçe maldixe con mucho furor
las falsas riquezas e las dignidades,
maldixe el çelso y real honor
maldixe a todas vanas potestades,
maldixe Antropos e su grand error (23)
maldixe a la gala e febles beldades,
maldixe al mundo lleno de tristor,
maldixe las frescas y verdes edades,
pues salvar no pueden de muerte y dolor

(fol. 19, pág. 316-17)

Normalmente, en los epílogos de las elegías la retórica clásica aconsejaba que se sirvieran de los *loci commune*, tales como el tema de la brevedad de la vida, la falsedad de las cosas materiales, etc. Cicerón recomendaba un tono sentencioso para que el oyente sintiera una gran simpatía hacia el orador (24). Don Pedro, teniendo esto en cuenta, repasa el universo entero del género de la *narratio aperta*, enumerando progresivamente las cosas, las personas y los problemas de la existencia que no pueden ayudar a escapar de la muerte y del dolor:

> Maldixe la hora, maldixe el dia
> en que tanto daño me acaesçiera;
> maldixe mi mismo e la vida mia,
> maldixe el punto en que yo nasçiera
> maldixe la tierra que me sostenia
> maldixe fortuna que tal consentiera,
> maldixe la muerte e su osadia,
> maldixe la casa adonde moriera
> la mas acabada dama que bivia

(fol. 19 Vo., pág. 317)

El epílogo de la elegía o del "planto" de la *Tragedia*, no termina la obra entera; sirve para introducir la segunda parte, la consolación, que a su vez también, como ya vimos en el capítulo precedente, se ajusta a las estructuras retóricas clásicas, propias del género consolatorio. Es evidente que en sus obras don Pedro somete su creatividad e inspiración literaria a los preceptistas retóricos clásicos. Forma parte de la generación de los pre-renacentistas castellanos del siglo XV, y siente la necesidad de incorporar los conocimientos humanistas que empezaban a nacer en España a su producción literaria. Quería, como Santillana, que su obra fuera de una "nueva manera", anticipando con ello las formas y técnicas que serían de uso común para los escritores de los siglos XVI y XVII, tanto en España como en Portugal.

Es interesante percibir que don Pedro no sólo sigue las normas de la retórica clásica en la composición y la disposición de sus obras, sino que también utiliza gran variedad de figuras del lenguaje retórico en su estilo literario (25). Entre ellas aparece la *definición*, que emplea en gran abundancia en su forma más sencilla, el epíteto: (26) "la raviosa fortuna", "la noble cibdat de çepta" (*Tragedia*, fol. 9, pág. 311), "la más perfecta Señora" (*Sátira*, fol. 9, pág. 33). "De ty que dire o bolante fama" (*Copla*, 14 a). También las utiliza en formas más complicadas: "e aquel grande Atrides, Agamenon, emperador de los griegos, rey de Miçenas" (*Tragedia*, fol. 12, pág. 313). "Resguardad a Mida, tragador de Oro" (Copla, 12 a), "aquella virgen Tasia servidora de la deesa Vesta" (*Sátira*, fol. 37 Vo., pág. 113).

Otra figura que aparece a menudo en las tres obras es la *enumeración* detallada. (28) Esta forma había sido muy utilizada en la edad media, porque servía para traer a la memoria las hazañas y hechos de los personajes bíblicos, históricos y mitológicos como ejemplos de vida en las obras medievales. Don Pedro las emplea con la misma intención: "Xerges e Alçibiades, Almilcar e Anibal e Pompeo e Gayo Cesar" (*Tragedia*, fol. 13, pág. 313). En las *Coplas* también aparece:

Desterro Camilo, omen glorioso,
Ya Curiola, el pueblo romano;
Desterro Theseo, duque valeroso,
Ya Temiscodes, el pueblo insano;
Servio aquel çesar, famoso tirano,
Servio aquel Silla, malo e cruel,
Servio Dionisio, el siracusano
Y fue a los buenos de raro fiel.

(Copla, 46, pág. 235)

También emplea la *reticencia*, la cual, según María Rosa Lida, es "un verdadero escamoteo de la enumeración" (28) en donde la repetición se sustituye por un indefinido plural: "e otros syn cuento principes muy valiosos... assy de los que he recontado" (*Tragedia*, fol. 13, Vo., pág. 313). En la *Sátira*: "dejados los altares de la Reina de los Dioses, dejados los de Citarea, los de Minerva e los de Diana" (fol. 22, pág. 56-57).

Constantemente aparece la *perífrasis* en sus distintas variaciones (29). Una de ellas es la perífrasis recargada, en donde se hace derroche de documentación culta de alusiones mitológicas, para mencionar la estación, el mes, la hora y el día:

> Ya el primero ínvierno con sus esquivos frios nos combatia, ya Capricornio sus cuernos nos demostrava, seyendo aquel dia al viejo Saturno dedicado, ya el fermoso Latonigena en el oçeano pielago su dorado carro avia escondido, ya las aves nocturnas la deseada hora de caçar esperavan... (*Tragedia*, fol. 8 Vo., pág. 311).

Este mismo uso aparece también en la *Sátira*:

> En el mes del César, día de Lucima, a la hora del radiante Apolo bannado en las esperias ondas con sus doradas crines la rica posada de Neptuno alumbrar comenzaba (fol. 5-5 Vo., pág. 15-18).

Don Pedro usa la *anáfora*, a menudo, para dar fuerza expresiva a la prosa y al verso (30).

> *Maldixe* la hora *maldixe* el dia
> en que tanto daño me acaesçiera
> *maldixe* mi mesmo e la vida mia,
> *maldixe* el punto en que yo masçiera
> *maldixe* la tierra que me sostenia,
> *maldixe* fortuna que tal consentiera,
> *maldixe* la muerte e su osadia,
> *maldixe* la casa a donde moriera
> la mas acabada dama que bivia.

> (*Tragedia*, fol. 19 Vo., pág. 317)

A veces combina la anáfora de ritmo ternario:

> *Maldixe* los doctos en la mediçina,
> e la su sçiencia pues tan poco presta;
> *maldixe* la feble natura mesquina,
> de los humanales a caher tan presta;
> *maldixe* la vida de maldicion digna
> que tan poco dura e tanto molesta;
> *maldixe* la causa tanto peregrina...

(Tragedia, fol. 20, pág. 317)

En las *Coplas* el empleo de la anáfora es abundantísimo:

> O Dios verdadero, o omen perfecto,
> *Tu que* de nada el orbe criaste,
> *Tu que* el mas bravo tornaste quieto,
> *Tu que* moriendo a todos salvaste,
> O Rey de los reyes quel çielo formaste,
> *Tu que* eres padre de la sapiença,
> Prestame ayuda, como la prestaste
> Al rey sapiente en grand afluença.

(Copla, 60. págs. 253-54)

Dentro de la variedad de la anáfora, está la repetición de palabras. A veces este uso toma un matiz de exhortación: "Dexa, dexa los plantos e lamentaciones" (*Tragedia*, fol. 23, pág. 319). Otras veces la repetición sirve como retuécano: "Morir sera vida y vida será muerte" (*Tragedia*, fol. 8 Vo., pág. 316), "Temed su muy justa y potente mano porque no temades ningunos temores" (*Copla*, 119, pág. 301). Este último ejemplo podría considerarse como otra variedad de la anáfora, la llamada figura etimológica, (31) que expresa distintas inflexiones de una misma palabra:

> I si tu *ayuda* me no dan *ayuda*
> jamás mi *cuydado* averlo me *cuyda*

(Tragedia, fol. 76 Vo., pág. 340)

En las *Coplas* también aparece esta forma:

> Hoyan los cielos: lo que fablare
> y hoya la tierra: y hoya la mar,
> inclinen oydos: a lo que dire
> hoyan atentos: el mi razonar

(Copla, 117m pág. 240)

De las figuras retóricas llamadas patéticas y afectivas, don Pedro utiliza abundantemente la *exclamación*: (33)

> Calla! no digas ni fables tal cosa
> la qual defienda ver yo en mi vida,
> que la mas insigne e mas virtuosa
> prinçesa del mundo sea fallesçida!
> Calla tal nueva triste dolorosa
> e no pronostiques mi total cayda!

(*Tragedia*, fol. 15 Vo., pág. 314)

En la *Sátira* la exclamación acompaña los lamentos del amante: "¡O aborrecible crueldat, a las fieras propria e muy conviniente!" (*Sátira*, fol. 6 Vo., pág. 32). "¡O soberana fortuna, adversadora de todo mi bien!" (*Sátira*, fol. 8 Vo., pág. 54).

Las *interrogaciones* (33) que aparecen en las tres obras son abundantísimas; con ellas el autor pretende dar dramatismo y movimiento al texto:

> ¿E como? ¿tu ynoravas que con tal pacto e convenençia era nasçido que debiera morir? (*Tragedia*, fol. 23 Vo., pág. 317).

> ¿Por qué me detengo tanto sin fablar de su mucha fortaleza? (*Sátira*, fol. 24 Vo., pág. 47).

Otra forma afectiva que se encuentra a menudo son los apóstrofes: (34)

> Recuenta llorando, o bolante fama
> di e pregona con boz eloquente

(*Tragedia*, fol. 5 Vo., pág. 309)

> ¡O hombre cativo, desencarcela tu libertad de la tenebrosa e muy amarga carcel! (*Sátira*, fol. 13, pág. 57)

> O tu grand Minerva: que siempre emanas
> muy veros preceptos: en gran abastança

(Copla, 1, pág. 181)

Las *prosopopeyas* o personas ficticias, (35) están empleadas para animar el diálogo creando interlocutores:

> Sy yo no te lo dixesse, la bolante e parlera fama que todas las cosas divulga te lo denunciara. (*Tragedia*, fol. 16, pág. 315).

En las *Coplas*, hay gran acumulación de prosopopeyas. El autor se dirige a las cosas materiales que quiere combatir, como si fueran personas:

> Bolvamos la pluma: a ti o privança,
> ufana, ingrata: mintrosa, irada,
> tu pones en hombre: toda tu fiança
> por ende de males: eres recercada.

(Copla, 27, pág. 237)

En la *Sátira*, la prosopopeya sirve para dar animación a la narración:

> ¡O aborrible crueldat, a las fieras propria e muy conviniente! No sé quien te ama, non sé quién te precia por cosa que tengas so engañosa color de seguridat o de bien endança! (Fol. 6 Vo., 7 pág. 29-30)

Don Pedro emplea en el estilo didáctico y moral de sus obras, las figuras lógicas de la retórica tradicional. Entre ellas la antítesis (36) y la paradoja: (37).

> Por cierto segund mi sentençia, aquel se dira morir que muere de muerte perdurable e no aquel que muere para bevir en vida felice e bienaventurada. (*Tragedia*, fol. 26, pág. 320).

También se encuentran estas formas en la *Sátira*:

> Quexoso de diversas querellas con baxa cara, no menos triste que alegre por oir loar aquella que de mis infinitos daños fue amargo comienzo, e era vida e muerte de mi apasionada vida (*Sátira*, 46 Vo., pág. 135).

Otra forma lógica que aparece abundantemente es la *concesión*: (38).

> Tu me diras no creeria yo que aquella perfecta señora mia no partiesse desta vida sin grand lastima e dolor inmenso... Yo no te negare que sobre todas cosas sentía de tal apartamiento... (*Tragedia*, fol. 26 Vo., pág. 320).

También dentro de las formas lógicas utiliza la *gradación* la cual mezcla, a veces, con la enumeración:

> E despues desto se recordava del su fazedor e que la

vida, el grande estado, las riquezas, las pompas y aparatos reales, el virtuoso e alto marido, de la mano de dios los avia resçebido. (*Tragedia*, fol. 26, pág. 320)

En la *Sátira* se emplea para alabar las virtudes de la señora:

Fablando primero de su mucha caridat. Do los / tristes afflictos fallan grand reparo, los desnudos cubre, los que han fambre abonda, los llagados manda curar, las matronas e biudas ayuda, los huerfanos ampara, e en piedat valerosa a la muger de Haned sobrepuja. (*Sátira*, págs. 108-110).

Este somero análisis sirve para mostrar la técnica y la experiencia que don Pedro tenía en los usos retóricos. Es evidente que el Condestable pretende mostrar a través de su pericia en las reglas de la retórica clásica que él mismo es uno de aquellos espíritus gentiles y superiores de los cuales le hablaba Santillana.

La lengua en las obras del Condestable.

Las particularidades lingüísticas que don Pedro emplea en sus obras, tanto en la prosa como en el verso, responden a la moda culta de los escritores castellanos del siglo XV (39). La tendencia de estos autores era tratar de imitar el estilo de los escritores latinos. El descubrimiento y el estudio de textos llevado a cabo por los humanistas italianos, había implantado la idea de considerar el estilo clásico latino como el modelo de perfección en la composición literaria. Para ello forzaban las estructuras propias del romance castellano a fin de que éste se ajustara en alguna forma al latín clásico. Sin embargo, don Pedro no lleva esta tendencia al retorcimiento latinista de algunos de sus contemporáneos. En sus obras no se encuentran hipérbatos ininteligibles como los que aparecen en la traducción de la *Eneida* que hizo Enrique de Villena: "tirandolo asi de arrincada, espantable de dezir vi un maravilloso mostruo que de la rrama e su rayz sacada salieron gotas de sangre" (40). Tampoco utiliza palabras tan absolutamente latinas como en este verso de Juan de Mena: "si amor es ficto, vaniloco y pigro" (41). Su estilo recuerda más a Juan Rodríguez del Padrón y a Alonso de Cartagena, y su prosa tiene la ponderación rítmica y elegante del Marqués.

La sintaxis utilizada por don Pedro en la *Sátira* y en la *Tragedia* se basa en períodos largos cuyos verbos se encuentran, casi siempre, al final de la frase:

> No niegues la devida fe a la cruel e espantosa nueva que te *es relatada*, sy yo no te lo dixesse, la bolante e parlera fama que todas cosas divulga te lo *denunciara*. (*Tragedia*, fol. 16, pág. 315)

También se encuentran estas frases en el texto de la *Sátira*:

> Mi discreçion que çinco años avia tenia puesta una impla delante sus ojos, çiega, enmudesçida en mis congoxas, ravias e dolor perstilençial, *consintia*, consçiendo o pensando que alguna color de esperança por remedio o reparo e fyn de mis males me siguia. (*Sátira*, pág. 34)

Es posible apreciar el abundante uso de la voz pasiva:

> Tu dixeras o juzgaras no *ser vencida* por la muerte. (*Tragedia*, fol. 26, pág. 320).

> passados largos afanes en conquista troyana por descanso de ellos a mano de Egisto *ser muerto*. (*Tragedia*, fol. 13, pág. 313).

> Aquel terrible / Can de las tres bocas que a la puesta del orrible prinçipado esta, a do aquel Piritoo del *fuera comido*. (*Sátira*, pág. 84).

Es normal el uso del auxiliar "ser" por "estar" o "haber":

Or de quantas angustias *es llena* esta triste vida, de quantos enojos o trabajos *es abastada*. (*Tragedia*, fol. 36, pág. 325).

Mi apassionada vida como fuera pasada cinco años *había*. (*Sátira*, fol. 15 Vo., 46).

A veces calca al romance el participio de presente latino con valor de adjetivo, en lugar de la oración de relativo:

e regando con *manante* fuente de los mis ojos (*Tragedia*, fol. IV, pág. 316).

vivir es morir, en hedat *cayente* (Copla, 21, pág. 246).

recuenta llorando, o *bolante* fama (*Tragedia*, fol. 5 Vo., pág. 309).

El gerundio, que escaseaba en la literatura anterior al siglo XV, aparece profusamente en la obra del Condestable:

Ferio nuestra casa mi padre *matando*
principe claro, mejor de los buenos
mis nobles hermanos e mi *desterrando*
injustos sietaños poco mas o menos

(*Tragedia*, fol. 67, pág. 341)

Yo en mi tristeza muy amarga plañiendo mi mala vida, e *menospreciando* todo mi bien continuamente vivia (*Sátira*, fols. 17-17 Vo., pág. 46).

Aparece a menudo, la expresión de artículo más posesivo:

non contenta de la muerte *del tu* muy noble e valeroso padre, fijo segundo d'aquel glorioso rey que a *la su* espada tan duramente fiso sentir a los castellanos (*Tragedia*, fol. 9, pág. 311).

A veces utiliza el uso arcaico de la conjunción *que* por aunque:

Las ondas e tempetuosos rebuelcos de la fortuna fiera en nuestro pecho mas no nos turben, e que nos turben, no ayan ni aporten de nos la victoria (*Tragedia*, fol. 29, pág. 322).

Es abundante la repetición de demostrativos y relativos con valor anafórico:

Aquel tu señor *que* tanto era amado del padre suyo
...*Aquel que* con tanta reverencia e lealtad...
Aquel que regio los reynos de los portugueses...
Aquel que al rey Johan de Castilla sostovo...
Aquel cuya liberalidad a todos los nobles...
Aquel que era amado de todos los buenos...
Aquel que era regla de principes... (*Tragedia*, fols. 10-12, págs. 311-12).

Los adjetivos, numerosísimos, van casi siempre antepuestos al sustantivo y los encontramos dobles y hasta triples:

Sabe que la fortuna e los *crueles* fados no fueron contentos de aqueste tan *claro* principe aver fecho morir cruamente e de toda su casa con *triste* e *grave* cayda assolar, entonçe quando el esperava los *quietos* galardones de veges, e obtener las gracias de los *passados grandes e leales* servicios... (*Tragedia*, fol. 12, pág. 312).

En las *Coplas*, la abundancia de adjetivos es aún más grande que en las otras dos obras:

Miremos al *excelso*: y muy *grande* dios,
dexemos las cousas *caducas* y *vanas*,
rretener devemos: las *firmes* con nos,
las *utiles*, *santas*: muy *buenas* y *sanas*.
O tu *grand* Minerva: que siempre emanas
muy *veros* preceptos: en *grand* abastança,
imploro me muestres: tus leyes *sobranas*,
y fiere mi pecho: con tu *luenga* lança.

(Copla, 1, pág. 185)

Otras veces se incluyen adjetivos, que son calcos latinos, para susti-
tuir a la perífrasis de más *nombre propio*:

venido a las *italicas* o *esperias* provincias (*Tragedia*,
fol. 10, pág. 312)

Y las *gálicas* y *germánicas* regiones (*Tragedia*, fol. 9
Vo., pág. 312).

Al hablar de las peculiaridades linguísticas de las obras de don
Pedro, es interesante notar que muchas palabras no han alcanzado
aún estabilidad ortográfica. Estas vacilaciones pueden ser debidas
al mismo don Pedro o a los copistas de los manuscritos. En el siglo
XV eran normativas ya que no sería hasta un siglo más tarde, con
la fijación de la imprenta, cuando las grafías se consolidan (42). Es
corriente ver en los textos de don Pedro la alternancia entre —t/—d,
al final de la palabra:

Aquel que con tanta reverencia e lealtad, con tanto
acatamiento, con tanta humanida*t* (*Tragedia*, fol. 10,
pág. 312).

Et quales son o a do se fallaran / mayores contrarios
que crueldat e virtu*d*? Tu los ayuntastes en la mas

perfecta señora que bive, tu fesiste que su virtud e
beldat engañassen mi coraçon. (*Sátira*, pág. 33).

Otra característica es la vacilación entre la ausencia y conservación
de la f— inicial de palabra. Predomina la conservación, sobre todo
en la *Sátira*, donde no se registra ningún caso de pérdida:

> E que *fazes* tu, o hombre? por ventura estas cosas son
> de uerte e grande varon? (*Tragedia*, fol. 23, pág. 318).

En el Mss. del Escorial de las *Coplas*, la vacilación es constante; sin
embargo, en este caso, puede ser debido al copista, posiblemente
castellano, no a don Pedro:

> Ser deven de vos muy menospreciados
> los vanos onores y las dinidades
> los quales no dinos ni menos onrados
> os *h*aze por çierto si bien lo mirades
> en flaco çimiento gran torre fundades
> pensando con ellas *f*azeros mas dinos
> mas es lo contrario que vos no pensades
> que las mas vezes os *f*azen yndinos

> (Copla, 19, fol. 33)

También hay vacilación y confusión en las sibilantes: z, c, s, ç.
Aunque esto puede ser sólo una confusión gráfica ya que estas letras se transcriben muy dificilmente:

> gozate de tanto groso (*Tragedia*, fol, 28, pág. 321) se-
> gund fesieron (*Tragedia*, fol. 28, pág. 321)
> passados grandes e leales serviçios (*Tragedia*, fol. 12,
> pág. 312)
> pasadas e crueles llagas (*Tragedia*, fol. 15, pág. 314).

Mi apa*ss*ionada vida como fuera pa*s*ada *s*inco años ha-

via con piadosa recordacion de quantos males sufriera
e passara reduzia a la triste memoria (*Sátira*, fol. 15
Vo., pág. 46).

Se encuentra a menudo la reduplicación innecesaria de algunas
consonantes. En algunos casos se podría considerar una imitación
latina:

toda cosa turpe e di*ff*orme de*ss*ea (*Tragedia*, fol 29,
pág. 321)
librandolos de las a*pp*rensiones (*Tragedia*, fol. 41,
pág. 327)
passados largos *affanes* (*Tragedia*, fol. 13, pág. 313).

También se perciben inseguridades vocálicas en las sílabas átonas
como *escrevir, imbidia, egualar, atamo*, etc. Los ejemplos de inseguridad vocálica en sílabas tónicas como *crimines, turpe, imbidia*,
etc. pueden ser calcos romances de las palabras latinas. Una característica vocálica que se registra escasamente es la vacilación de la
diptongación de la *e* breve, como en *convenencia*.

El vocabulario que don Pedro emplea está plagado de latinis-
mos, pero la mayoría de ellos no resultan extraños, porque serían
adoptados en los siglos siguientes. Don Pedro lo transcribe casi
siempre con seguridad y sin error. El origen de estos cultismos es
difícil de precisar, ya que muchos de ellos ya se encuentran en escritores anteriores. Algunos provienen del lenguaje eclesiástico, como "noble *ánima*", "*eternal* dios", "aquel *impío*", etc. Otros, en
cambio, posiblemente proceden de sus lecturas de Cicerón y de los
prosistas estoicos: como en "vido las *insignes* e *magníficas* cosas"
o en "O señor *benigno*". Por otro lado, el Condestable utiliza una
lengua de tendencia arcaizante para alcanzar un refinamiento estético y aristocrático más agudo, tendencia esta que se ve en Juan de
Mena (43). Un ejemplo de ello que aparece a menudo en su prosa
es el recurso estilístico de utilizar juntos sinónimos de raigambre
culta al lado de otro vulgar o menos culto:

Dime que es lo que tu *lloras*, que es lo que tu *plañes*.
(*Tragedia*, fol. 23 Vo., pág. 319)

Hay casos en que es la misma palabra la que aparece en dos formas distintas con distinto significado:

> Ay mi grand llanto, cansado
> con tantos golpes y *llagas*,
> no, no deve, no, con *plagas*
> agenas ser consolado

(Tragedia, fol. 47 Vo., pág. 332)

Se perciben arcaímos en las formas verbales como *seyendo* y sobre todo en las formas de la segunda persona del plural en —edes, *fazedes, queredes*.

Se encuentran muy pocos galicismos, lo cual es lógico, ya que la tendencia italianizante de la lengua del siglo XV rechaza palabras francesas que eran corrientes en la lengua del Cid. Uno de los pocos galicismos que don Pedro registra es *blasmar*: "La ciega fortuna no quieras blasmar" (*Tragedia*, fol. 5, pág. 309). Otro galicismo es *miraille*. Don Pedro lo utiliza con sentido moral: "miraille de los bien acostumbrados" (*Tragedia*, fol. 11 Vo., pág. 312). Juan de Mena lo emplea en el *Laberinto* con el mismo significado.

Los únicos lusismos claros que aparecen en las obras de don Pedro son los patronímicos y simplemente en las grafías, por ejemplo: *Pharao*, que parece una grafía del ao, portugués, Sin embargo, esto también se podría achacar al copista del manuscrito y no al autor (46).

La métrica.

Al analizar la variedad de grupos métricos que don Pedro usa en sus obras, es posible concluir que, sin duda, pretende expresar una intención estética a través de la versificación. Esta interpretación no atañe a las *Coplas*, ya que por ser un poema didáctico y narrativo no ofrece variedad métrica. El autor emplea en él novenas de arte mayor semejantes a las que Juan de Mena utilizó en su

Laberinto de Fortuna (45). El verso de arte mayor que emplea don Pedro consta de doce sílabas divididas en hemistiquios de 6-6. La variedad más corriente tiene dos acentos en la segunda y quinta sílaba de los dos hemistiquios: "Y armame todo: con armas seguras" (Copla, 2 b): - ´- - ´- / - ´- - ´. Otra variedad es en el primer hemistiquio, acentos en segunda y quinta y en el segundo, acentos en segunda y sexta: "Sus bienes trasmuda: en grave tristor" (Copla, 4 f): - ´- - ´- / - ´- - - ´. Otra variedad es la que tiene un solo acento en el primer hemistiquio en quinta sílaba y dos acentos en segunda y sexta: "y a los malos no da correpcion (Copla, 20 h): - - - - ´/ - ´- - - ´. Las combinaciones de acentos pueden ser variadísimas. En el *Laberinto* de Mena se registran unas cuarenta. Don Pedro no llega a tal variedad, aunque su técnica puede considerarse como hábil.

Sin embargo, en la *Sátira* y en la *Tragedia*, además de alternar la prosa y el verso, hay variedad métrica y estrófica para expresar dramáticamente los estados de ánimo por los que pasa el protagonista. En la *Sátira* son los sufrimientos de un joven enamorado, en la *Tragedia* el dolor y la desesperación del autor ante la muerte, juntamente con el deseo de encontrar consuelo.

El poema que aparece al final de la Sátira está dividido en cuatro partes que se hallan encabezadas con un título independiente, allí el uso de la métrica está en consonancia con la intención del autor. La primera, tal como el título indica: *La prosa fenescida, el metro es comiença a las mas perfecta del universo dirigido* (46) alaba las virtudes de la dama y para ello emplea estrofas de pié quebrado que dan un tono ligero y cadencioso. Esta diafanidad va ayudada por el empleo de palabras de vocales abiertas que tratan de expresar la esperanza que aún tiene el autor de ser correspondido en su amor. El contenido es un resumen de lo dicho en la obra en prosa y a la vez la imploración final del autor ante la dama.

> Ya, por Dios mas no se tarde
> la vuestra suma prudencia
> de tan grand yerro se guarde,
> no se carge negligencia
> y olvido

guarid quien os ha servido
en vida muy dolorosa
sed por cabo virtuosa
redemid a mi perdido

(*Sátira*, fol. 67, pág. 159-160)

Se interrumpe este tema con una especie de digresión que da lugar
a un segundo grupo poético en donde se trata de la piedad: *Dispo-
ne que cosa sea piadosa* (47). Aquí el tono es distinto, el poeta
abandona la expresión autobiográfica y aunque continúa dirigiéndose a la dama, el ritmo es expositivo y la dialéctica que emplea es
racional. La intención es convencer a la dama que es mejor y más
virtuoso usar la piedad con él:

Mirad, pues los títulos de grand dinidat
que ganan aquellas que son piadosas,
ganaldos vos, lumbre e luz de fermosas,
ganad e quered tal felicidat
(*Sátira*, fol. 67 Vo., pág. 160)

En el tercer grupo estrófico se abandona la digresión para volver al
tema de los primeros versos: *Prosigue el sin ventura su primer motivo* (48). Aquí el poeta describe sus horribles sufrimientos de
amor para que al oírlo la dama se apiade de él. Trata de recordarle,
con ánimo de convencerla, las damas que fueron alabadas por su
buen corazón. A diferencia del primer grupo, las vocales abiertas
que parecían suscitar la esperanza se sustituyen por vocales cerra-
das de tono lúgubre que van reforzadas por la constante repetición
de las palabras "muerte" y "morir". En la última estrofa, el poeta
admite que prefiere morir a vivir sin el amor de la dama:

Fin mi fin va demandando
esta copla postrimera,
y esto solo prefiera

mi crua muerte llamando
ca sy vós no
oís lo que pido yo
muy meior sera morir
que no tal vida bevir,
desamado como so

(*Sátira*, fol. 70, pág. 169)

Finalmente, se introduce otra digresión, también de dos estrofas
en las cuales en vez de tratar sobre la posibilidad de mover a la
amada a la piedad habla de la horrible crueldad de ésta que le envía a la muerte: *Conclusión declarando que cosa es crueldat* (49).
Como ocurría en la definición de la piedad, aquí se introduce la
crueldad por medio de una serie de apelativos negativos, que muestran la agresividad, desencanto y desesperación que el enamorado
siente al no ser correspondido. Incapaz de aguantarlo más, muere
acusando a su amada y haciéndola responsable de la terminación
del amor que él siente.

ponçoña basilica mortal, incurable
la qual, mi señora de vos se aborresca,
se corra, persigua, muera e fenezca,
viva el vuestro leal Condestable

(*Sátira*, fol. 70, Vo., pág. 169)

En la *Tragedia*, los cuatro primeros grupos estróficos son semejantes a los empleados en las *Coplas*. Son novenas de arte mayor
de doce versos con hemistiquios de 6-6. En ellos se expresa el
"planto" o la elegía de la primera parte de la obra y se introducen
los acontecimientos. El autor narra las circunstancias en que se hallaba al recibir la noticia y el dolor y desesperación que sintió al
conocerla (50). En las tres últimas estrofas se describe la llegada
del viejo y sus vestiduras dando paso a la segunda parte del poema

la consolación propiamente dicha:

> Mas ya desque vido aver declarado
> mis fieros dolores e cruel pesar,
> con plaziente gesto no punto mudado,
> rompio el silençio sin mas dilatar,
> con dulçe palabra en modo ornado

(*Tragedia*, fol. 22 Vo., pág. 319)

A partir del quinto grupo métrico el estilo cambia, las estrofas son de arte menor, no son ya narrativas, sino líricas (51). La rima y la métrica son más variadas, el ritmo, a causa de los pies quebrados, se vuelve entrecortado como si quisiera expresar el llanto y la angustia que siente el poeta. El grupo métrico sexto es un claro ejemplo del *discor* de influencia provenzal (52). Este tipo de poema fue utilizado en los antiguos Cancioneros portugueses y tuvo un gran resurgir en los cancioneros castellanos del siglo XV (53). El *discor* se empleaba normalmente para expresar los pensamientos inquietos de una mente desgraciada, el motivo de la desgracia podía ser amoroso o fúnebre. En la *Tragedia*, el *discor* expone los deseos e inseguridades del protagonista y expresa sus sentimientos de melancolía, angustia y autocompasión. Pide a gritos el ser consolado y reconoce que después de tanta desgracia sólo ve esperanza en el suicidio:

> Aquesto soportar más
> es muerte tan dilatada
> y penada
> que jamas
> no fue ni sera pensada,
> pues mejor sera librarme
> como quiera
> i matar me
> i de tal modo penar-me
> que mas brevemente muera.

(fol. 48, pág. 332)

En los grupos septimo y octavo, (54) el espíritu atribulado del protagonista se va calmando poco a poco al escuchar los sermones y argumentos consolatorios del viejo. La desesperación va dando paso a la resignación y a la calma. En las estrofas, los quebrados se entremezclan con versos largos de diez y once sílabas. La intención es mostrar que el llanto y desesperación del poeta está casi calmado. Así lo expresan estos versos en donde describe su propio estado de ánimo; y que recuerdan con su cadencia y musicalidad a los que un siglo más tarde escribiría San Juan de la Cruz:

> Bien como çiervo, cansado
> que va de luenga corrida,
> dessea como la vida
> al lago muy desseado,
> assy estoy desseando
> de oyr tu oraçion,
> tu doctrina, tu lection
> tu dulçe fablar prosando,

(fol. 68, Vo., pág. 342)

En conclusión es obvio que don Pedro no sólo aplica su deseo de escribir una literatura superior y compleja que se alejase de la monotonía y simplicidad medieval en el uso de la retórica, sino que también da lugar a la novedad, expresada en su empleo de la métrica tradicional. El Condestable se adelanta a las variedades métricas que se alcanzarían en el teatro español de los siglos XVI y XVII.

(1)   J. Amador de los Ríos, *Obras de don Iñigo Lopez de Mendoza* (Madrid, 1-18. Todas las referencias al *Prohemio e carta* son de esta edición.

(2)   Miguel Garci-Gómez, "Paráfrasis de Cicerón en la definción de poesía de Santillana", *H. Balt.*, LVI (Abril, 1973), 207-212.

(3)   Karl Vossler, *Poetische Theorien in der italienischen Fruhrenaissance* (Berlín, 1900), 88.

(4)   Santillana repite esta identificación de poesía con elocuencia en otros lugares de sus obras. En la *Carta a su fijo*, se refiere a Homero llamándole "tan alto varón e quassi soberano príncipe de los poetas". Amador, *Obras*, pág. 481. En la *Coronación de Jordi de Sant Jordi* lo llama "el grand eloquente". Amador, *Obras*, pág. 339.

(5)   Amador, *Obras*, 490.

(6)   No cabe duda de que esta frase don Pedro hace la distinción entre los historiadores que reportan la realidad de los hechos y los poetas que la fingen. Acerca de Homero y Virgilio dice en la glosa a Salomón de la copla 59 "E cerca de los griegos Omero e entre los latinos Virgilio son soberanos poetas".

(7)   Parece haber en esta exclamación una repulsa de la poesía en todos sus planos, ya que no sólo quiere rechazar la poesía superficial y cortés sino la poesía elocuente de Homero con su habilidad retórica. Sin embargo, hay que entenderlo como un recurso literario. El autor de un poema de *contemptus mundi*, se ve con la obligación de rechazar todas las cosas mundanas que alejan de la vida puramente ascética. Entre ellas, naturalmente, se encuentra la poesía.

(8)   Boethius, *De consolatione Philosophiae*, libro I, prosa I. Don Pedro usa la misma imagen que Filosofía aplica a las musas poéticas: "Uerrum dulcibus insuper alerent venenis". "Nin vuestra ponçoña: sera derramada / con la su dulceza en las venas mias" (Copla, 64, e, f.).

(9) Santillana dice: "Penssé investigar alguna nueva manera". Santillana, *Bias contra Fortuna*, ed. J. Amador de los ríos, *Obras*, 146. Véase: Miguel Garci-Gómez, "La 'nueva manera' de Santillana: estructura y sentido de la *Defunssion de don Enrique*" en *Hisp.*, XLVII, (1973), 4-26.

(10) H. Lausberg, *Manual de retórica literaria*, tr. J. Pérez Riesco (Madrid, 1966), I, 242.

(11) Lausberg, *Retorica*, I, 249.

(12) Posiblemente con la palabra "eloquente" el autor quiere dar a entender que va a basar su obra en los principios retóricos.

(13) También se utiliza la perífrasis en el exordio de las *Coplas*. Cabe recordar aquí de nuevo, que estructuralmente, las *Coplas* estaban compuestas de dos poemas distintos. En el primero el poeta trataba de las cosas materiales que había que rechazar para salvarse. El exordio con la perífrasis y la invocación ocupaba las dos primeras estrofas. La perífrasis esquematizaba, en cuatro versos, el contenido del poema: "Miremos al excelso: y muy grande Dios / dexemos las cousas: caducas y vanas / rretener devemos: las firmes con nos / las utiles, santas: muy buenas y sanas" (Copla, 1, a-d). En la segunda parte del poema, la perífrasis sucede a la invocación, en ella el autor requiere la paciencia del lector prometiendo brevedad en la exposición. Esto es un recurso normal en la perífrasis. Véase, Lausberg, *Retórica*, I, 246.

(14) Lausberg, *Retórica*, I, 251. En las *Coplas*, la invocación·en la primera parte está dirigida a Minerva, diosa de la sabiduría (copla, 1, e-h y copla 2). En la segunda parte invoca a la "santa musa" que es sin duda la filosofía y como refuerzo de esta invocación rechaza las musas poéticas, tal como lo había hecho Boecio (coplas, 63 y 64). En la retórica pagana se recomendaba la invocación a las musas, sin embargo con la llegada del cristianismo, los poetas sustituyeron a las musas por Cristo, el Espíritu Santo, la Virgen, los santos. En la *Tragedia*, don Pedro invoca a Dios sin precisar si es el Padre, el Hijo o el Espíritu Santo.

(15) Lausberg, *Retórica*, I, 280.

(16) Lausberg, *Retórica*, I, 263.

(17) Lausberg, *Retórica*, I, 287-88.

(18)   En las *Coplas*, no hay una aplicación retórica tan precisa y extensa como en la *Tragedia*. La narración está compuesta de grupos de estrofas que tratan el tema con ejemplos independientes entre sí. No se distingue la *narratio* de la *confirmatio*. Los grupos de estrofas con una estructura interna propia se suceden hasta el epílogo.

(19)   Lausberg, *Retórica*, I, 293-294.

(20)   Lausberg, *Retórica*, I, 295.

(21)   El epílogo que don Pedro utiliza en las *Coplas* es distinto al de la primera parte de la *Tragedia*, ya que no es una elegía. El tono didáctico de las *Coplas* le llevan a utilizar recursos retóricos distintos. No intenta granjearse la simpatía del lector, sino guiarle por el mejor camino para su felicidad. Véase: *Coplas*, 61-62.

(22)   Cicerón dice acerca de la *indignatio* en el *De inventione*: "Indignatio est oratio per qua conficitur, ut in aliquem hominem magnum odium aut in rem gravis offensio concitetur" (1.53.100). Véase Lausberg, *Retórica*, I, 365.

(23)   Santillana, en el epílogo de la *Defunssion de don Enrique*, utiliza también la técnica de la *indignatio* y da entre sus versos uno muy semejante al de don Pedro, "E maldixe a Antropus, con furia indinado" (22d). Véase: M. Garci-Gómez, "La 'nueva manera' de Santillana", 9.

(24)   Cicerón, *De inventione*, 1, 55, 106. Véase: Lausberg, *Retórica*, 366.

(25)   Lausberg, *Retórica*, II, 93-160.

(26)   Lausberg, *Retórica*, II, 141-145.

(27)   Lausberg, *Retórica*, II, 131-141.

(28)   María Rosa Lida de Malkiel, *Juan de Mena, poeta del prerenacimiento español* (México: 1950), 160-162.

(29) Lausberg, *Retórica*, II, 89-93.

(30) Lausberg, *Retórica*, II, 108-111.

(31) Lausberg, *Retórica*, II, 114-116.

(32) Lausberg, *Retórica*, II, 223-224.

(33) Lausberg, *Retórica*, II, 195-198.

(34) Lausberg, *Retórica*, II, 241-245.

(35) Lausberg, *Retórica*, II, 210-214.

(36) Lausberg, *Retórica*, I, 113-114.

(37) Lausberg, *Retórica*, II, 261-262.

(38) Lausberg, *Retórica*, II, 104-107.

(39) Para los usos lingüísticos del siglo XV en Castilla, véase: Rafael Lapesa, *Historia de la lengua española*, 5a. ed. (Madrid: 1962), 179-186; Ma. Rosa Lida de Malkiel, *Juan de Mena*, 230-270.

(40) Mss. 16 de la Biblioteca Nacional de Madrid, libro III.

(41) Juan de Mena, *Laberinto*, 113 b. Véase: Ma. Rosa Lida, *Juan de Mena*, 251-257.

(42) Conviene no hacer una regla general de los problemas gráficos que aparecen en los manuscritos de don Pedro, sobre todo el de las *Coplas*, del cual se conservan varios, copiados en distintas épocas y en distintas regiones lingüísticas. Algunas de las particularidades pueden ser debidas al copista y no al autor.

(43) Ma. Rosa Lida, *Juan de Mena*, 239-245.

(44) Para los lusismos más corrientes que se encuentran en el castellano de los siglos XV y XIV, véase: R. Menéndez Pidal, *La lengua de Cristóbal Colón* (Madrid, 1958), 9-46. Dámaso Alonso ed. de: Gil Vicente, *Tragicomedia de don Duardos* (Madrid, 1942).

(45) R. Foulché-Delbosc, "Etude sur le *Laberinto* de Juan de Mena". *Revue Hispanique*, IX (1902), 75-138; Pierre Le Gentil, *La poésie espagnole et portugaise à la fin du Moyen Age*. Deuxième partie: Les formes (Rennes, 1953), 363-439; T. Navarro Tomás, *Métrica Española* (Nueva York, 1966), 91-100.

(46) Está compuesta de diez estrofas de nueve versos de pié quebrado, de ocho sílabas. El quebrado está en el quinto verso y es de cuatro sílabas. La rima consonante es la misma en todos ellos: ababccddc. Véase Dorothy C. Clarke, "The Fifteenth Century Copla de pie quebrado", *HR* (1942), 340-343.

(47) Consta de dos estrofas de ocho versos cuyo número de sílabas varía; a veces son diez, otras once o doce, tal vez debido a la impericia del autor. La rima es consonante: ABBAACCA, en las dos estrofas.

(48) Este grupo estrófico, lo mismo que el primero, está formado de diez estrofas de pie quebrado de nueve versos, ocho de ocho sílabas y el quinto de cuatro. La rima en las estrofas es consonante y se repite en todas ellas: abbaccddc.

(49) El cuarto grupo es semejante al segundo. Las dos estrofas son de ocho versos cuya longitud varía de diez, once o doce versos. La rima es: ABBAACCA.

(50) Metro I, siete novenas en veros de arte mayor. La rima es: ABABABABA. Metro II, una novena de arte mayor. La rima: ABABABABA. Metro III, una novena de arte mayor. La rima: ABABABABA. Metro IV, doce novenas de arte Mayor. La rima: ABABABABA.

(51) Metro V, seis estrofas de arte menor: dos de nueve versos y seis sílabas: abcabcddcd; una de doce versos y seis sílabas: abcabcdefdef. Una de doce versos y seis sílabas: abcabcabdabd. Dos de ocho versos y seis sílabas: abbacddc.

(52) Grupo métrico VI, dieciseis estrofas de diversa extensión: dos de ocho versos de ocho sílabas, con pié quebrado de cuatro en el cuarto verso: abab*cddc*. Dos estrofas de nueve versos de ocho sílabas con pié quebrado de cuatro en séptimo y noveno: 1, abbab*cdda*; 2, abbab*cdcd*. Dos estrofas de ocho versos de ocho sílabas: abbabdda. Dos estrofas de nueve versos de ocho sílabas; abcabcdede. Dos estrofas de ocho versos de ocho sílabas con quebrados de cuatro en segundo, cuarto, sexto y octavo verso; 1, ab*ab*x*ddc*; 2, ab*ab*c*dcd*. Dos estrofas de diez versos de ocho sílabas con quebrados de cuatros de cuatro en el quinto y sexto verso: abbac*cddc*. Dos estrofas de diez versos de ocho sílabas con quebrados de cuatro en tercero y cuarto y en séptimo y octavo verso: abbab*cdccd*.

Sobre el discor, véase: Pierre Le Gentil, *La poésie lyrique espagnole et portugaise à la fin du Moyen Age*: Deuxième partie, les Formes (Rennes, 1953), 193-203.

(53) H. R. Lang, "The Descort in Old Portuguese and Spanish Poetry", *Beitrage zur Romanische Philologie* (Halle, 1889), 4840506. Solamente en el *Cancionero de Baena* se registran como discor los números: 223, 225, 340, 414, 452, 505. Véase: H. R. Lang, "Las formas estróficas y términos métricos del *Cancionero de Baena*", *In memoriam de Bonilla San Martín* (Madrid, 1927), I, 285-523.

(54) Metro VII: una copla real formada por dos quintillas de versos octosílabos: ababacddcd. Para la *copla real*, véase: D. C. Clarke, "The copla real", *HR*, X (1942), 163-165. El metro VIII está formado por doce estrofas de diversa extensión y medida: cuatro estrofas de ocho versos de arte mayor con quebrados de seis sílabas en el quinto verso: 1 y 2, ABBAaCCA; 3 y 4, ABABaCCA. Cuatro estrofas de ocho versos octosílabos: bbacdd c. Cuatro estrofas de ocho versos de seis sílabas con quebrado en cuatro en la primera y cuarta estrofa, y de tres en la segunda y tercera en el quinto verso: abbaacca.

BIBLIOGRAFIA

Agustín Aurelio, San. *The City of God*, tra. Healey, John. 2 vols. Londres: Everyman, 1945.

Alastos, Doros. *Cyprus in History: A survey of 5000 vears.* Londres: Zeno, 1955.

Alatorre, Antonio. *Las "Heroidas" de Ovidio y su huella en las letras españolas.* México: Universidad Nacional Autónoma de México, 1950.

Alós Moner, Ramón de. "Nota sobre un nou manuscrit de la *Satyra de Felice e Infelice Vida* del Condestable de Portugal". *Miscelanea de estudo em honra de Carolina Michaelis de Vasconcellos.* Coimbra: Impresa da Universidade, 1930.

Alvar López, Manuel. *Endechas judeo-españolas.* Madrid: Universidad de Granada. 1953.

Amador de los Ríos, José *Historia crítica de la literatura española.* 7 vols. Madrid: Imprenta de J. Rodríguez, 1861-1865.

Amora, Antonio Soares. "El Rei Dom Duarte e o 'Leal Conselheiro' ". *Bulletin des Etudes Portugaises et de l'Institut Français au Portugal*, XII (1948), 132-140.

Anónimo. *Cantar de Roncesvalles.* Ed. Menendez-Pidal. *Revista de Filología Española*, IV (1917), 105-204.

Archivio Segreto Vaticano Regestum Supplicatorum Vol. 527. fol. 28 V.

Archivo de la Corona de Aragón. Serie intrusos, Reg. Curiae I. fols. 1212 V.

Aristóteles. *De Mundo.* Ed. tr. Furley, D. J. The Loeb Classical Library. Cambridge, Mass.: Harvard University Press, 1953.

Atiya, Azus Suryal. *The Crusade in the Later Middle Ages.* Londres: Methuen, 1938.

Azurara, Gomes Eanes de. *Chronica do Conde Duarte de Menezes.* Ed. Corrêa da Serra, José Francisco. *Collecçao de Livros Ineditos de Historia Portugueza.* 5 vols. Lisboa: Academia Real das Sciencias de Lisboa, 1790-1824.

Azurara, Gomes Eanes de. *Chronica do descobrimiento e conquista de Guiné.* Eds. Visconde da Carreira y Visconde de Santarém. París: J. P. Aillaud, 1841.

Azurara, Gomes Eanes de. *Crónica da Tomada de Ceuta.* Ed. Esteves Pereira, Francisco Maria. Lisboa: Academia das Sciencias, 1915.

Balaguer y Merino, Andrés. *Don Pedro el Condestable de Portugal considerado como escritor, erudito y anticuario. Estudio histórico-bibliográfico.* Gerona: V. Dorca, 1881.

Barber, Richard William. *The Knight and Chivalry.* Londres: Longman, 1970.

Basto, A. de Magallaes. "A expedicao a Castela do Condestável D. Pedro em 1445". *Ocidente,* I (1938), 65-75.

Batelli, Guido. "Una dedica inedita di Ambrogio Traversari all 'Infante Dom Pedro di Portogallo, Duca di Coimbra". *La Rinascita,* II (1939), 613-616.

Battlle Gallart, Carmen. "Funcionarios públicos enemigos de Cataluña y de Pedro de Portugal" *Anales del Congreso Luso Español de la Edad Media* (en prensa)

Batlle Gallart, Carmen. *La crisis social y económica de Barcelona a mediados del siglo XV*. Barcelona: Anejos del Anuario de Estudios Medievales, 1973.

Benito Ruano, Eloy. *Los Infantes de Aragón*. Madrid: Escuela de Estudios Medievales, 1952.

Berger, Samuel. "Les Bibles Castillanes". *Romania*, XXXIII (1899) 360-408; 508-542.

Bernedt, Erna R. *Amor, muerte y fortuna en "La Celestina"*. Madrid: Gredos, 1963.

Bibliografía Geral Portuguesa. Ed. J. M. Queiroz Velloso Lisboa: Imprensa Nacional, 1941.

Bibliotheque Nationale de Paris. Fond Portugais, No. 9

Bisticci, Vespasiano. *Lives of Illustrius Men of the XV the Century* tra. William George and Emily Waters. Nueva York, 1963.

Boccaccio, Giovanni. *Caydas de principes*. Tr. López de Ayala, Pero. Eds. Zamora, J. A. y García, A. Alcalá de Henares, 1552.

Boecio. *De Consolatione Philosophiae*. Tr. I. T. (1609). Revisada por Stewart, H. F., The Loeb Classical Library, Cambridge, Mass.: Harvard University Press, 1968.

Bofarull y Mascaró, Próspero de. *Levantamiento y guerra de Cataluña en tiempo de don Juan II. Colección de documentos inéditos del Archivo General de la Corona de Aragón*, XIV-XXVI. Barcelona: F. Rodríguez, 1847-1858.

Bolgar, Robert Ralph. *The Classcial Heritage and its Beneficiaries*. Nueva York: Harvard University Press, 1968.

Bonilla y San Martín, Adolfo. ed. *Tristán y Leonís*. Madrid: Sociedad de Bibliófilos Madrileños, 1912.

Bossuat, Robert. "Vasque de Lucène, Traducteur de Quinte Curce". *Bibliothèque d'Humanisme et Renaissance: Travaux et Documents*, VIII (1946), 194-245.

Bourland, Carolina B. "Boccaccio and the Decameron in Castilian and Catalan Literature". *Revue Hispanique*, XII (1905), 214-231.

Braga, Antónia de Oliveira, *Os beneficios honrosos na "Virtuosa Benfeitoria" do Infante Pedro*. Oporto, 1955.

Braga, Theophilo. *Historia da Universidade de Coimbra*. 4 vols. Lisboa: Academia Real das Sciencias, 1892-1902.

Branciforti, F. "Regesto delle opere di Pero Lópes de Ayala", *Saggi e Ricerche in Memoria di Ettore li Gotti*, I, Palermo, 1962. 189-317.

Bury, John Bagnell. *The Idea of Progress*. Nueva York: Dover, 1955.

Calmette, Joseph. *Louis XI, Jean II et la Révolution Catalane (1461-1473)*. Toulouse: Bibliothèque Méridionale, 1903.

Calmette, Joseph. "Dom Pedro, roi des Catalans et la cour de Bourgogne". *Annales de Bourgogne*, XVIII (1946), 1-15.

Camacho Guizado, Eduardo. *La elegía funeral en la poesía española*. Madrid: Gredos, 1969.

Camoens, Luiz de. *Os Luisiadas*. Ed. facsímil, Rodrigues, José Mª. Lisboa: Biblioteca Nacional, 1921.

Cantera Burgos, Francisco. *Alvar García de Santa María y su familia de conversos*. Madrid: Instituto Arias Montano, 1952.

Capellanus, Andreas. *De amore libri tre*. Ed. Amadeo Pagés. Castellón de la Plana: Sociedad castellonense de cultura, 1930.

Carbonara, Cleto. *Il secolo XV e altra saggi*. 2ª. ed. Nápoles: Livreria scientifica editrice, 1969.

Cartellieri, Otto. *The Court of Burgundy*. Londres: Paul, Trench, Trubner, 1929.

Carvalho, Joachim de. *Estudos sobre a Cultura Portuguesa do Século XV*. Coimbra: Universidad de Coimbra, 1942.

Carreras Candi, Francisco. *Dietari de la guerra de Cervera, 1462-1465*. Barcelona: Henrich, 1907.

Castro, Américo. "Algunas observaciones acerca del concepto del honor en los siglos XVI y XVII". *Revista de Filología Española*, III (1916), 1-50, 357-386.

Catalán, Diego. "La biblia en la literatura medieval española". *Hispanic Review*, XXXIII (1965), 310-18.

Cicerón. *Tusculans Disputations*. Tr. King, J. E. The Loeb Classical Library, Cambridge, Mass.: Harvard University Press, 1964.

Cintra, Louis Felipe Lindley. *Estoria Geral de Espanha de 1344*. Lisboa: Academia Portuguesa de Historia, 1951.

Clarke, Dorothy C. "The Fifteeth Century Copla de pie quebrado". *Hispanic Review*, X (1942), 340-343.

Clarke, Dorothy C. "The copla real". *Hispanic Review*, X (1942), 163-165.

Codina, Juan. *Guerras de Navarra y Cataluña desde 1451 hasta el año de 1472*. Barcelona, 1851.

Colección de documentos inéditos del Archivo General de la Corona de Aragón. Ed. Prospero Bofarull. Barcelona, 1847-1910. T. XXVI.

Crónica de don Alvaro de Luna. ed. Juan de Mata Carriazo. Colección de crónicas españolas, II. Madrid, 1940.

Coroleu e Inglada, José. "El condestable de Portugal, rey intruso de Cataluña". *Revista de Gerona,* II (1878), 410-420; 449-450; 500-509.

Cortez, José. "Dom Joao de Coimbra. Retrato por Rogier Van der Weyden". *Colóquio: Revista de Artes y Letras,* VII (febrero, 1960), 9-12.

Cortez, José. "Infantes de Avís retratados Van der Weyden?" *Belas Artes: Revista e Boletim da Academia Nacional de Belas Artes.* 2ª serie NO 4 (1952), 8-14, NO 5 (1953), 36-43; NO 6 (1953), 23-27; NO 8 (1955), 13-18.

Courcelle, Pierre. *La Consolation de la Philosophie dans la tradition littérarie. Antécédents et postérité de Boèce.* París: Etudes Augustiniennes, 1967.

Curtius, Ernest. *European Literature and Latin Middle Ages.* Tr. Trask, Williard. Nueva York: Pantheon, 1953.

Chacón, Gonzalo. *Crónica de Don Alvaro de Luna.* Ed. Carriazo, Juan de Mata. Colección de Crónicas Españolas. Madrid: Espasa-Calpe, 1940.

Chancelaria de Afonso V. Arquivo Nacional da Torre do Tombo.

Chastellain, Georges. *Oeuvres.* Ed. Lettenhove, Kervyn de. 8 vols. Bruselas: F. Haussner, 1863-66.

Dante Alighieri. *La Divina Commedia. Inferno.* Ed. Scarpati, Claudio. Milán: Fabbri, 1969.

Denomy, Alexander Joseph. *The Heresy of Courtly Love*. Nueva York: D. X. Mullen, 1947.

De Witte, Charles M. "Les bulles pontificales et l'expansion portugaise au XVème siècle." *Revue d'Histoire Ecclesiastique,* XLIV (1954), 434-460.

Díaz de Toledo, Pedro. *Introducción del libro de Platón llamado Fedron de la Ynmortalitat del alma, por el doctor Pedro Dias trasladado y declarado*. Biblioteca Nacional de Madrid. Mss. 1714.

Di Camillo, Ottavio. "Spanish Humanism in the Fifteenth Century". Diss. Yale University, 1972.

Dinsmore, Charles A. *Aids to the Study of Dante*. Boston: Houghton, Hifflin, 1903.

Doutrepont, G. "La croisade projetée par Philipe le Bon." *Notices et extraits des manuscrits de la Bibliothèque et d'autres bibliothèques,* XLI (1923), 1-28.

Draper, W. H. *Petrarch's Secret or the Soul's Conflict with Passion*. Londres, 1911.

Don Duarte, *Livro da ensinança de bem cavalgar toda sela*. Ed. Piel Joseph M. Lisboa: Imprenta Nacional, 1944.

Don Duarte, *O Leal Conselheiro*. Ed. Piel, Joseph M. Lisboa: Imprenta Nacional, 1942.

Durán, Manuel. "Santillana y el renacimiento". *Nueva Revista de Filología Española,* XV (1961), 343-363.

Enciso, Jesús. "Prohibiciones españolas de las versiones bíblicas en romance antes del tridentino". *Estudios Bíblicos*, III (1944), 523-554.

Entwistle, William J. y Russell, Peter E. "A Rainha D. Felipa e a sua corte". *Memorias e Comunicacoes. Congresso do Mundo Portugues,* II (Lisboa, 1940), 316-346.

Entwistle, William J. *The Arthurian Legend in the Literatures of the Spanish Peninsula.* Londres: Dent and Sons, 1925.

Escouchy, Mathieu d'. *Chronique.* Ed. Fresne de Beaucourt, G. du. 3 vols. París, 1863-64.

Evans, P. G. "A Spanish Knight in flesh and Blood. A Study of the Chivalric Spirit of Suero de Quiñones". *Hispania* (U. S. A.), XV (1932), 141-152.

Farinelli, Arturo. *Italia e Spagna.* 2 vols. Turín: Fratelli Bocca, 1929.

Farnham, Williard. *The Medieval Heritage of Elizabethan Tragedy.* Berkeley: University of California Press, 1936.

Faulhaber, Charles. *Latin Rhetorical Theory in Thirteenth and Fourteenth Century Castile.* Berkeley: University of California Press, 1972.

Filgueira Valverde, J. "El 'planto' en la historia de la literatura gallega". *Cuadernos de Estudios Gallegos* (1945), 525-580.

Fern, Sister Mary Edmond. "The Latin Consolation as a Literary Type". Ph. D. diss. St. Louis University, 1931.

Fletcher, Angus. *Allegory, the Theory of a Symbolic Mode.* Ithaca: Cornell University Press, 1964.

Fonseca, António Belard da. *O Mistério dos Panéis.* 3 vols. Lisboa, 1957-1959.

Fonseca, Luis A. Adao da. "O Condestável Pedro de Portugal. Subsídios para o estudo da sua mentalidade". Tesis doctoral

Universidad de Oporto. 1968.

Fonseca, Luis A. Adao da. "Uma carta do Condestável Dom Pedro sobre a política marroquina de D. Afonso V". *Revista da Faculdade de Letras da Universidade do Porto*, 1970.

Fonseca, Luis A. Adao da. "Alguns aspectos das relacoes diplomaticas entre Portugal e Castela en meados do seculo XV (1449-1456)" *Revista de Filosofía y Letras* (Universidad do Porto, 1973), Vol. III

Fond Portugais Nº 9. Bibliothèque Nationale de Paris.

Foster, David William. *The Marques de Santillana*. Nueva York: Twayne, 1971.

Foster, David William. "The Misunderstanding of Dante in XV Century Spanish Poetry". *Comparative Literature*, XVI (1964), 338-346.

Foulché-Delbosc, Raymond. "Etude sur le *Laberinto* de Juan de Mena". *Revue Hispanique*, IX (1902), 75-138.

Frederich, W. P. *Dante's Fame Abroad, 1350-1850*. Chapel Hill, 1950.

Fucilla, Joseph C. *Estudios sobre el petrarquismo en España*. Madrid: Consejo Superior de Investigaciones Científicas, 1960.

Games, Día. *El Victorial. Crónica de don Pero Niño, Conde de Buelna*. Ed. Carriazo, Juan de Mata. Colección de Crónicas Españolas. Madrid: Espasa-Calpe, 1940.

García Pérez, Domingo. *Catálogo razonado biográfico y bibliográfico de los autores portugueses que escribieron en castellano*. Madrid: Imprenta del Colegio Nacional de Sordomudos y Ciegos, 1890.

Garci-Gómez, Miguel. "La 'nueva manera' de Santillana: estructura y sentido de la *Defunssion de don Enrique*". *Hispanófila*, XLVII (1973), 4-26.

Garci-Gómez, Miguel. "Paráfrasis de Cicerón en la definición de poesía de Santillana". *Hispania* (U. S. A.), LVI (abril, 1973), 207-212.

Garin, Eugenio. *La cultura filosofica del Rinascimento italiano*. Florencia: Sansoni, 1961.

Garin, Eugenio. "La 'dignitas hominis' e la letteratura patristica". *La Rinascita*, II, N° 4 (1939), 102-146.

Garin, Eugenio. *L'educazioni in Europa: 1400-1600; problemi e programmi*. Bari: Laterza, 1957.

Garin, Eugenio. *Filosofi italiani del Quattrocento*. Florencia: Le Monnier, 1942.

Garin, G. B. *Gli scrittori pedagogici Italiani del secolo XV*. Turín: Fratelli Bocca, 1896.

Gayangos, Pascual de. *Escritores del siglo XIV*. Biblioteca de Autores Españoles, XXXVII. Madrid: Rivadeneyra, 1885.

Gentile, Giovanni. "Il concetto dell'uomo nel Rinascimento". *Il pensiero italiano del Rinascimento*. Florencia: Sansoni, 1940, 47-113.

Gilson, Etienne Henry. *L'Esprit de Philosophie Médiévale*, 2ª ed. París: J. Vrin, 1944.

Giménez Soler, Andrés. *La edad media en la corona de Aragón*. 2ª ed. Barcelona: Labor, 1944.

Gonçalves, J. Cardoso. "O casamento de Isabel de Portugal con Filipe-o-Bom, duque de Borgogna e a fundaçao da ordem militar do Tosao-de-Ouro". *Arqueologia e Historia*, IX (1930), 81-138.

Gonçalvez, Júlio. *O Infante D. Pedro as "Sete Partidas" e a Génese dos Descobrimentos*. Lisboa: Livraria Luso-Espanhola, 1955.

Green, Otis H. "Courtly Love in the Spanish Cancioneros". *Publications of the Modern Languages Association*, LXIV (1949), 247-301.

Green, Otis H. *Spain and the Western Tradition. The Castilian Mind in Literature from "El Cid" to Calderon*. 4 vols. Madison: University of Wisconsin Press, 1963-1966.

Hexter, John H. "The education of the Aristocracy in the Renaissance". *Journal of Modern History*, XXII, N⁰ 1, (marzo-diciembre 1950), 150-194.

Howard, Donald R. "The Contempt of the World". Dis. University of Florida, 1954.

Howard, Donald R. *Man in Search of the World*. Princeton: Princeton University Press, 1966.

Huzinga, Johan. *The Waning of the Middle Ages*. Londres: E. Arnold, 1924.

Inocencio III, Papa. *De miseria humane conditionis*. Ed. Michele Maccarrone. Lucano: In aedibus, Thesauri Mundi, 1955.

Javierre, Aurea. "Isabel de Urgel". *Dicionário de História de Portugal*. Ed. Serrano, Joel. Lisboa s/f.

Jenaro-MacLennan, Luis. "The dating of Guido da Pisa's comentary on the Inferno". *Italian Studies*, XXIII (1960), 19-54.

Joao I *Livro de la Montaria*. ed. E. M. Esteves Pereira (Coimbra, 1918)

Kausler, E. H. N. *Cancionero Geral. Alte Portugiesiche Liedersammling des edeln. Garcia de Resende.* Stutgart, 1848.

Kendall, Paul M. *Louis XI, the Universal Spider.* Nueva York: Norton, 1971.

Krause, Anna. *Jorge Manrique and the Cult of Death in the Cuatrocientos.* Los Angeles: Universidad de California Press, 1937.

Krause, Anna. "La Novela Sentimental (1440-1513)". Diss. University of Chicago, 1928.

Krause, Anna. "El 'tractado' novelístico de Diego de San Pedro". *Bulletin Hispanique,* LIV (1952), 245-275.

Kristeller, Paul Oskar. "Ficino and Pomponazzi on the Place of Man in the universe". *Renaissance Thought,* Il. Nueva York: Harper Row, 1965, 102-110.

Kristeller, Paul Oskar. *Il pensiero filosofico di Marsilio Ficino.* Florencia: Sansoni, 1953.

Kristeller, Paul Oskar. "The Philosophy of Man in the Italian Renaissance." *Renaissance Thought,* Nueva York: Harper Row, 1961. 120-139.

Kristeller, Paul Oskar. Ed. *The Renaissance Philosophie of Man.* Chicago: Chicago University Press, 1948.

La Marche, Olivier de. *Mémoirs.* Eds. Beaune, Henri; Arbaumont, J. d'. 4 vols., París: R. H. Loones, 1883-88.

Lang, Henry R. "The Descort in old Portuguese and Spanish Poetry". *Beitrage zur Romanische Philologie.* Hale, 1889. 484-506.

Lang, Henry R. "Las formas estróficas y términos métricos del

Cancionero de Baena". In memoriam de Bonilla San Martín. 2 vols. Madrid, 1927-30, I, 285-523.

Langlois, E. Origines et sources du Roman de la Rose. París: E. Thorin, 1890.

Lapesa, Rafael. Historia de la lengua española. Madrid: Guadarrama, 1962.

Lapesa, Rafael. De la edad media a nuestros días. Madrid: Gredos, 1967.

Lapesa, Rafael. La obra literaria del marqués de Santillana. Madrid: Insula. 1957.

Lapesa, Rafael. "Sobre la fecha de la 'Comedieta de Ponça' " Archivum, IV (1954), 81-86.

Lausberg, Henri. Manual de retórica literaria. Tr. Pérez Riesco, J. 3 vols. Madrid: Gredos. 1966.

Le Gentil, Pierre. La poésie lyrique espagnole et portugaise à la fin du Monyen Age. 2 vols. Rennes: Philon, 1949-1953.

Leomarte. Sumas de historia troyana. Ed. Rey, Agapito. Revista de Filología Española. Anejo XV. Madrid: S. Aguirre, 1932.

Letts, Malcolm. The Diary of Jorg von Ehingen. Londres: Oxford University Press, 1929.

Letts, Malcolm. The Travels of Leo Rozmital, 1465-1467. Cambridge: Cambridge University Press for the Hakluyt Society, 1957.

Lewis, C. S. The Allegory of Love. Oxford: Oxford University Press, 1936.

Libro de Job. Exposición del Libro de Job de Fray Luis de León en *Escritores del siglo XVI*. Ed. Gayangos. Pascual de. Biblioteca de Autores Españoles, XXXVII. Madrid: Rivadeneyra, 1855.

Lida de Malkiel, Mª Rosa. "Arthurian Literature in Spain and Portugal". *Arthurian Literature in the Middle Ages: A Collaborative History*. Ed. Loomis, R. S. Oxford: Claredon Press, 1959.

Lida de Malkiel, Mª Rosa. "La hipérbole sagrada en la poesía castellana del siglo XV". *Revista de Filología Hispánica*, VIII (1946), 121-130.

Lida de Malkiel, Mª Rosa. *La idea de la fama en la edad media castellana*. México: Fondo de Cultura Económica, 1952.

Lida de Malkiel Mª Rosa. *Juan de Mena. poeta del prerenacimiento español*. México: Colegio de México, 1950.

Lida de Malkiel, Mª Rosa. *Libro del buen Amor del Arcipreste de Hita*. Buenos Aires: Losada, 1941.

Livro de Mestrados. Arquivo Nacional da Torre do Tombo.

Livro 2 de Místicos. Arquivo Nacional da Torre do Tombo.

Livro 3 de Místicos. Arquivo Nacional da Torre do Tombo.

Livro 4 de Místicos. Arquivo Nacional da Torre do Tombo.

Livro 4 de Odiana. Arquivo Nacional da Torre do Tombo.

Looten, C. "Isabelle de Portugal, duchesse de Bourgogne et comtesse de Flandre (1397-1471). *Revue de Littérature Comparée*, XVIII (1938), 5-22.

Lopes, Fernan. *Chronica de D. Joao I*. Ed. Livraria Civilizaçao. Oporto. 1945-49.

López de Ayala, Pero. *Caydas de principes,* eds. J. A. de Zamora y A. García. Alcalá de Henares, 1552.

Lopez de Mendoza, Iñigo. Marqués de Santillana. *Obras.* Amador de los Ríos, José. Madrid: J. Rodríguez, 1852.

Luna, Alvaro de. *Libro de las virtuosas mujeres.* Ed. Menéndez y Pelayo, Marcelino. Madrid: Sociedad de Bibliófilos Españoles, 1891.

Luna, Pedro de (Benedicto XII). *Libro de las consolaciones de la vida humana. Escritores en prosa anteriores al siglo XV.* Ed. Gayangos, Pascual de. Biblioteca de Autores Españoles, LI. Madrid: Rivadeneyra, 1860. 563-602.

Luquiens, Frederick B. "The Roman de la Rose and Medieval Castilian Literature". *Romanische Forschungen,* XX (1905), 284-320 k.

Maravall, Juan Antonio. *El mundo social de la Celestina.* Madrid: Gredos. 1968.

Marques, A. H. de Oliveira. *Daily Life in Portugal in the Late Middle Ages.* Tr. Wyatt, S. S. Madison: The University of Wisconsin Press, 1971.

Márquez-Villanueva, Francisco. *Investigaciones sobre Juan Alvarez Gato.* Anejos del Boletín de la Real Academia Española, IV. Madrid, 1960.

Martha, Benjamin Constant. "Les Consolations dans l'Antiquité". *Etudes Morales sur l'Antiquité.* 4ª. ed. París: Hachette, 1905. 135-189.

Martha, Benjamin Constant. *Les moralistes sous l'empire roman.* 4ª ed. París. Hachette, 1907.

Martínez Ferrando, Jesús Ernesto. "Caballeros portugueses en el alzamiento de la Generalidad Catalana contra Juan II". *Hispania.* XII, Nº XLVI (1952), 37-130.

Martínez Ferrando, J. E. y Sousa, J. M. Cordeiro de. "Nueve documentos inéditos referentes a don Pedro de Portugal". *Boletín de la Real Academia de Buenas letras de Barcelona,* XX (1947), 2-12.

Martínez Ferrando, Jesús Ernesto. *Pere de Portugal "rei dels catalans". Esquema biografic.* Ed. Dalmau, Rafael. Barcelona: Ayma, 1960.

Martínez Ferrando, Jesús Ernesto. "Pere de Portugal 'rei dels catalans' vist a traves dèls registres de la seva cancelleria". *Institut d'Estudis Catalans, Memorics de la Secció Historico-Arqueologica,* VII (1936).

Martínez Ferrando, Jesús Ernesto. *Tragedia del Insigne Condestable don Pedro de Portugal.* Madrid: Consejo Superior de Investigaciones Científicas, 1943.

Martínez Ferrando, Jesús Ernesto. "Uns capitols otorgats als mallorquins por Pere. Conestable de Portugal, 'Rei Intrus' de Catalunya." *Analecta Sacra Terraconensia,* XI (1935), 203-217.

Martínez Ferrando, Jesús Ernesto. "La sepultura de Pedro de Portugal. Una precisión de las noticias existentes acerca de la misma". *Cuadernos de Arqueología e Historia de la Ciudad,* VIII (1936), 75-82.

Martins, Joaquim Pedro de Oliveira. *Os Filhos de D. Joao I.* 8ª ed. Lisboa: Imprenta Nacional, 1959.

Masiá, María de los Angeles. "Joan Claperós i la Tomba de Pere de Portugal". *Estudis Universitaris Catalans,* VIII (1932), 302-306.

Mathew, Gervase *The Court of Richard II* Londres, 1969.

McLeod, Enid. *Charles of Orleans, Prince and Poet*. Londres: Chatto, Windus, 1969.

Means, Michael H. *The Consolation Genre in Medieval English Literature*. Gainesville: University of Florida Press, 1972.

Mena, Juan de. *La Coronación compuesta y glosada por el famoso Juan de Mena*. Amberes: Casa de Juan Stelsio, 1552.

Menéndez y Pelayo, Marcelino. *Antología de poetas líricos castellanos*. Madrid: Librería Vda. de Hernando, 1891.

Menéndez y Pelayo, Marcelino. *Historia de las ideas estéticas*, I. Santander: Edición Nacional, 1947.

Menéndez y Pelayo, Marcelino. *Obras Completas*. Santander: Edición Nacional, 1940-59.

Menéndez Pidal, Ramón. *La lengua de Cristóbal Colón*. Madrid: Austral, 1958.

Menéndez Pidal, Ramón. "Cantar de Roncesvalles", *Revista de Filología Española*, IV (1917), 105-204.

Michael, Ian Lockie. *The Treatment of Classical Material in the "Libro de Alexandre"*. Manchester: Manchester University Press, 1970.

Milá y Fontanals, Manuel. *Obras Completas*. Ed. Menéndez y Pelayo, Marcelino. Barcelona: Verdaguer, 1888-1896.

Miller, Townsend. *Henry IV of Castile, 1425-1474*. Nueva York: Lippincott, 1972.

Mitchell, Rosamond Joscelyne. *John Tiptoft 1427-1470*. Londres: Longmans, 1938.

Mogan, Joseph J. *Chaucer and the Theme of Mutability*. The Hague: Mouton, 1969.

Montalvao, J. Timoteo Machado. *Dom Afonso, primeiro duque de Bragança. Sua vida e sua obra.* Lisboa: Livraria Portugal, 1964.

Monumenta Henricina. Ed. da Comissao Executiva das Comemoraçoes do V Centenário da Morte do Infante D. Henrique. 12 vols. Coimbra, 1960-71.

Morel-Fatio, Alfred. *Catalogue des manuscrits espagnoles et portugais dans la Bibliothèque Nationale de Paris.* París: Imprimerie Nationale, 1892.

Morel-Fatio, Alfred. "Les deux *Omero* Castillans". *Romania,* XXV (1896), 111-129.

Moreno, H.C. Baquero. "Algumas merçês concedidas pelo Condestável D. Pedro, rei de Catalunha a súbditos portugueses". *Revista da Faculdade de Letras da Universidade de Lourenço Marques.* (1970), I, serie A.

Moreno, H. C. Baquero. "Algumas merçês concedidas pelo Condestável D. Pedro, rei de Catalunha a súbditos portugueses". *Revista da Faculdade de Letras da Universidade de Lourenço Marques.* (1970), I, serie A.

Moreno, H. C. Baquero. "O Infante D. Enrique e Alfarrobeira". *Arquivos do Centro Cultural Portugues,* I (París, 1969), 53-79.

Morreale de Castro, Marguerita. "Apuntes bibliográficos para la iniciación al estudio de las traducciones medievales en castellano". *Sefarad,* XX (1960), 66-109.

Morreale de Castro, Marguerita. *Castiglione y Boscán, el ideal cortesano en el renacimiento español.* 2 vols. Anejos del Boletín de la Academia Española. Madrid, 1959.

Morreale de Castro, Marguerita. "Dante in Spagna". *Annali del Corso di Lingue e letterature Stranieri* (1966), 5-21.

Morreale de Castro, Marguerita. *Los doze trabajos de Hercules de Juan de Mena.* Madrid: Real Academia Española, 1958.

Navarro Tomás, Tomás. *Métrica española.* Nueva York: Las Américas, 1966.

Newman, Francis Xavier, ed. *The Meaning of Courtly Love.* Albany: State University of New York, 1968.

Nunes de Leao, Duarte. *Cronica e vida del Rey D. Affonso o V.* Lisboa: Francisco da Silva, 1780.

Octavio de Toledo, José María. "El duque de Coimbra y su hijo el Condestable don Pedro". *Revista Occidental,* II (1875), 1er año. 294-315.

Orden de Avís. Arquivo Nacional da Torre do Tombo.

Pagés, Amédée. *Auzias March et ses prédécésseurs.* París: Champion. 1911.

Palau y Dulcet, Antonio. *Manual del librero hispano-americano.* 24 vols. Barcelona: Librería anticuaria, 1948-72.

Parry, John Jay. *The Art of Courtly Love by Andrea Capellanus.* Nueva York: Columbia, 1941.

Pasquier, Félix. *Lettres de Louis XI, relatives à sa politique en Catalogne de 1461-1473.* Foix, 1895.

Pastore-Stochi, Manlio. "Un Chapitre d'Histoire Littéraire aux XIV et XV Siècles: Seneca Poeta Tragicus". *Les Tragédies de Sénèque et le Thèâtre de la Renaissance.* Ed. Jean Jacquot. París: Centre Nationale de la Recherche Scientifique, 1964, 11-36.

Patch, Howard Rollin. *The Goddess Fortuna in Medieval Literature*. Cambridge: Harvard University Press, 1927.

Patch, Howard Rollin. *The Tradition of Boethius*. Nueva York: Oxford University Press, 1935.

Patrologia Latina Cursus Completus. Ed. Mingne, Jacques Paul. París: Migne, 1838-52.

Pedro, Condestable de Portugal. *Obras Completas*. Introducción y edición diplomática, L.A. Adao da Fonseca. Lisboa: Fundaçao Calouste Gulbenkian, 1975.

Pedro, Condestable de Portugal. *Coplas de Contempto del Mundo*. Mss. de la Biblioteca Nacional de Madrid, 3994.

Pedro, Condestable de Portugal. *Satira de Felice e Infelice Vida*. Mss. de la Biblioteca Nacional de Madrid, 1960.

Pedro, Condestable de Portugal. *Satira de Felice e Infelice Vida* en *Opúsculos literarios de los siglos XIV y XV*. Ed. Paz y Meliá, M. Madrid: Sociedad de Bibliófilos Españoles, 1892, 47-101.

Pedro, Condestable de Portugal. *Tragedia de la Insigne Reyna Doña Ysabel*. Mss. Harvard College Library.

Pedro, Condestable de Portugal. *Tragedia de la Insigne Reyna Doña Ysabel*. Ed. Michaelis de Vasconcellos, Carolina. "Uma obra inedita do Condestável D. Pedro de Portugal" en *Homenaje de Menéndez y Pelayo*, 2 vols., 1899, I.

Pedro, Infante Dom. *Livro da Virtuosa Bemfeitoria*. 2a. ed. Costa, Joachim. Oporto: Leitao, 1946.

Pedro, Infante Dom. *Livro dos Oficios de Marco Tullio Ciceram*. Ed. Piel, Joseph M. Coimbra: Imprenta da Universidade, 1948.

Penna, Mario. *Prosistas castellanos del siglo XV*. 2 vols. Biblioteca de Autores Españoles. Madrid: Atlas, 1959.

Pérez de Guzmán, Fernán. *Crónica del señor rey don Juan II*. Valencia: 1789.

Pérez de Guzmán, Fernán. *Generaciones y Semblanzas*. Ed. Domínguez Bordona, J. Madrid: Espasa-Calpe, 1941.

Pérez Vidal, José. *Endechas populares en tristróforos monorrimos*. La Laguna: Imprenta de la Universidad, 1952.

Petrárca, Francisco. *Ascent of Mont Ventoux* en *The Renaissance Philosophy of Man*. Eds. Cassirer, E. Kristelles, P.O. Randall, J.H. Chicago: University of Chicago Press, 1969.

Petrárca, Francisco. *De Rimedii dell'una e dell'altra Fortuna*. Tr. Dassaminato, Giovanni. Bolonia: Pomagnoli, 1867.

Pico della Mirandola, Giovanni. *De Hominis Dignitate*. Tr. Forbes, E. L. *Oration on the Dignity of Man*. *The Renaissance Philosophy of Man*. Eds. Cassirer, E., Kristeller, P.O., Randall, J. H. Chicago: Chicago University Press, 1969.

Piel, Joseph M. *Subsidios para la regencia de don Pedro, duque de Coimbra*. Lisboa: Imprenta Nacional, 1933.

Pina, Rui de. *Chronica do Senhor Rey D. Affonso V*. Ed. Correa da Serra, José, en *Collecçao de Livros Ineditos de Historia Portuguesa*, I, 5 vols. Lisboa: Academia Real das Sciencias de Lisboa, 1790-1824.

Pina, Rui de. *Chronica do Senhor Rey D. Duarte*. Ed. Correa da Serra, José, en *Collecçao de Livros Ineditos de Historia Portuguesa*, I, 5 vols. Lisboa: Academia Real das Sciencias de Lisboa: 1790-1824.

Pinto, Americo Cortez..*Da famosa arte da imprimissao*. Lisboa: Editora Ulissea, 1948.

Post, Chandler R. *"The Beginnings of the Influence of Dante in Castilian and Catalan Literature." The 26th Annual Report of the Dante Society of America.* Cambridge, Mass.: Harvard University Press, 1908.

Post, Chandler R. *Medieval Spanish Allegory.* Cambridge, Mass.: Harvard University Press, 1915.

Prestage, Edgar ed. *Chivalry.* Londres: Paul Trench, 1928.

Pulgar, Hernando del. *Claros varones de Castilla.* Ed. Domínguez Bordona, J. Madrid: Esása-Calpe, 1942.

Rand, A. K. *"On the Composition of Boethius, Consolatio Philosophïae". Harvard Studies in Classical Philology,* XV (1904), 1-28.

Regestum Supplicatorum. Archivum Segreto Vaticano.

Resende, García de. *Cancionero Geral. Alte Portugiesidhe Liedersammlung des edeln.* Ed. Dr. Kausler, E. H. N. 2 vols. Stutgart: Druck von Ireuzer, 1848.

Resende, García. *Cancionero Geral.* Ed. A. J. Conçalvez Guimarais Coimbra, 1910.

Rey, Agapito y Solalinde, A. *Ensayo de una bibliografía de las leyendas troyanas en la literatura española.* Bloomington: Indiana University Press, 1942.

Ribeiro, José Silvestre. *Historia dos estabelecimientos scientificos, litterarios e artisticos de Portugal nos successivos reinados da Monarchia.* 18 vols. Lisboa, 1871-1893.

Ricard, Robert. "Les lectures spirituelles de l'Infant Ferdinand de Portugal (1437)". *Revue du Moyen Age Latin,* III (1947), 45-51.

Ricard, Robert. "L'Infant Dom Pedro de Portugal et 'O livro da Virtuosa Bemfeitoria' ". *Bulletin des Etudes Portugaises et de l'Institut Français au Portugal.* SVII, Series nuevas (1953), 1-65.

Riquer, Martín de. *Cavalleria fra realtá e letteratura nel Quattrocento.* Bari: Adriatica, 1970.

Riquer, Martín de. *La Yliada en romance de Juan de Mena.* Barcelona: Selecciones bibliófilas, 1949.

Riquer, Martín de. *Poesies de Febrer.* Barcelona: Barcino, 1951.

Riquer, Martín de. "Stamps y Midons de Jordi de Sant Jordi". *Revista Valenciana de Filología,* I (1951).

Rodríguez del Padrón. *Obras Completas.* Ed. Paz y Meliá, M. Madrid: Sociedad de Bibliófilos Españoles, XXII, 1884.

Rodríguez Puértolas. Julio. *De la edad media a la edad conflictiva.* Madrid: Gredos, 1972.

Rodríguez Puértolas, Julio. *Fray Iñigo de Mendoza y sus "Coplas de Vita Christi".* Madrid: Gredos, 1968.

Rogers, Francis M. *The Obedience of a King of Portugal of Vasco Fernández de Lucena.* Minneapolis: University of Minnesota Press, 1958.

Rogers, Francis M. *The Travels of the Infante Dom Pedro of Portugal.* Cambridge, Mass.: Harvard University Press, 1961.

Rojas, Fernando de. *La Celestina.* Ed. Riquer, Martín de. Barcelona: Seix Barral, 1969.

Round, Nicholas G. "Five Magicians or the Uses of Literacy". *Modern Languages Review.* LXIV (1969), 793-805.

Round, Nicholas G. "Renaissance Culture and its Opponents in Fifteenth Century Castile". *Modern Language Review,* LVII (1962), 204-215.

Round, Nicholas G. "Las versiones medievales catalanas y castellanas en las tragedias de Séneca." *Anuario de Estudios Medievales.* en prensa.

Rubió, Fernando. *Contribución a una bibliografía de Séneca filósofo.* Sevilla, 1965.

Rubió y Balaguer, Jorge. *Vida española en la época gótica.* Barcelona: Alberto Martín, 1943.

Ruggieri Scudieri, Jole M. "Primi contatti letterari fra Italia e Portogallo fino a Sá de Miranda", *Relazione storiche fra l'Italia e il Portogallo.* Roma, 1940.

Ruiz de Conde, Justina. *El amor y el matrimonio secreto en los libros de caballerías.* Madrid: Aguilar, 1948.

Ruiz, Juan. *Arcipreste de Hita. El libro de Buen Amor.* Ed. Julio Cejador. Madrid: Clásicos Castellanos, 1913.

Russell, Peter E. "Arms versus Letters: towards a definition of Spanish fifteenth century humanism", *Aspects of the Renaissance: a symposium.* Ed. Lewis, Archibald R. Austin. Londres: University of Texas Press, 1967.

Russell, Peter E. *The English Intervention in Spain and Portugal in the Time of Edward III and Richard II.* Oxford: Oxford University Press, 1955.

Sá, Artur Moreira de. "Alguns documentos referentes ao Infante D. Pedro", *Revista da Faculdade de Letras de Lisboa,* XXII,

2ª serie Nº 1 (1956), 5-69.

Salinas, Pedro. *Jorge Manrique, tradición y originalidad.* Buenos Aires: Editorial sudamericana, 1947.

Samaran, Charles. "Vasque de Lucène à la cour de Bourgogne (documents inédits)" *Bulletin des Etudes Portugaises et de l'Institut Français au Portugal.* Series nuevas, V (1938), 13-26.

Samoná, Carmelo. *Studi sul romanzo sentimentale e cortese nella letteratura spagnola del Quattrocento.* Roma: Carucci, 1960.

San Pedro, Diego de. *Obras.* Ed. Gili y Gaya, Samuel. Madrid: Clásicos Castellanos, 1967.

Santos, D. M. Gomes dos. "D. Duarte e as responsabilidades de Tanger (1436-1438)". *Brotéria*, XII (enero-junio, 1931), 29-34, 147-157, 291-302, 367-376. XIII (julio-diciembre, 1931), 19-27, 161-173.

Saraiva, A. J. *Historia da Cultura em Portugal.* 3 vols. Lisboa: Jornal do Foro, 1950-62.

Scherer, Margaret R. *The Legend of Troy in Art and Literature.* Nueva York: Phaidon Press, 1963.

Schiff, Mario L. *La Bibliothèque du Marquis de Santillane.* París: E. Bouillon, 1905.

Schiff, Mario L. "La première traduction espagnole de la *Divine Comédie*". *Homenaje a Menéndez y Pelayo.* 2 vols. Madrid: V. Suárez, 1899, I, 269 y ss.

Sears, Helen L. "The Rimado de Palacio and the Regimine Principum tradition in the Middle Ages". *Hispanic Review,* XX (1952), 1027.

Séneca, Lucio Anneo. *Four Tragedies an Octavia.* Tr. Watling, E.

F. Baltimore, 1970.

Séneca, Lucio Anneo. *Moral Essays*. Tr. Bassore, J. W. 3 vols. Loeb Classical Library. Cambridge, Mass.: Harvard University Press, 1965.

Sergio, António. *Prefacio a Cronica de Joao I de Fernao Lopes*. 2 vols. Oporto: Livraria Civilizaçao, 1945-49.

Sergio, Antonio *Prefacio a Cronica de Joao I de Fernao Lopes* Oporto, 1945.

Serie Intrusos. Registro Curiae. Archivo de la Corona de Aragón.

Serrano, Luciano. *Los conversos D. Pablo de Santa María y D. Alfonso de Cartagena*. Madrid; Bermejo, 1942.

Shaw, K. E. "Provincial and Pundit: Juan de Castrojeriz's version of *De regimine principum*". *Bulletin of Hispanic Studies*, XXXVIII (1961), 55-63.

Silva, José Soares da. *Memorias para a historia de Portugal, que comprehendem o governo del rey D. Joao o I.* 4 vols. Lisboa: Oficina de J. A, da Sylva, 1730-34.

Silvestris, Bernard. *De Mundi Universitate*. Ed. Barach, C. S. y Wrobel, J. Insbruchk, 1876.

Smalley, Beryl. *The Study of the Bible in the Middle Ages*. 2ª ed. Oxford: Oxford University Press, 1952.

Solalinde, A. G. "Las versiones españolas del "Roman de Troie". *Revista de Filología Española*, III (1916), 121-165.

Sousa, A. D. de Castro e. *Resumo historico da vida, acçoes, morte e jazigo do Infante D. Pedro, Duque de Coimbra, Regente do Reino de Portugal na menoridade d'El Rei D. Affonso 50.* Lisboa, 1843.

Sousa, António Caetano de. *Provas da História Genealógica da Casa Real Portuguesa.* 6 vols. 2ª ed. Almeida, M. Lopes de. Coimbra: Atlantida, 1946-54.

Southern R. W. *"Medieval Humanism" in Medieval Humanism and other Studies.* Nueva York: Harper and Row, 1970, 29-60.

Souto, A. Mireylles. "Em torno do casamento do regente". *Studia,* XXIII (abril, 1968), 123-174.

Spitzer, Leo. "Note on the Poetic and Empiric 'I' in Medieval Authors", *Romanische Literaturstudien, 1936-56.* Tubingen: Niemeyer, 1959.

Stewart, Hugh F. *Boethius: An Essay.* Londres, Edimburgo, 1891.

Suárez Fernández, Luis. "Aragón y Portugal en la política de don Alvaro de Luna", *Revista de Archivos, Bibliotecas y Museos,* LIV (1953), 117-34.

Suárez Fernández, Luis. *Relaciones entre Portugal y Castilla en la época del Infante don Enrique, 1393-1460.* Madrid, Consejo Superior de Investigaciones Científicas, 1960.

Swain, Joseph Ward. *The Hellenic Origins of Christian Asceticism.* Nueva York, 1916.

The Cambridge History of the Bible Cambridge: Cambridge University Press, 1963.

Torres, Ruy Abreu. "Condestável Pedro". *Dicionário de História de Portugal,* III. Serrano, Joel. Lisboa, s/f.

Ulman, Berthold Louis. *The Humanism of Coluccio Salutati.* Padua: Antenore, 1963.

Vanderford, K. M. "Macias in Legend and Literature". *Modern Philologie,* XXXI (1933), 35-63.

Van Rooy, C. A. *Studies in Classical Satire and Related Literary Theory*. Leiden: Brill, 1966.

Varela, J. L. "Revisión de la novela sentimental", *Revista de Filología Española*, LXVIII (1965), 351-382.

Vegué y Goldoni, A. *Los sonetos al itálico modo de Iñigo López de Mendoza, Marqués de Santillana*. Madrid, 1911.

Vendrell, Francesca y Masiá Angela. *Jaume el Dissortat, darrer comte d'Urgell*. Barcelona, 1956.

Venutelli, A. "Il Marchese di Santillana e Francesco Petrarca", *Revista de Italia*, XXVII (1924), 138-149.

Vera, Francisco. *La cultura española medieval*. 2 vols. Madrid: V. Suárez y Góngora, 1933-1934.

Vespasiano da Bisticci, Fiorentino. *Lives of Illustrious Men of the XVth Century*. Tr. George, William y Waters, Emily. Nueva York: Harper Row, 1963.

Vicente, Gil. *Tragicomedia de don Duardos*. Ed. Alonso, Dámaso. Madrid: Crisol, 1942.

Vicens Vives, Jaime. *Juan II de Aragón (1398-1479). Monarquía y revolución en la España del S. XV*. Barcelona: Teide, 1953.

Vicens Vives, Jaime *Obra Completa* Barcelona: Editorial Vicens Vives, 1971.

Vickers, K. H. *Humphrey Duke of Gloucester. A. Biography*. Londres: Constable, 1907.

Vindel, Francisco. *El arte tipográfico en España durante el siglo XV*. 9 vols. Madrid: Ministerio de Asuntos Exteriores, 1945-51.

Viscardi, Antonio. *Saggio sulla letteratura religiosa del medio evo romanzo*. Padua: Cedam, 1932.

Viterbo, F. N. Sousa Viterbo, "A cultura intellectual de D. Affonso", *Archivo Historico Portuguez*, II (1904), 254-268.

Vosler, Karl. *Poetische Theorien in der italienischen Fruhrenaissance*. Berlin: Felber, 1900.

Waley, Pamela. "Juan de Flores y Tristan de Leonís", *Hispania*, XII (1961), 1-14.

Wardropper, Bruce. "El mundo sentimental de la *Cárcel de Amor*", *Revista de Filología Española*, XXXVII (1953), 168-193.

Webber, Edwin. "Santillana's Dantesque Comedy", *Bulletin of Hispanic Studies*, XXXIV (1967), 37-40.

Wood, Charles T. *The Age of Chivalry. Manners and Morals, 1000-1450*. Londres: Universe Books, 1970.

Ximénez de Sandoval, Crispín. *Batalla de Aljubarrota*. Madrid, 1872.

Zeitlin, Jacob. *The Life of Solitude by Francis Petrarca*. Urbana: University of Illinois Press, 1927.

Zeller, Edouard. *Outlines of the History of Greek Philosophy*. 13 Ed. Nueva York: Harcourt, 1931.

Zurita, Jerónimo. *Anales de la Corona de Aragón*. Zaragoza, 1616.

LISTA DE ABREVIATURAS

AABM Anejos al anuario de Estudios Medievales
AB Annales de Bourgogne
ACCP Arquivos do Centro Cultural Portugues
ACLEEM Actas del Congreso Luso Español de Estudios Medievales
AEM Anuario de Estudios Medievales
AHP Archivo Historico Portuguez
AST Analecta Sacra Tarraconiensia
BA Biblioteca de Ajuda
BFFCLUSP Boletins da Faculdade de Filosofia, Ciencias y Letras da Universidade de Sao Paolo
BEPIFP Bulletin des Etudes Portugaises et de l'Institut Français au Portugal
BH Bulletin Hispanique
BHRTD Bibliothèque d'Humanisme et Renaissance: Travaux et Documents
BHS Bulletin of Hispanic Studies
BM British Museum
BNL Biblioteca Nacional de Lisboa
BNM Biblioteca Nacional de Madrid
BNP Bibliothèque Nationale de Paris
BPE Biblioteca Pública de Evora
BRABLE Boletín de la Real Academia de Buenas Letras de Barcelona
BUC Biblioteca de la Universidad de Coimbra
CAHC Cuadernos de Arqueología e Historia de la Ciudad
CCE Colección Crónicas Españolas
CEG Cuadernos de Estudios Gallegos
CDIACA Colección de Documentos Inéditos de la Corona de Aragón

CL	Comparative Literature
CLIHP	Collecçao de Livros Inéditos de Historia Portugue-za
CSíC	Consejo Superior de Investigaciones Científicas
EUC	Estudis Universitaris Catalans
H. Balt.	Hispania (U.S.A.)
Hisp.	Hispanófila
HR	Hispanic Review
USCPh	Harvard Studies in Classical Philology
HSNY	Hispanic Society of New York
IEC	Institut d'Estudis Catalans: Memories de la Secció Historica-Arqueologica
IS	Italiam Studies
JMH	The Journal of Modern History
LCL	Loeb Classical Library
MCCMP	Memorias e Comunicaçoes, Congresso do Mundo Portugués
MLR	Modern Language Review
MPh	Modern Philology
NRFH	Nueva Revista de Filología Hispánica
PMLA	Publications of the Modern Language Association
PL	Patrología Latina
RABM	Revista de Archivos Bibliotecas y Museos
RBANBA	Revista e Boletim da Academia Nacional de Belas Artes
RCH	Revista de Ciencias do Homem
RFE	Revista de Filología Española
RFH	Revista de Filología Hispánica
RFL	Revista de Faculdade de Letras
RFLUL	Revista da Faculdade de Letras da Universidade de Lisboa
RFLUP	Revista da Faculdade de Letras da Universidade do Porto
RG	Revista de Gerona
RH	Revue Hispanique
RI	Revista de Italia
RLC	Revue de Littérature Comparée

RMAL   Revue du Moyen Age Latin
RVF   Revista Valenciana de Filología
SBE   Sociedad de Bibliófilos Españoles

INDICE GENERAL